現代ヨーロッパ
経済体系の形成

1950年代における統合過程と西ドイツ

田中延幸

日本経済評論社

iii

目　　次

序章　ヨーロッパ統合への経済史的問い……………………………… 1

第1節　本書の課題　1

第2節　1950年代におけるヨーロッパ統合の再検討　5

第3節　本書の構成　12

第1章　シューマン・プランの生産・投資・価格問題と西ドイツ…… 19

はじめに　19

第1節　フランスのヨーロッパ統合政策　21

第2節　最高機関の設置　25

第3節　生産・投資・価格問題への西ドイツ鉄鋼業界の対応　28

第4節　生産・投資・価格問題をめぐる交渉と西ドイツ　33

第5節　ヨーロッパ統合の新局面の胎動　39

小　　括　45

第2章　シューマン・プランによる対等処遇と西ドイツ…………… 53

はじめに　53

第1節　西ドイツ鉄鋼業に対する連合国の占領体制　55

第2節　狭義の「同等の権利」　56

第3節　広義の「同等の権利」　61

小　　括　64

第3章　西ドイツ鉄鋼業非集中化問題とシューマン・プラン…… 71

はじめに　71

第1節　連合国の西ドイツ石炭・鉄鋼業再編成政策　72

第2節　連合国法令27号をめぐる独米交渉　77

小　　括　86

第4章　シューマン・プランのカルテル・企業集中問題と西ドイツ…… 91

はじめに　91

第1節　カルテルと西ドイツ鉄鋼業界　93

第2節　カルテル・企業集中問題の浮上　101

第3節　反カルテル・反企業集中条項をめぐる交渉の妥結　104

第4節　西ドイツ石炭・鉄鋼業のカルテルに対する認可の事例　115

小　　括　117

第5章　ローマ条約成立過程と西ドイツ ……………………………… 127

はじめに　127

第1節　全般的経済統合構想の展開　131

第2節　共同市場構想と西ドイツ　137

第3節　ローマ条約と西ドイツ　145

小　　括　151

終章　1950年代におけるヨーロッパ統合の経済史的意義………… 161

第1節　ヨーロッパ石炭鉄鋼共同体の制度的特質　161

第2節　ヨーロッパ経済共同体の制度的特質　165

第3節　新たな歴史像の提示　168

あとがき　175

ヨーロッパ統合史・西ドイツ史略年表（1945-58年）　179

参考文献　181

索　　引　191

略語一覧

BDI	Bundesverband der Deutschen Industrie（ドイツ産業連邦連盟）
CAP	Common Agricultural Policy（共通農業政策）
CCCG	Combined Coal Control Group（合同石炭管理グループ）
CDU	Christlich-Demokratische Union（キリスト教民主同盟）
CE	Council of Europe（ヨーロッパ審議会）
CSG	Combined Steel Group（合同鉄鋼グループ）
DKBL	Deutsche Kohlen-Bergbau-Leitung（ドイツ石炭鉱業管理部）
DKV	Deutscher Kohlenverkauf（ドイツ石炭販売）
DM	Deutsche Mark（ドイツ・マルク）
EC	European Communities（ヨーロッパ共同体）
ECB	European Central Bank（ヨーロッパ中央銀行）
ECSC	European Coal and Steel Community（ヨーロッパ石炭鉄鋼共同体）
EDC	European Defence Community（ヨーロッパ防衛共同体）
EEC	European Economic Community（ヨーロッパ経済共同体）
EPC	European Political Community（ヨーロッパ政治共同体）
EPU	European Payments Union（ヨーロッパ決済同盟）
EURATOM	European Atomic Energy Community（ヨーロッパ原子力共同体）
EU	European Union（ヨーロッパ連合）
GATT	General Agreement on Tariffs and Trade（関税および貿易に関する一般協定）
IREG	Internationale Rohstahlexportgemeinschaft（国際粗鋼輸出共同体）
IRG	Internationale Rohstahlgemeinschaft（国際粗鋼共同体）
NGCC	North German Coal Control（北ドイツ石炭管理部）
NGISC	North German Iron and Steel Control（北ドイツ鉄鋼管理部）
OEEC	Organization for European Economic Cooperation（ヨーロッパ経済協力機構）
STV	Stahltreuhändervereinigung（鉄鋼受託者団）
WVESI	Wirtschaftsvereinigung Eisen- und Stahlindustrie（鉄鋼業経済連合）

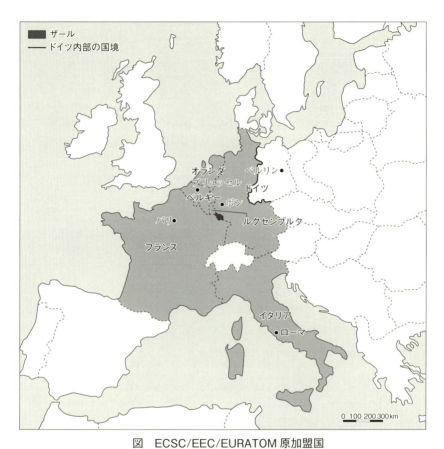

図 ECSC/EEC/EURATOM 原加盟国
出所：ケルブレ、ハルトムート〔永岑三千輝監訳、瀧川貴利・赤松廉史・清水雅大訳〕『冷戦と福祉国家——ヨーロッパ 1945〜89年』日本経済評論社、2014年、15頁より作成

序章

ヨーロッパ統合への経済史的問い

第1節　本書の課題

　20世紀末から21世紀初頭にかけてヨーロッパ統合は新たな段階に到達した。1992年2月7日に調印された「ヨーロッパ連合条約」（マーストリヒト条約）が1993年11月1日に発効し、「ヨーロッパ連合」（European Union: EU）が成立した。さらに、マーストリヒト条約に基づいて1998年6月1日に「ヨーロッパ中央銀行」（European Central Bank: ECB）が設立され、1999年1月1日に単一通貨「ユーロ」が導入された。2002年1月1日にはユーロ現金の流通が開始され、同年3月1日にユーロの専一流通も開始された。こうして、1993年1月1日における域内市場統合の完成によって創出された「単一市場」にユーロ圏を包摂するEU経済が出現した。その後、「東方拡大」（東ヨーロッパ旧社会主義諸国のEU加盟）を通じてEU加盟国が増加し、EUは経済的スーパー・パワーとなった。

　とはいえ、ヨーロッパ統合は未完の一大プロジェクトである。EUに限っても、それは完全な統合体ではない。事実、EUは国家連合であり、EU経済の域内には、ドイツ経済やフランス経済など多様な国民経済が並存している。それどころか、EU加盟国間において対立が生じ、EUが分裂傾向を示すことさえもある。イギリスに至っては、2020年1月31日に正式にEUから離脱した。そのため、ヨーロッパ統合は非常に難解な事象として立ち現れる。果たしてヨーロッパ統合とは何か。そのヒントは、紆余曲折を経ながらも連綿と続くヨーロッパ統合の起源にあるであろう[1]。このことを踏まえ、以下では、経済史の知見に基づいてヨーロッパ統合の起源を概観する[2]。

　まず、ヨーロッパ統合の制度的起源は、1950年代におけるヨーロッパ統

2

合の制度化の過程に求められる[3]。1950 年代におけるヨーロッパ統合の最も重要な制度化は「ヨーロッパ石炭鉄鋼共同体」(European Coal and Steel Community: ECSC)ならびに「ヨーロッパ経済共同体」(European Economic Community: EEC)の成立である。ECSC は、1950 年 5 月 9 日にフランスによって発表された「シューマン・プラン」を起点とし、1951 年 4 月 18 日に調印された「ヨーロッパ石炭鉄鋼共同体設立条約」(パリ条約)に基づいて 1952 年 7 月 23 日にフランス、西ドイツ、ベネルクス三国(ベルギー、オランダ、ルクセンブルク)、イタリアによって創設された[4]。EEC は、1957 年 3 月 25 日に調印された「ヨーロッパ経済共同体設立条約」(ローマ条約)に基づいて 1958 年 1 月 1 日に ECSC 加盟 6 ヵ国によって「ヨーロッパ原子力共同体」(European Atomic Energy Community: EURATOM)とともに創設された[5]。

この一連の制度化の過程においては、アメリカが重要な役割を果たした。第二次世界大戦後に冷戦が激化する中、アメリカは、第二次世界大戦によって疲弊したヨーロッパの経済復興を援助し、その社会主義化・共産主義化を阻止するために、1947 年 6 月 5 日に「ヨーロッパ復興援助計画」(マーシャル・プラン)を発表した。マーシャル・プランは、1948 年 4 月 16 日における「ヨーロッパ経済協力機構」(Organization for European Economic Coopera-tion: OEEC)の創設、1950 年 9 月 12 日における「ヨーロッパ決済同盟」(European Payments Union: EPU)の創設をともなって、ヨーロッパ(西ヨーロッパ)において、域内貿易の拡大ばかりではなく、統合も促進した。したがって、冷戦構造のもとアメリカの介入によって初めてヨーロッパ統合の制度化が可能になった。

しかし、ヨーロッパ統合をめぐっては、ヨーロッパ側のイニシアティヴも存在した。第二次世界大戦後、ヨーロッパにおいては、域内貿易の拡大によって国民国家間の経済的相互依存関係が深まると同時に、経済に基礎を置く国民国家の再建も進められた。そのため、ヨーロッパ側はフランスを筆頭に総じて、アメリカによって要求された「自由競争＝自由貿易」に基づく統合路線ではなく、国民経済間の相互依存関係が各国の国民経済再建政策に加

える圧力を緩和し、国民経済的利益も保護するための社会経済政策の調整によって「規制された自由主義」に基づく統合路線を追求した。

　ヨーロッパ側のイニシアティヴの存在を前提とした場合、冷戦終結後にEUが成立し、EUが一定の存在感を発揮し続けているだけに、冷戦のスパンよりも長いスパンの歴史の中にヨーロッパ統合を位置付けることが要請されるであろう。このことは、ヨーロッパ統合の「前史」がヨーロッパ統合史の重要な部分をなすということも意味し、ヨーロッパ統合の制度化以前におけるヨーロッパ統合思想の成立と展開がヨーロッパ統合史の射程に入る。

　とりわけ経済統合の必要性を説き、ヨーロッパ統合の制度化に連なったヨーロッパ統合思想は19世紀末に誕生した。19世紀から20世紀への世紀転換期に、アメリカ経済が台頭し、ヨーロッパ経済が相対的に衰退するという事態が生じ、ヨーロッパにおいて、ヨーロッパ経済の相対的な衰退を阻止するための手段としてヨーロッパ統合が構想されるようになった。さらに、第一次世界大戦によって、ヨーロッパ経済の相対的な衰退に対する危機意識が広く浸透した結果、ヨーロッパ経済の相対的な衰退を阻止するためのヨーロッパ統合の必要性を痛切に感じる社会的意識である「ヨーロッパ意識」が成立し、ヨーロッパ統合思想が社会的影響力を持った。ここには、ヨーロッパ統合思想において、ヨーロッパ経済の相対的な衰退の阻止に至る筋道がより明確に立てられたことも作用していた。その要点は、国民国家単位の多数の狭小な市場に分断されたヨーロッパにおいてアメリカに倣って統一的な大市場を創出することによって、ヨーロッパにアメリカ並の大量生産体制を確立し、ひいては、ヨーロッパ経済の競争力を強化してアメリカの産業力・金融力に対抗するということであった。

　さらに、1930年代大不況期において、ヨーロッパ統合思想は時代の変化を反映して新たな展開を示した。1930年代大不況によって、次の3つの立場が台頭した。第一は、保護主義、第二は、ナショナリズム、第三は、経済への公的な介入の必要性も説く管理経済主義である。これら3つの立場が台頭した結果、ヨーロッパ統合思想において、保護貿易の部分的な受容、国益とヨーロッパ益（共同体益）の両立、市場規制・共通政策の遂行も追求され

るようになった。したがって、1930 年代大不況期はむしろ、1950 年代における
ヨーロッパ側のイニシアティヴによるヨーロッパ統合の制度化にとって
重要な時期である。

　以上のことから、時代の変化とともにヨーロッパ統合の内容が変化してい
くことにも十分に留意しながら、大局的な見地に立って、19 世紀から 20 世
紀への世紀転換期を画期とする「長い現代史」の中にヨーロッパ統合を位置
付けることができるであろう。さらに、19 世紀末以来のヨーロッパ統合を、
とりわけアメリカとの関係において模倣と対抗の両面を併せ持ち、国民国家
の存立のための連帯の基礎となるヨーロッパ独自の自律的広域経済圏を構築
する営為と定義することができるであろう。しかし、ここから新たな問いが
生じる。ヨーロッパ統合によって構築される自律的広域経済圏の実像とはど
のようなものであろうか。この問いは、ヨーロッパ統合によって構築される
自律的広域経済圏が具備する体系とはどのようなものであろうかという問い
に置き換えることができる。

　ヨーロッパ統合自体が未完の一大プロジェクトであるということも踏まえ
ると、ヨーロッパ統合によって構築される自律的広域経済圏が具備する体系
について論究する上では、その体系の原型を究明することが要諦となるであ
ろう。換言すれば、ヨーロッパ統合の制度的起源に立ち返って、1950 年代
におけるヨーロッパ統合の制度化の過程を通じて形成された経済体系を究明
することこそが第一義的な課題となる。

　したがって、本書は、1950 年代におけるヨーロッパ統合の制度化の過程
を通じてどのような経済体系が形成されたのかを明らかにすることを課題と
する。このことは、EU 経済ないしヨーロッパ経済の特質の究明、ひいては、
市場経済の多様性に関する議論の発展に学術的に貢献することばかりではな
く[6]、日本経済の針路、日本・アジアとアメリカの関係のあり方、アジアに
おける地域経済統合の可否あるいは要否などについて考察するための有用な
知見を得ることにもつながるであろう。

　以下では、節を改め、まず、先行研究について批判的に検討し、個別の課
題を整理する。次いで、個別の課題へのアプローチも明示する。

第2節 1950年代におけるヨーロッパ統合の再検討

1 ヨーロッパ統合の制度化

1950年代は、多様なヨーロッパ統合構想が展開された時代でもある。一連の多様な構想について検討することは、より豊かなヨーロッパ統合史像を描き出すことを可能にするであろう[7]。しかし、1950年代において現実に成立したヨーロッパ統合制度は、ECSC、EEC、EURATOMのみであり、安全保障問題にもかかわる高度な秘匿性を有するEURATOMを除くならば、ECSCならびにEECがやはりEU経済の制度的起源として決定的な意義を持つ。

もっとも、通説的な理解によれば、ECSCがEECへと単線的に発展したわけではなかった。ECSCは、統合対象を特定の産業部門に限定する「部門統合」、および、超国家的なヨーロッパ機関への国家主権の部分的な移譲をともなう「超国家性」を特質とした。それとは対照的に、EECは、経済全体の統合を一挙に実現する「全般的統合」、および、超国家性の後退をともなう「政府間協力」への傾斜を特質とした。したがって、EECの成立は、ヨーロッパ統合の「再出発」を告げるものであると評価され、とりわけ部門統合から全般的統合への統合路線の転換という点からECSCとEECの断絶が浮き彫りにされる[8]。

しかし、本書の課題に照らせば、最も重要なことは、経済体系の形成に本質的にかかわるECSCならびにEECの制度的特質を解明することである。このことを踏まえ、以下では、ECSCならびにEECに関する先行研究について批判的に検討し、個別の課題を整理する。

経済体系の形成に本質的にかかわるECSCならびにEECの制度的特質については、ギリンガム（J. Gillingham）の研究が示唆に富む。ギリンガムはヨーロッパ統合を、政策・制度を援用して市場をコントロールする「積極的統合」と、生産要素の自由移動の障害を除去する「消極的統合」の2つに区分した上で、ヨーロッパ統合は前者において失敗し、後者において成功した

と強調している[9]。さらに、ギリンガムは EEC の基盤として、ECSC ではなく、OEEC および EPU を重視している[10]。これらの議論から、ECSC が専ら介入主義的な制度として失敗し、EEC が専ら自由主義的な制度として成功したというイメージが浮かび上がる。

このイメージは、EEC によるヨーロッパ統合の「再出発」という通説的な理解とも重なり、説得力を有している。しかし、1967 年 7 月 1 日における「ヨーロッパ共同体」(European Communities: EC) の成立後も ECSC ならびに EEC は EURATOM とともに存続した[11]。

事実、ECSC は、1973 年の石油危機以降、長期的な不況に陥った共同体全域において「鉄鋼危機」が深刻化する中、1980 年 10 月に初めてパリ条約第 58 条に基づいて「明白な危機」を宣言し、1988 年 6 月にかけてヨーロッパ・レベルおよび加盟国レベルの鉄鋼業界の経営者団体の協力のもと[12]、主要 4 品目について生産割当を実施するに至った[13]。しかし、このことは、ECSC が、とりわけ過剰生産時に生産割当を実施するという不況カルテルの機能を発揮したことを意味し、ひいては、ECSC が必ずしも専ら介入主義的な制度として成立し、失敗したわけではなかったということを含意する。

そもそも、ECSC の起点となったシューマン・プランは、とりわけ鉄鋼の領域において超国家的な「最高機関」(High Authority) のもと生産の共同化および価格の平準化を実現することを主な目的の一つとしていた。ここには、1947 年から 1951 年にかけて「第一次経済計画」として実施された「近代化・設備計画」(モネ・プラン) による自国の近代化政策を擁護するというフランスの意図が密接に関連していた。すなわち、シューマン・プランは、フランス鉄鋼業の強化を軸の一つとするモネ・プラン自体の遂行、ひいては、フランス経済の近代化に資するよう、西ドイツ石炭・鉄鋼業の中心地であるルールの石炭・コークス資源を得ると同時に、西ドイツ鉄鋼業の生産力を抑え、相対的に低い西ドイツの鉄鋼価格を支えの一つとする西ドイツ鉄鋼加工業の競争力を削ぐヨーロッパ的枠組みを生み出すことも目指していた[14]。そのため、ミルウォード (A. S. Milward) は、シューマン・プランは、モネ・プランを救うために考案されたと評価している[15]。

ところが、シューマン・プランの発表後に開始されたシューマン・プラン交渉は難航した。とりわけ生産・投資・価格への介入が生産・投資・価格問題として中心的な争点の一つとなり、グリフィス（R. T. Griffiths）は、シューマン・プランの発案者と目されるフランス計画庁長官ジャン・モネ（Jean Monnet）をはじめとするフランス側の本来の意図がパリ条約にほとんど反映されなかったと指摘している[16]。したがって、ECSC が不況カルテルの機能を発揮したという事実も想起すれば、シューマン・プランにおける生産・投資・価格問題に焦点を当て、ECSC が、生産・投資・価格への介入との関連で、どのようなことを特質とする制度として成立したのかを明らかにすることが第一の個別の課題となる。

ただし、ギリンガムの議論とは対照的に、ECSC が専ら自由主義的な制度として成立したというイメージも説得力を有している。このイメージは、シューマン・プランの発表直後の 1950 年 5 月 16 日に連合国の占領政策の一環として、西ドイツ石炭・鉄鋼業の再編成について規定する「連合国法令 27号」が公布され、それと密接に関連する反カルテル・反企業集中条項がパリ条約に組み込まれたことによって ECSC が厳格な反カルテル体制として成立したという議論から浮かび上がる。とりわけベルクハーン（V. R. Berghahn）は、ヨーロッパにおける一連のカルテル・企業集中問題へのアメリカの介入を重視した上で、アメリカの意図は、「旧大陸経済のアメリカナイゼーション」を実現すること、換言すれば、西ドイツの「産業構造の転換」を梃子としてヨーロッパを「カルテルの伝統」と決別させることにあったと指摘するとともに、ECSC の成立によってヨーロッパの「産業構造の転換」が開始されたと強調している[17]。

シューマン・プラン交渉におけるカルテル・企業集中問題の浮上自体は、生産・投資・価格問題に関する合意が大筋で形成された後のことであった。しかし、カルテル・企業集中規制はシューマン・プラン交渉において最大の争点となり、前出のベルクハーンといえども、ヨーロッパの「カルテルの伝統」が一部、ECSC に埋め込まれたと指摘している[18]。さらに、グリフィスは、反カルテル条項が、最高機関によるカルテルの認可についても規定した

と指摘している[19]。事実、ECSC の成立後、西ドイツ鉄鋼業においては、最高機関の認可を得た上で、企業集中が進展したばかりではなく、1960 年代の不況期に、4 共同販売カルテルの形を取り、カルテルも組織された[20]。このことは、ECSC が必ずしも専ら自由主義的な制度、換言すれば、厳格な反カルテル体制として成立したわけではなかったということを含意する。したがって、シューマン・プランにおけるカルテル・企業集中問題に焦点を当て、ECSC が、カルテル・企業集中問題との関連で、どのようなことを特質とする制度として成立したのかを明らかにすることが第二の個別の課題となる。

　他方、EEC が専ら自由主義的な制度として成立し、成功したというイメージは、OEEC および EPU を基盤とする EEC によってヨーロッパ統合が「再出発」を果たして EU の成立に至ったと仮定し、そのことをネオ・リベラリズム（新自由主義）の台頭およびグローバリゼーションの進展と関連付けた場合、より強固なものとなるであろう。しかし、ローマ条約は、「共同市場の設立」ばかりではなく、「加盟国の経済政策の漸進的接近」、端的には、経済政策の調整も謳っていた[21]。このことは、EEC が、経済政策の調整をともなわずに貿易の自由化を推進する OEEC とは異なる制度として成立したということを意味し、ひいては、EEC が必ずしも専ら自由主義的な制度として成立したわけではなかったということを含意する[22]。したがって、EEC が、とりわけ EEC の根幹をなす共同市場との関連で、どのようなことを特質とする制度として成立したのかを明らかにすることが第三の個別の課題となる。

　以上のことから、1950 年代におけるヨーロッパ統合の制度化の過程を通じて形成された経済体系を明らかにするための個別の課題は次の 3 つである。第一は、ECSC が、生産・投資・価格への介入との関連で、どのようなことを特質とする制度として成立したのかを明らかにすることである。第二は、ECSC が、カルテル・企業集中問題との関連で、どのようなことを特質とする制度として成立したのかを明らかにすることである。第三は、EEC が、共同市場との関連で、どのようなことを特質とする制度として成立したのかを明らかにすることである。以下では、これら 3 つの個別の課題へのアプ

ローチについて明示する。

2　西ドイツの役割

　前出のミルウォードによれば、ヨーロッパ統合においては、統合に参加する国民国家の「意思」および「利害」が重要な意味を持った[23]。このミルウォードの指摘を受け、各国がECSCならびにEECの成立過程にどのように関与したかが明らかにされてきた[24]。

　もっとも、ヨーロッパ統合への第二次世界大戦の敗戦国の西ドイツの参加については、西ドイツ首相コンラート・アデナウアー（Konrad Adenauer）の強力な政治的指導力のもと、西ドイツのヨーロッパ政策および外交政策において独仏の緊密な協調を前提に西側陣営の同盟関係の強化を優先するという「政治の優位」が作用したということが強調されてきた[25]。しかし、ECSCならびにEECが本質的に経済統合制度であり、その中で西ドイツが経済的に最も枢要な地位を占めていっただけに、ヨーロッパ統合への西ドイツの参加においても、「経済の論理」が作用したということを否定することはできないであろう。したがって、西ドイツがアデナウアー政権のもと経済的な観点からECSCならびにEECの成立過程にどのように対応したか再検討することが重要となる。

　この場合、「ヨーロッパ統合の創始者」と称される政治的指導者に影響を与えた「第二サークル」に属する「社会的アクター」の役割を無視することもできないであろう[26]。とりわけ経営者団体が、アデナウアー政権に対して最大の影響力を持つ中間団体であったということは周知の事実である。したがって、「鉄鋼業経済連合」（Wirtschaftsvereinigung Eisen- und Stahlindustrie: WVESI）によって代表された西ドイツ鉄鋼業界がECSCの成立過程において、また、「ドイツ産業連邦連盟」（Bundesverband der Deutschen Industrie: BDI）によって代表された総体としての西ドイツ産業界がEECの成立過程において特に重要な役割を果たしたという蓋然性は高いであろう。

　先行研究によれば、ECSCの成立過程への西ドイツ鉄鋼業界の対応は複雑なものであった。ギリンガムは、前出の連合国法令27号に比重を置いた上

で、西ドイツ鉄鋼業界が、連合国法令 27 号と密接に関連するシューマン・プランに反対したと指摘している[27]。さらに、連合国法令 27 号を扱っているウォーナー（I. Warner）も同様に、西ドイツ鉄鋼業界が、連合国法令 27 号と密接に関連するシューマン・プランに反対したと指摘している[28]。それに対して、ビューラー（W. Bührer）は、西ドイツ鉄鋼業界が、西ドイツ鉄鋼業に対する連合国の占領体制からの脱却（脱占領）、換言すれば、「同等の権利」の獲得を最大の根拠としてシューマン・プランに原則的に同意したと指摘している[29]。さらに、シュピーレンブルク（D. Spierenburg）とポワドヴァン（R. Poidevin）は、西ドイツ鉄鋼業界が、シューマン・プラン交渉を通じて、西ドイツ鉄鋼業に対する連合国の占領の終了に道筋を付けるという意図を西ドイツ政府と共有していたと指摘している[30]。

　実証水準から判断すれば、ビューラーの議論が説得力を有している。ただし、ビューラーの研究によれば、西ドイツ鉄鋼業界は実質的に ECSC の成立過程において経済的利害を閑却していたということになる。しかし、西ドイツ鉄鋼業界が、ECSC の成立に直接的な利害を有していたにもかかわらず、経済的利害を閑却していたとする議論についてはやはり、再考の余地が十分にあるであろう。したがって、WVESI によって代表された西ドイツ鉄鋼業界が経済的な観点から ECSC の成立過程にどのように対応したか再検討することも重要である。

　前出の「同等の権利」という点に限っても、ビューラーの議論においては、「同等の権利」が、脱占領にのみかかわるものであったのか判然としない。したがって、西ドイツ鉄鋼業界にとって「同等の権利」の内容がどのようなものであったのかを明らかにすることが副次的な課題となる。

　また、シューマン・プランが「平等参加」を謳っているにもかかわらず、シューマン・プランの発表直後に連合国法令 27 号が公布され、シューマン・プランと連合国法令 27 号が連動したことを考慮すれば、シューマン・プランと連合国法令 27 号の連動について検討を加えることも重要であろう。前出のウォーナーによれば、連合国法令 27 号に基づく西ドイツ石炭・鉄鋼業の再編成に関する問題、とりわけ西ドイツ鉄鋼業の非集中化に関する問題

は西ドイツにとって有利な形で解決され、その過程において西ドイツ政府がイニシアティヴを取った。しかし、ウォーナーは、シューマン・プランに言及しているものの、シューマン・プランが西ドイツにとって、西ドイツ鉄鋼業の非集中化に関する問題の解決の過程においてどのような役割を持ったのか明らかにしていない[31]。したがって、西ドイツ鉄鋼業の非集中化に関する問題の解決の過程に焦点を当て、シューマン・プランが西ドイツにとって、その過程においてどのような役割を持ったのかを明らかにすることも副次的な課題となる。

　他方、先行研究によれば、EEC の成立過程への西ドイツ産業界の対応は単純なものであった。ビューラーは、西ドイツ産業界が貿易の自由化の必要性を十分に認識し、OEEC をヨーロッパ統合の最も適合的な基盤として非常に高く評価していたと指摘している[32]。その上で、ビューラーは、西ドイツ産業界が、共同市場構想（EEC 構想）が挫折した場合、その責任を転嫁されることがないよう共同市場構想も支持していたと強調している[33]。

　また、レニッシュ（T. Rhenisch）も、西ドイツ産業界が、OEEC をヨーロッパ統合の基盤の一つとした場合、それよりもはるかに見劣りする共同市場構想を支持していたと指摘している。レニッシュは、その理由として、西ドイツ産業界が共同市場構想に若干の経済的利益を見出しつつ、アデナウアーのヨーロッパ政策を事実上、無条件に支持していたことも重視している。その上で、レニッシュはコーポラティズム論に依拠し[34]、西ドイツのヨーロッパ政策における「政治的意思」と「経済的利害」の結合はコーポラティズム的協調の表れの一つであると強調している[35]。

　ビューラーの研究およびレニッシュの研究は、西ドイツ産業界がコーポラティズム的協調のもとアデナウアーのヨーロッパ政策を支持し、その代わりに、他の領域における経済的利益に対するアデナウアーの保証を得ようとしていたということも示唆している。したがって、両研究によれば、西ドイツ産業界は実質的に EEC の成立過程において経済的利害を閑却していたということになる。しかし、西ドイツ産業界が、EEC の成立に直接的な利害を有していたにもかかわらず、経済的利害を閑却していたとする議論について

もやはり、再考の余地が十分にあるであろう。したがって、BDI によって代表された西ドイツ産業界が経済的な観点から EEC の成立過程にどのように対応したか再検討することも重要となる。

以上のことから、本書は、西ドイツ鉄鋼業界あるいは西ドイツ産業界の動向を軸に西ドイツがアデナウアー政権のもと経済的な観点から ECSC ならびに EEC の成立過程にどのように対応したか明らかにし、それを通じて3つの個別の課題にアプローチする。さらに、本書は同様に2つの副次的な課題にもアプローチする。

第3節　本書の構成

以下では、上記の5つの課題の関連性などを踏まえて改めて各章の課題を整理し、本書の構成を簡潔に示す。各課題については、各章の冒頭において詳細に説明し直すこととする。

第1章は、西ドイツ鉄鋼業界の動向を軸に西ドイツが、シューマン・プランにおける生産・投資・価格問題にどのように対応したか明らかにすることを通じて、ECSC が、生産・投資・価格への介入との関連で、どのようなことを特質とする制度として成立したのかを明らかにすることを課題とする。この章では、ECSC が専ら介入主義的な制度として成立し、失敗したという歴史像の修正を目指す。

第2章は、西ドイツ鉄鋼業界が、「同等の権利」との関連で、シューマン・プランにどのように対応したか明らかにすることを通じて、西ドイツ鉄鋼業界にとって「同等の権利」の内容がどのようなものであったのかを明らかにすることを課題とする。この章は第1章の補論としても位置付けられる。

第3章は、シューマン・プランが西ドイツにとって、連合国法令27号に基づく西ドイツ鉄鋼業の非集中化に関する問題の解決の過程においてどのような意味を持ったのかを明らかにすることを課題とする。この章は、続く第4章における議論のための前提としても位置付けられる。

第4章は、西ドイツ鉄鋼業界の動向を軸に西ドイツが、シューマン・プラ

ンにおけるカルテル・企業集中問題にどのように対応したか明らかにすることを通じて、ECSC が、カルテル・企業集中問題との関連で、どのようなことを特質とする制度として成立したのかを明らかにすることを課題とする。この章では、ECSC が専ら自由主義的な制度として成立したという歴史像の修正を目指す。

第5章は、西ドイツ産業界の動向を軸に西ドイツが EEC の成立過程にどのように対応したか明らかにすることを通じて、EEC が、とりわけ共同市場との関連で、どのようなことを特質とする制度として成立したのかを明らかにすることを課題とする。この章では、EEC が専ら自由主義的な制度として成立したという歴史像の修正を目指す。

したがって、本書は第一に、西ドイツ鉄鋼業界を軸に、ECSC の成立過程における西ドイツの役割について再検討することを通じて、西ドイツの視点から、経済体系の形成に本質的にかかわる ECSC の制度的特質を解明し、ECSC の成立について再評価する。本書は第二に、西ドイツ産業界を軸に、EEC の成立過程における西ドイツの役割について再検討することを通じて、西ドイツの視点から、経済体系の形成に本質的にかかわる EEC の制度的特質を解明し、EEC の成立について再評価する。その上で、本書は、断絶面ばかりではなく、連続面からも ECSC・EEC の成立・並存を整合的に把握し、1950 年代におけるヨーロッパ統合の制度化の過程を通じて形成された経済体系を究明する。

注

1)　ヨーロッパ統合史については、D. W. Urwin, *The Community of Europe: A History of European Integration since 1945*, 2nd ed., London, 1995; P. M. R. Stirk, *A History of European Integration since 1914*, New York, 1996; W. Kaiser, B. Leucht and M. Rasmussen（ed.）, *The History of the European Union: Origins of a Trans- and Supranational Polity 1950–72*, Abingdon, 2009; D. Dinan, *Europe Recast: A History of European Union*, 2nd ed., Basingstoke, 2014; D. Dinan（ed.）, *Origins and Evolution of the European Union*, 2nd ed., Oxford University Press, 2014; W. Loth, *Building Europe: A History of European Unification*, Berlin, 2015; I. T. Berend, *The History of European Integration: A New Perspective*, London and New York, 2016; L. Warlouzet, *Histoire de la construction européenne depuis 1945*, Paris, 2022; 益田実・山本健編『欧州統合史——二つの世界大戦からブレグジットまで』ミネルヴァ書房、2019 年、遠藤乾編『ヨーロッパ統合史［第 2 版］』名古屋大学出版会、2024 年参照。

2）　ここでは、日本における本格的なヨーロッパ統合史研究の端緒を開いた廣田功の議論に依拠する。詳細については、廣田功『現代フランスの史的形成——両大戦間期の経済と社会』東京大学出版会、1994 年、廣田功「ヨーロッパ戦後再建期研究の現状と課題」廣田功・森建資編『戦後再建期のヨーロッパ経済——復興から統合へ』日本経済評論社、1998 年、廣田功「戦前の欧州統合の系譜 II——経済的構想（19 世紀末‐第二次世界大戦）」吉田徹編『ヨーロッパ統合とフランス——偉大さを求めた 1 世紀』法律文化社、2012 年。他にも、中屋宏隆「『ヨーロッパ統合史』研究の確立」愛知県立大学外国語学部編『愛知県立大学外国語学部紀要 地域研究・国際学編』第 43 号、2011 年 3 月参照。

3）　初期ヨーロッパ統合に関する古典的な研究としては、E. B. Haas, *The Uniting of Europe: Political, Social, and Economic Forces, 1950-1957*, New ed., Stanford University Press, 1968; F. R. Willis, *France, Germany and the New Europe, 1945-1963*, Stanford University Press and Oxford University Press, 1965 などがある。

4）　シューマン・プランおよび ECSC については、K. Schwabe (Hrsg.), *Die Anfänge des Schuman-Plans, 1950/51: Beiträge des Kolloquiums in Aachen, 28.-30. Mai 1986*, Baden-Baden, 1988 参照。この論文集は、「ヨーロッパ共同体歴史家連絡会議」（European Community Liaison Committee of Historians）、現「ヨーロッパ連合歴史家連絡会議」（European Union Liaison Committee of Historians）の研究集会の内容が報告集として刊行されたものである。この連絡会議の同様の刊行物には他にも、R. Poidevin (dir.), *Histoire des débuts de la construction européenne (mars 1948-mai 1950): Actes du colloque de Strasbourg 28-30 novembre 1984*, Bruxelles, Milano, Paris et Baden-Baden, 1986; E. Serra (a cura di), *Il rilancio dell' Europa e i trattati di Roma: Atti del colloquio di Roma 25-28 marzo 1987*, Bruxelles, 1989; G. Trausch (Hrsg.), *Die Europäische Integration vom Schuman-Plan bis zu den Verträgen von Rom: Pläne und Initiativen, Enttäuschungen und Mißerfolge: Beiträge des Kolloquiums in Luxemburg, 17.-19. Mai 1989*, Baden-Baden, Milano, Paris und Bruxelles, 1993; M. Dumoulin (dir.), *Plans des temps de guerre pour l'Europe dápres-guerre, 1940-1947: Actes du colloque de Bruxelles 12-14 mai 1993*, Bruxelles, Milano, Paris et Baden-Baden, 1995 がある。また、ECSC に関する古典的な研究としては、H. L. Mason, *The European Coal and Steel Community: Experiment in Supranationalism*, The Hague, 1955; W. Diebold Jr., *The Schuman Plan: A Study in Economic Cooperation, 1950-1959*, New York, 1959; L. Lister, *Europe's Coal and Steel Community: An Experiment in Economic Union*, New York, 1960 などがある。

5）　EEC については、H. J. Küsters, *Die Gründung der Europäischen Wirtschafts-*

gemeinschaft, Baden-Baden, 1982; Serra（a cura di）, *Il rilancio dell' Europa e i trattati di Roma* 参照。

6) 市場経済の多様性については、P. A. Hall and D. Soskice（ed.）, *Varieties of Capitalism: The Institutional Foundations of Comparative Advantage*, Oxford University Press, 2001; B. Amable, *The Diversity of Modern Capitalism*, Oxford University Press, 2003 参照。

7) 能勢はパテル（K. K. Patel）らの議論を踏まえながら、ECSC ならびに EEC から EU への発展を自明視することなく、EU がヨーロッパ統合の中心となっていく過程を実証的に明らかにする必要性を説いている。能勢和宏『初期欧州統合 1945-1963──国際貿易秩序と「6 か国のヨーロッパ」』京都大学学術出版会、2021 年、1-32 頁。パテルの議論については、K. K. Patel, *Projekt Europa: Eine kritische Geschichte*, München, 2018 参照。

8) EEC に組み込まれた「共通農業政策」（Common Agricultural Policy: CAP）は事実上の「ヨーロッパ農業共同体」であろう。食料自給・エネルギー自給とも密接に関連する農業・原子力エネルギーという重要な領域において CAP ならびに EURATOM によって実質的に「部門統合」が継続されたと解釈することも可能である。

9) J. Gillingham, *European Integration, 1950-2003: Superstate or New Market Economy?*, Cambridge University Press, 2003. なお、「積極的統合」と「消極的統合」という経済統合の二分法自体は以前から提起されている。例えば、J. Tinbergen, *International Economic Integration*, 2nd, rev. ed., Amsterdam, 1965 参照。また、同様の二分法として、経済統合を「制度的統合」と「機能的統合」に区分するものもある。前者は「積極的統合」、後者は「消極的統合」に対応する。例えば、R. Sannwald und J. Stohler, *Wirtschaftliche Integration: Theoretische Voraussetzungen und Folgen eines europäischen Zusammenschlusses*, 2., durchgesehene Aufl., Basel, 1961 参照。一連の二分法については、小島健「欧州統合と社会的ヨーロッパ」東京経済大学経済学会『東京経大学会誌（経済学）』第 289 号、2016 年 2 月、107-109 頁を参考にした。また、生産要素の自由な移動による国民経済間の相互依存関係の発展をヨーロッパ統合の要因と捉える議論もある。詳細については、S. Pollard, *European Economic Integration, 1815-1970*, London, 1974; S. Pollard, *The Integration of the European Economy since 1815*, London, 1981 参照。

10) J. Gillingham, "The European Coal and Steel Community: An Object Lesson?", in; B. Eichengreen（ed.）, *Europe's Post-War Recovery*, Cambridge University Press, 1995.

11) 1965 年 4 月 8 日に調印された「ヨーロッパ諸共同体単一理事会・委員会設立条約」（ブリュッセル条約）が 1967 年 7 月 1 日に発効し、ECSC、EEC、EURATOM の 3 共同体は EC と総称されるようになった。

12) ヨーロッパ・レベルの鉄鋼業界の経営者団体は「ヨーロッパ鉄鋼連盟」（EUROFER: European Steel Association）である。

13）島田悦子「欧州石炭鉄鋼共同体」大西健夫・岸上慎太郎編『EU——統合の系譜』早稲田大学出版部、1995年、53-54頁。

14）廣田功「フランスから見た仏独和解の歴史と論理——国家と社会の相互作用」永岑三千輝・廣田功編『ヨーロッパ統合の社会史——背景・論理・展望』日本経済評論社、2004年、120-121、124-125頁。

15）A. S. Milward, *The Reconstruction of Western Europe, 1945-51*, University of California Press, 1984, p. 395.

16）R. T. Griffiths, "The Schuman Plan Negotiations: The Economic Clauses", in; Schwabe（Hrsg.）, *Die Anfänge des Schuman-Plans, 1950/51*, pp. 35-36, 40.

17）V. R. Berghahn, *Unternehmer und Politik in der Bundesrepublik*, Frankfurt am Main, 1985, pp. 112-152. 他にも、V. R. Berghahn, *The Americanisation of West German Industry, 1945-1973*, Leamington Spa and New York, 1986; M. Kipping, *Zwischen Kartellen und Konkurrenz: Der Schuman-Plan und die Ursprünge der europäischen Einigung 1944-1952*, Berlin, 1996 参照。

18）Berghahn, *Unternehmer und Politik in der Bundesrepublik*, p. 143.

19）Griffiths, "The Schuman Plan Negotiations", p. 65.

20）島田悦子『欧州鉄鋼業の集中と独占［増補版］』新評論、1975年、91-93頁。

21）高野雄一・小原喜雄編『国際経済条約集』有斐閣、1983年、249頁。

22）フランスの視点から見れば、この含意は一定の妥当性を持つ。しかし、この場合、EEC が専ら自由主義的な制度として成立したわけではなかったということは、貿易の自由化への適応過程における特別措置がフランスに認められたことを意味するにすぎない。詳細については、廣田愛理「欧州統合の具体化——転換期におけるフランスの統合政策の進展（1950-1958年）」吉田編『ヨーロッパ統合とフランス』参照。

23）A. S. Milward, *The European Rescue of the Nation-State*, 2nd ed., London, 2000.

24）J. Becker and F. Knipping（ed.）, *Power in Europe?: Great Britain, France, Italy, and Germany in a Postwar World, 1945-1950*, Berlin and New York, 1986 も参照。

25）アデナウアーのヨーロッパ政策・外交政策については、H. J. Küsters, "The Federal Republic of Germany and the EEC-Treaty", in; Serra（a cura di）, *Il rilancio dell'Europa e i trattati di Roma*; H. J. Küsters, "West Germany's Foreign Policy in Western Europe, 1949-58: The Art of the Possible", in; C. Wurm（ed.）, *Western Europe and Germany: The Beginnings of European Integration 1945-1960*, Oxford and Washington, 1995; R. Neebe, "Optionen westdeutscher Außenwirtschaftspolitik 1949-1953", in; L. Herbst, W. Bührer und H. Sowade（Hrsg.）, *Vom Marshallplan zur EWG: Die Eingliederung der Bundesrepublik Deutschland in die westliche Welt*, München, 1990; G. Niedhart, "Außenpolitik in der Ära Adenauer", in; A. Schildt und A. Sywottek（Hrsg.）, *Modernisierung im Wiederaufbau: Die westdeutsche Gesellschaft der 50er Jahre*, Bonn, 1993 参照。

序章 ヨーロッパ統合への経済史的問い 17

26) この点については、廣田功「ヨーロッパ統合構想の展開とフランス経済学 (1920-40 年代)」廣田功編『現代ヨーロッパの社会経済政策——その形成と展開』日本経済評論社、2006 年、93 頁参照。社会的アクターの役割の詳細については、G. Bossuat (dir.), *Inventer l'Europe: Histoire nouvelle des groupes d'influence et des acteurs de l'unité européenne*, Bruxelles, 2003; M. Dumoulin (dir.), *Réseaux économiques et construction européenne*, Bruxelles et New York, 2004 参照。

27) J. Gillingham, "Solving the Ruhr Problem: German Heavy Industry and the Schuman Plan", in; Schwabe (Hrsg.), *Die Anfänge des Schuman-Plans, 1950/51*, pp. 422-423; J. Gillingham, *Coal, Steel, and the Rebirth of Europe, 1945-1955: The Germans and French from Ruhr Conflict to Economic Community*, Cambridge University Press, 1991, pp. 250-283.

28) I. Warner, *Steel and Sovereignty: The Deconcentration of the West German Steel Industry, 1949-54*, Mainz, 1996, pp. 11-42.

29) W. Bührer, *Ruhrstahl und Europa: Die Wirtschaftsvereinigung Eisen- und Stahlindustrie und die Anfänge der europäischen Integration 1945-1952*, München, 1986, pp. 176-179.

30) D. Spierenburg and R. Poidevin, *The History of the High Authority of the European Coal and Steel Community: Supranationality in Operation*, London, 1994, pp. 29-30.

31) Warner, *Steel and Sovereignty*, pp. 11-42.

32) 貿易の自由化については、W. Bührer, "Erzwungene oder freiwillige Liberalisierung?: Die USA, die OEEC und die westdeutsche Außenhandelspolitik 1949-1952", in; Herbst, Bührer und Sowade (Hrsg.), *Vom Marshallplan zur EWG* 参照。OEEC については、W. Bührer, *Westdeutschland in der OEEC: Eingliederung, Krise, Bewährung, 1947-1961*, München, 1997 参照。

33) W. Bührer, "German Industry and European Integration in the 1950s", in; Wurm (ed.), *Western Europe and Germany*.

34) コーポラティズム論については、G. Lehmbruch and P. C. Schmitter (ed.), *Patterns of Corporatist Policy-Making*, London and Beverly Hills, 1982; G. Lehmbruch, "Concertation and the Structure of Corporatist Networks", in; J. H. Goldthorpe (ed.), *Order and Conflict in Contemporary Capitalism*, Oxford University Press, 1984 参照。

35) T. Rhenisch, *Europäische Integration und industrielles Interesse: Die deutsche Industrie und die Gründung der Europäischen Wirtschaftsgemeinschaft*, Stuttgart, 1999.

第 1 章

シューマン・プランの生産・投資・価格問題と西ドイツ

はじめに

　1950 年 5 月 9 日にシューマン・プランが発表され、1952 年 7 月 23 日にフランス、西ドイツ、ベネルクス三国（ベルギー、オランダ、ルクセンブルク）、イタリアによってヨーロッパ石炭鉄鋼共同体（European Coal and Steel Community: ECSC）が最初のヨーロッパ統合制度として創設された。したがって、シューマン・プランを起点とする ECSC の成立は、ヨーロッパ統合の「出発」を告げるものであった。このことも踏まえ、本章は以下のことから、西ドイツ鉄鋼業界の動向を軸に西ドイツが、シューマン・プランにおける生産・投資・価格問題にどのように対応したか明らかにすることを通じて、ECSC が、生産・投資・価格への介入との関連で、どのようなことを特質とする制度として成立したのかを明らかにすることを課題とする。

　シューマン・プランは、とりわけ鉄鋼の領域において超国家的な最高機関（High Authority）のもと生産の共同化および価格の平準化を実現することを主な目的の一つとしていた。生産の共同化および価格の平準化というシューマン・プランの目的は一種の公的な国際カルテルの編成を彷彿とさせ、ECSC が専ら介入主義的な制度として成立したというイメージを浮かび上がらせる[1]。

　事実、ECSC は、1973 年の石油危機以降、長期的な不況に陥った共同体全域において「鉄鋼危機」が深刻化する中、1980 年 10 月に初めて、1951 年 4 月 18 日に調印されたヨーロッパ石炭鉄鋼共同体設立条約（パリ条約）第 58 条に基づいて「明白な危機」を宣言し、1988 年 6 月にかけてヨーロッパ・レベルおよび加盟国レベルの鉄鋼業界の経営者団体の協力のもと[2]、主

要4品目について生産割当を実施するに至った[3]。しかし、このことは、ECSCが、とりわけ過剰生産時に生産割当を実施するという不況カルテルの機能を発揮したことを意味し、ひいては、ECSCが必ずしも専ら介入主義的な制度として成立したわけではなかったということを含意する。

そもそも、生産の共同化および価格の平準化というシューマン・プランの目的には、1947年から1951年にかけて第一次経済計画として実施された近代化・設備計画（モネ・プラン）による自国の近代化政策を擁護するというフランスの意図が密接に関連していた。すなわち、シューマン・プランは、フランス鉄鋼業の強化を軸の一つとするモネ・プラン自体の遂行、ひいては、フランス経済の近代化の遂行に資するよう、西ドイツ石炭・鉄鋼業の中心地であるルールの石炭・コークス資源を得ると同時に、西ドイツ鉄鋼業の生産力を抑え、相対的に低い西ドイツの鉄鋼価格を支えの一つとする西ドイツ鉄鋼加工業の競争力を削ぐヨーロッパ的枠組みを生み出すことも目指していた[4]。そのため、ミルウォード（A. S. Milward）は、シューマン・プランは、モネ・プランを救うために考案されたと評価している[5]。

ところが、シューマン・プランの発表後に開始されたシューマン・プラン交渉は難航した。とりわけ生産・投資・価格への介入が生産・投資・価格問題として中心的な争点の一つとなり、グリフィス（R. T. Griffiths）は、シューマン・プランの発案者と目されるフランス計画庁長官ジャン・モネ（Jean Monnet）をはじめとするフランス側の本来の意図がパリ条約にほとんど反映されなかったと指摘している[6]。事実、1950年代における鉄鋼生産量について、フランスは常に西ドイツの後塵を拝し、ECSCの成立後に両者の差は顕著になった（表1-1参照）。

ECSCが不況カルテルの機能を発揮したという事実も想起すれば、シューマン・プラン交渉を通じて、生産・投資・価格への介入が限定的なものとなっていたということが浮き彫りになる。したがって、ECSCが、生産・投資・価格への介入との関連で、どのようなことを特質とする制度として成立したのかが問い直されなければならない。

この問いを解くためには、シューマン・プランにおいて、西ドイツ鉄鋼業

第1章　シューマン・プランの生産・投資・価格問題と西ドイツ　21

表 1-1　ECSC 加盟 6 ヵ国における粗鋼生産量（1946-59 年）

（単位：100万トン）

	フランス	西ドイツ（ドイツ）		ベルギー	オランダ	ルクセンブルク	イタリア
		ザール	ザール以外				
1946	4.4	0.3	2.6	2.3	0.1	1.3	1.2
1947	5.7	0.7	3.1	2.9	0.2	1.7	1.7
1948	7.2	1.2	5.6	3.9	0.3	2.5	2.1
1949	9.2	1.8	9.2	3.8	0.4	2.3	2.1
1950	8.7	1.9	12.1	3.8	0.5	2.5	2.4
1951	9.8	2.6	13.5	5.1	0.6	3.1	3.1
1952	10.9	2.8	15.8	5.1	0.7	3.0	3.5
1953	10.0	2.7	15.4	4.4	0.9	2.7	3.5
1954	10.6	2.8	17.4	5.0	0.9	2.8	4.2
1955	12.6	3.2	21.3	5.9	1.0	3.2	5.4
1956	13.4	3.4	23.2	6.4	1.1	3.5	5.9
1957	14.1	3.5	24.5	6.3	1.2	3.5	6.8
1958	14.6	3.5	22.8	6.0	1.4	3.4	6.3
1959	15.2	3.6	25.8	6.4	1.7	3.7	6.8

出所：OEEC, *OEEC Statistical Bulletins: Industrial Statistics: 1900-1959: Production-Consumption-Imports-Exports*, Paris, 1960, p. 93 より作成

の抑制がフランスの近代化政策の救済の前提とされていただけに、西ドイツが、シューマン・プランにおける生産・投資・価格問題にどのように対応したか明らかにすることがやはり必要不可欠である[7]。この場合、シューマン・プランの影響が直撃することになる西ドイツ鉄鋼業界の動向も無視することはできないであろう[8]。

第1節　フランスのヨーロッパ統合政策

1　モネ・プランの策定

　第二次世界大戦後、ドイツは米英仏ソ 4 ヵ国の分割占領下に置かれた。4 ヵ国のうち、フランスは、ドイツによる戦争の遂行を物質的にも不可能にするという「経済的軍縮」と、その前提として、とりわけドイツ鉄鋼業の生産を抑制するという「経済的コントロール」を特徴とする独自のドイツ弱体化政策を追求した。そのため、フランスにとって、ルール問題の処理が重要な問題となり、フランスは、ルールをドイツから政治的に完全に分離し、国

際管理下に置くことを提案した[9]。

　フランスは1945年10月に初めて、ルールを占領していたイギリスにルール分離案を示した。しかし、イギリスは、ドイツからのルールの分離がドイツ経済の低迷の恒久化、ひいては、ソ連の立場の強化につながりうることからも、ルール分離案を拒否した。さらに、アメリカは、ルール分離案が、ドイツを「単一の経済単位」として扱うことを定めた「ポツダム協定」に抵触することから、ルール分割案を受け入れなかった。また、ソ連はルール分割案を、ドイツの資源を西側につなぎ止め、東側への賠償支払いを停止するためのものとみなした[10]。

　それにもかかわらず、フランスは、ルール問題を焦点とするドイツ弱体化政策を執拗に追求した。ここには、経済計画によるフランスの近代化政策の成否がドイツの経済的弱体化、とりわけドイツ鉄鋼業の生産の抑制にかかっていたということも作用していた[11]。

　フランスにおいては、1945年末から46年春にかけてモネのイニシアティヴのもと、近代化計画に関する合意が形成され、計画庁が設置された。モネ自身が計画庁長官に就任し、石炭、電力、鉄鋼、セメント、農業機械、運輸という基幹6部門への重点的投資を軸とするモネ・プランが1946年末に策定され、1947年1月から実施に移された[12]。

　モネ・プランは主として、1950年末までにフランスの鉄鋼生産力を年間1,500万トンの水準に引き上げてフランスをヨーロッパ最大の鉄鋼生産国にすることを目指し、次の2つのことを前提としていた。第一は、品質面でも価格面でもフランスのロレーヌの鉄鉱石の製錬に最も適していたルールの石炭・コークス資源の確保である。第二は、ドイツ鉄鋼業の生産の抑制である。そのため、ドイツ鉄鋼業の生産の抑制がルールの石炭・コークス資源の確保とともに、モネ・プランにおいて重要な問題となっていた[13]。

2　マーシャル・プランの影響

　もっとも、投資財輸入のための外貨の獲得および投資資金の調達もモネ・プランにおいて重要な問題となっていた。事実、モネ・プランは外貨不足お

よび投資資金の調達の困難によって開始直後から危機に陥っていた。しかし、1947年6月5日にアメリカ国務長官ジョージ・キャトレット・マーシャル（George Catlett Marshall）によって発表されたヨーロッパ復興援助計画（マーシャル・プラン）がモネ・プランを軌道に乗せた。すなわち、マーシャル・プランによる直接援助が、アメリカからの投資財輸入を、また、見返り資金が、重点部門への公共投資を可能にすることによって、外貨不足および投資資金の調達の困難というモネ・プランのボトルネックは解消された。

　ところが、マーシャル・プランは、冷戦が激化する中で共産主義に対抗するために、西ドイツ（ドイツ西側占領地区）を優先的に復興させ、西ドイツの経済復興を牽引力として西ヨーロッパ全体の経済復興を推進することも目指していた。そのため、フランスは、アメリカの援助を受ける代償として西ドイツ経済の復興を公式に認めた。すなわち、フランスは、マーシャル・プランの受け入れによってドイツ弱体化政策の転換を余儀なくされた[14]。

　とはいえ、フランスは、西ドイツ経済の復興よりも自国経済の近代化を優先した。フランスは、ルールをドイツから政治的に完全に分離することを断念した上で、1947年7月以降、ルールをヨーロッパの資産にするという構想のもと、国際機関を通じて、ルールの石炭・コークス資源を国内消費と輸出に分配することばかりではなく、とりわけルールの鉄鋼業の生産を抑制することも含むルールの国際化を公式の政策とした。

　1948年2月からは「ロンドン会議」が開かれ、西側6ヵ国（アメリカ、イギリス、フランス、ベネルクス三国）が西ドイツの処遇について協議を行った。その際、フランスはルールの国際管理を提案し、1948年12月には「ルール規約」が調印され、アメリカ、イギリス、フランス、ベネルクス三国が参加し、後に西ドイツも正式に参加することになる「ルール国際機関」（International Authority for the Ruhr）が設立されることになった[15]。

　ただし、ルール国際機関は、ルールの生産物の分配権を持ったものの、ルールの石炭・鉄鋼業の所有と管理の国際化の権限を持たなかった。すなわち、国際機関を通じて、ルールの石炭・コークス資源を国内消費と輸出に分配するというフランスの要求は承認されたものの、同様に国際機関を通じて、

とりわけルールの鉄鋼業の生産を抑制するというフランスの要求は承認されなかった[16]。

このことはフランスにとって、ルールの国際化が破綻したということを意味した。ルールの国際化の実質的な破綻がシューマン・プランに直結したわけではないとはいえ、フランスは、西ドイツとの提携という方向に舵を切り、シューマン・プランが発表されることになる[17]。

3　シューマン・プランの発表

フランスが、西ドイツとの提携という方向に舵を切る際、モネが再びイニシアティヴを取った。モネは、1950年5月3日付のメモランダムをフランス首相ジョルジュ＝オーギュスタン・ビドー（Georges-Augustin Bidault）とフランス外相ロベール・シューマン（Robert Schuman）に送付し、フランスの「復興」の継続との関連では、西ドイツの鉄鋼生産力に関する問題の解決の必要性ばかりではなく、西ドイツの産業競争力に関する問題の解決の必要性にも言及した。

モネは、西ドイツの鉄鋼価格がフランスの鉄鋼価格よりも低いことから、西ドイツ産業がフランス産業に対して競争上の優位を維持していると指摘した。また、モネは、連合国によって年間1,110万トンに制限されている西ドイツの鉄鋼生産量が年間1,400万トンに引き上げられた場合[18]、フランスの鉄鋼生産が停滞するか、または、縮小すると指摘した。その上で、モネは、フランスが、制限的かつ保護主義的な生産という「悪しき慣習」に再び陥るという見方を示した[19]。

しかし、モネは、ヨーロッパ統合を通じて、フランス産業に西ドイツ産業と「同じスタート地点」が与えられ、また、フランス鉄鋼業が「ヨーロッパとしての産業力強化」に参画することが可能になると強調した[20]。ここからは、モネが、西ドイツの相対的に高い鉄鋼生産力ばかりではなく、その相対的に低い鉄鋼価格もモネ・プラン、ひいては、フランス経済の近代化のボトルネックとなると認識し、ヨーロッパ統合を通じて、それらのボトルネックを解消することを意図していたということが看取される。

このメモランダムはシューマンの関心を引き[21]、モネと少数の側近を中心に、ヨーロッパ統合に関する計画が極秘裏に準備された。1950年5月9日にはシューマンが、独仏の石炭・鉄鋼の全生産を一つの共同の最高機関の管理下に置くことを提案し、他のヨーロッパ諸国にも参加を呼び掛けた[22]。

さらに、シューマン・プランは、共同体域内の原料・燃料資源への参加国の対等なアクセスの保障を目的の一つとした。そのため、シューマン・プランは、フランスにルールの石炭・コークス資源の確保を保障し、石炭・コークス不足というモネ・プランのボトルネックを解消することになった[23]。

また、シューマン・プランの目的の中で、西ドイツの相対的に高い鉄鋼生産力および相対的に低い鉄鋼価格というモネ・プラン、ひいては、フランス経済の近代化のボトルネックの解消と密接に関連するものは次の2つであった。第一は、生産計画および投資計画の作成を含む生産の共同化であり、第二は、共同体域内における同一条件による鉄鋼の供給（鉄鋼価格の平準化）である。こうして、モネ・プラン自体の遂行、ひいては、フランス経済の近代化の遂行に資するよう、西ドイツ鉄鋼業の生産力を抑え、また、相対的に低い西ドイツの鉄鋼価格を支えの一つとする西ドイツ鉄鋼加工業の競争力を削ぐヨーロッパ的枠組みがシューマン・プランによって生み出されようとしていた。

第2節　最高機関の設置

1　基礎産業共同管理構想とシューマン・プラン

第二次世界大戦の終結からシューマン・プランの発表まで、ヨーロッパ統合を目指す活発な動きは民間の諸団体を中心に展開された。1948年5月には「統一ヨーロッパ運動」、「ヨーロッパ経済協力連盟」、「ヨーロッパ連邦主義者同盟」、「統一ヨーロッパ・フランス評議会」、「新国際グループ」、「ヨーロッパ議員同盟」がオランダ・ハーグにおいて「ヨーロッパ会議」（ハーグ会議）を主催した[24]。その後、これらの団体は「ヨーロッパ運動」（European Movement）を結成した[25]。

ヨーロッパ運動は、経済統合を中心にヨーロッパ統合について具体的に検討するために、1949年4月19日から25日にかけてイギリス・ロンドンのウェストミンスターにおいて「経済会議」（ウェストミンスター経済会議）を開催した。この会議は、「通貨・金融委員会」、「社会・通商委員会」、「基礎産業委員会」、「農業委員会」、「海外領土関係委員会」、「制度・機構委員会」の各決議案を採択した[26]。それらの中でも、石炭・鉄鋼業を含む基礎産業の共同管理という点では、社会主義者のアンドレ・フィリップ（André Philip）が議長を務めた基礎産業委員会の決議案が重要である。

基礎産業委員会においては、西ヨーロッパ経済の復興と発展に寄与する基礎産業を共同管理のもとに置くということについて見解が一致していた。ただし、共同管理のための組織の設立について、産業組織を設立するという立場と、公的機関を設立するという立場が対立した[27]。

そのため、基礎産業委員会は、石炭、鉄鋼、電力、運輸という4つの産業に次の3つの組織を設立することを決議案とした。第一は、主として生産・投資・価格に関する基本政策を決定する「ヨーロッパ公的機関」である。第二は、企業、労働者、消費者、一般利益の代表によって構成される「諮問機関」である。第三は、企業の代表によって構成される「アンタント」（産業組織）である。アンタントの役割は、公開性、および、ヨーロッパ公的機関による監督を条件に、主として、生産を需要に合わせること、専門化や標準化などを通じて生産性を向上させること、生活水準を向上させるために生産費を引き下げることであった[28]。

その後、シューマン・プランが発表された。石炭・鉄鋼の生産を一つの共同の最高機関のもとに置くことを提唱するシューマン・プランは、ウェストミンスター経済会議の基礎産業共同管理構想との類似性を示すものでもあった。このことを考慮すれば、ウェストミンスター経済会議の基礎産業共同管理構想はシューマン・プランの登場の背景の一つであったであろう。換言すれば、ウェストミンスター経済会議の基礎産業共同管理構想も、シューマン・プランが受け入れられる環境を準備したであろう。ただし、シューマン・プランは当初、ウェストミンスター経済会議の基礎産業共同管理構想よ

りも公的な要素を前面に押し出していた。

　シューマン・プランの発表を受け、西ドイツ鉄鋼業界の経営者団体であった鉄鋼業経済連合（Wirtschaftsvereinigung Eisen- und Stahlindustrie: WVESI）は1950年6月21日付の見解において、シューマン・プランによって設置される最高機関に言及した。まず、WVESIは、最高機関に「異常な」責任と権限が付与されることになっていると指摘した。さらに、WVESIは、最高機関における参加国の議決権比率が「経済的基準」に基づいて算定され[29]、また、イギリスがシューマン・プラン参加予定国に加わることも考慮に入れながら[30]、ある国の極めて重大な利益が損なわれる場合に最高機関の決定を停止することを可能にする「拒否権」も過渡期に設けられることが必要であるという認識を示した[31]。したがって、WVESIは、最高機関の設置自体には反対せず、場合によっては、国益の観点から最高機関の決定が停止されることを追求した。

2　最高機関と各種共同体機関

　最終的に、最高機関は、加盟国の国民の中から選任される任期6年の9名のメンバーによって構成されることになり、同一国籍の最高機関のメンバーは2名以内とされた。さらに、最高機関の議決はメンバーの多数決によって行われることになった。また、最高機関は「決定」、「勧告」、「意見」を発することになった。決定は拘束力を有することになった。勧告は、目的について拘束力を有することになったものの、目的を達成するための方法は、勧告を受けた側に委ねられることになった。意見は拘束力を有しないことになった[32]。

　もっとも、とりわけベルギーおよびオランダが、最高機関を政府間機関のもとに置くことを要求したことからも、加盟国政府の利益を代表する機関として、各国1名ずつの政府代表（経済閣僚）によって構成される「閣僚理事会」（Council of Ministers）が設置されることになった[33]。閣僚理事会は、加盟国政府と最高機関の行動を調和させるために最高機関と情報を交換し、協議を行うことになった。さらに、最高機関は、場合によっては、任務の遂行

において閣僚理事会の同意を必要とすることになった。すなわち、最高機関は事実上、閣僚理事会の了承を得ながら任務を遂行することになった[34]。

また、各加盟国の議会が自国議員の中から任命する代議員によって構成される「共同総会」（Common Assembly）が設置されることになった。共同総会は、最高機関によって提出される一般報告に対して不信任決議を行うことができ、その場合、最高機関は総辞職することになった。さらに、閣僚理事会が2年の任期で任命する企業、労働者、消費者、販売業者の代表によって構成される「諮問委員会」（Consultativ Committee）が設置されることになり、諮問委員会は最高機関を補佐することになった[35]。

こうして、ECSCにおいて加盟国政府の役割が増大し、国益を重視する傾向も強まった。換言すれば、ECSCは初発から、「政府間主義」への傾斜の傾向を示した。また、利害関係者の代表もECSCに派遣されることになった。これらのことは、最高機関の設置に対するWVESIの立場を考慮すれば、WVESIにとっても重要であったであろう。しかし、WVESIにとって、むしろ重要なことは最高機関の介入のあり方であった。

第3節　生産・投資・価格問題への西ドイツ鉄鋼業界の対応

1　国際カルテル機能の側面への対応

WVESIは1950年6月19日付の見解において、シューマン・プランは、西ドイツが適応すべき「ヨーロッパ的枠組み」の一つであると指摘した。続けて、WVESIは、「国際粗鋼共同体」（Internationale Rohstahlgemeinschaft: IRG）および「国際粗鋼輸出共同体」（Internationale Rohstahlexportgemeinschaft: IREG）においてピークに達した戦間期の組織化の「屋台骨」が依然として一定程度、存在しているということを確認することが重要であると指摘した[36]。

その上で、WVESIは、生産計画および投資計画の作成を含む生産の共同化、共同体域内における同一条件による鉄鋼の供給（鉄鋼価格の平準化）などのシューマン・プランの主な目的は、参加諸国、および、それらの諸国の

石炭・鉄鋼業界の最高度の協調を必要とし、組織化を前提とするという認識を示した。続けて、WVESI は、「共同体において、生産・販売・価格に関する一種の調整、および、それに不可欠な組織化が必要である」と強調した[37]。

したがって、WVESI は、シューマン・プランは、参加諸国の当該産業界の協調および組織化によって共同体レベルにおいて生産・販売・価格を調整することも含意すると認識していた。換言すれば、WVESI はシューマン・プランにカルテル的共同調整の実現の可能性を見出していた。

また、WVESI は、1948 年 3 月 24 日に調印された「国際貿易機関憲章」（ハバナ憲章）に、一次産品（原材料）に関する困難について規定する第 55 条が組み込まれたことも重視した。ハバナ憲章第 55 条は、生産と消費の間の持続的な不均衡、大量の在庫の発生、著しい価格の変動のような特別な困難が特定の一次産品の国際貿易において生じうることを認めた上で、それらの困難のために場合によっては国家間の協定を用いて当該生産物の国際貿易を特別に取り扱うことが必要となるということを認めるものであった。ハバナ憲章自体は未発効のままであったものの、WVESI は、ハバナ憲章第 55 条が共同体の創設に資すると強調した。さらに、WVESI は、ハバナ憲章第 55 条が、共同体において取られるべき組織化の形態に対するアメリカの同意を容易にするという見方を示した[38]。

すなわち、ハバナ憲章第 55 条は WVESI にとって、カルテル的共同調整の実現、および、それに対するアメリカの同意を保証するものであった。しかし、WVESI がハバナ憲章第 55 条を援用したことは、WVESI がカルテル的共同調整の恒常化を追求していたわけではなかったということも意味する。

WVESI は 1950 年 7 月 4 日付の見解において、「カルテルあるいはカルテル要素」の「価値の有無に関する教条主義的な見解」は共同体の創設に資さないことがはっきりされなければならないという認識を示した。その上で、WVESI は、「ハバナ憲章でさえも原材料産業に関して特定の条件のもとでカルテル禁止の例外を認めていること」が、一次産品に関する困難について規定するハバナ憲章第 55 条を生み出していると指摘し、「それは、あらゆる

点で国内シンジケートおよび国際シンジケートに回帰しなければならないということを意味することにはならない」と強調した。さらに、WVESI は、連合国による西ドイツの鉄鋼生産の制限の撤廃が想定されるにもかかわらず、西ドイツおよび他の諸国に「一種の生産割当」が「不明な水準」で課されるべきであるかどうかが問題となりうるという見方を示した上で、そのような措置を拒否すべきであると強調した[39]。

ここには、生産割当による IRG の恒常的な生産調整の「苦い経験」が作用していた。WVESI によれば、ドイツが不利を甘受して組織化を優先した結果、生産割当による IRG の恒常的な生産調整はドイツにとって、需要の拡大に応じた生産の拡大を阻む桎梏となった。この経験は具体的には次のようなものであった。

IRG においては、ドイツが「第一次世界大戦の繰り延べ需要」によって、他の IRG 加盟国に比べ、「より吸収力のある国内市場」を有していたことが十分に顧慮されていなかった。その結果、生産が割当を大きく超過したドイツに多額の調整金（罰則金）が課せられ、ドイツは調整金の支払いによって他の IRG 加盟国の輸出に事実上の補助金を与えた。その後、ドイツは、調整金の支払いに耐えられなかったため、調整金の引き下げにもかかわらず、輸出を断念せざるをえなかった[40]。

したがって、第二次世界大戦後の復興によって国内外の鉄鋼需要が拡大する中、WVESI は、連合国による制約から解放され、鉄鋼需要の拡大に応じて鉄鋼生産を拡大させることを優先していたからこそ、IRG の失敗という苦い経験を考慮に入れ、ハバナ憲章第 55 条も援用しながら、カルテル的共同調整の恒常化を阻止することを意図していた。換言すれば、WVESI は、共同体レベルの危機的状況における必要に応じたカルテル的共同調整を志向していた。

2 フランス近代化政策救済の側面への対応

生産計画および投資計画の作成を含む生産の共同化は WVESI にとって特に重大な問題となっていた。そのため、WVESI は 1950 年 6 月 5 日付の見

解においてすでに、この問題に対する立場を明確にしていた。

WVESI は、第二次世界大戦後でさえも、あらゆる制約にもかかわらず、西ドイツ鉄鋼業はフランス鉄鋼業よりも「ダイナミズム」を備えていることが判明したと指摘した。その上で、WVESI は、生産の共同化はフランス鉄鋼業に有利となるよう西ドイツ鉄鋼業の生産力を抑制するという見方を示した。さらに、WVESI は、西ドイツに広幅圧延設備の新増設が認められるかどうかが特に重要であるという認識を示した。その上で、WVESI は、独仏の他にも、広幅圧延設備の新増設を計画する諸国が共同体に参加した場合、西ドイツに広幅圧延設備の新増設が認められる可能性が低くなり、また、そのような諸国が共同体に参加することによって「生産力の過剰」が生じた場合には、広幅圧延設備計画を放棄するよう西ドイツに圧力がかけられるということが考慮に入れられなければならないと強調した。

続けて、WVESI は、最高機関による生産計画および投資計画の作成は西ドイツの「自由の制限」を意味するという認識を示した。その上で、WVESI は、シューマン・プラン交渉を通じて、西ドイツ鉄鋼業のしかるべき発展を可能にする条件を引き出すことが極めて重要であると強調した[41]。

ここには、一方だけの利益を追求するためにシューマン・プランを利用することは許容されないとする WVESI の強硬な姿勢も作用していた。この場合、WVESI が、モネ・プランが危機に陥っていると認識していたことが重要である。

WVESI は、年間 1,500 万トンという水準へとフランス鉄鋼業の生産力を拡大させるためには、生産力の拡大に対応する販路が必要となると指摘した。続けて、WVESI は、フランスにおいては西ドイツ鉄鋼業の急速な再建が考慮に入れられていなかったと指摘した。その上で、WVESI は、フランスは、自国の鉄鋼業の生産力の拡大を断念するか、または、西ドイツに「自発的に」自国の鉄鋼生産を制限させるか、選択を迫られているという見方を示し、後者にかかわるシューマン・プランの側面が西ドイツの政治家によって看過されてはならないと強調した[42]。

したがって、WVESI は、モネ・プランの救済のために西ドイツ鉄鋼業の

表 1-2　独仏の１トン当たりの国内鉄鋼基準
　　　　価格（1950 年）

（単位：DM）

	フランス	西ドイツ	差
鋼片（鋼塊）	204.5	190.0	14.5
軌条	205.5	191.0	15.5
枕材	206.5	192.0	16.5
形鋼	207.5	193.0	17.5
棒鋼	208.5	194.0	18.5
鋼矢板	209.5	195.0	19.5
圧延線材	210.5	196.0	20.5
厚板	211.5	197.0	21.5
中板	212.5	198.0	22.5
広幅平鋼	213.5	199.0	23.5
薄板	214.5	200.0	24.5
帯鋼	215.5	201.0	25.5

注：フランスの国内鉄鋼基準価格は 13.5% の生産税
を含む
出所：PAAA, B15, Bd. 47, WVESI（Hrsg.）, *Untersu-
chungen zum Schuman-Plan*, Düsseldorf, 1951, p. 7
より作成

生産力が抑制されることを阻
止することを意図していた。
それだけになおさらのこと、
WVESI は、生産計画および
投資計画の作成を含む生産の
共同化に対して懐疑的であり、
生産および投資に関する自由
が大幅に保障されることを追
求していた。

　他方、共同体域内における
同一条件による鉄鋼の供給も
WVESI にとって特に重大な
問題となっていた。この問題
は、鉄鋼価格（基準価格およ
び貨物運賃）の平準化、換言すれば、共同体域内における鉄鋼の同一製品・
同一価格を保証するフランコ価格の実現にかかわるものであった。

　WVESI は、フランスの鉄鋼の国内基準価格は西ドイツの鉄鋼の国内基準
価格よりもほぼ例外なく相当高い水準にあると指摘した（表 1-2 参照）。その
上で、WVESI は、フランスが鉄鋼の国内基準価格を引き下げない場合、基
準価格の平準化のために西ドイツが鉄鋼の国内基準価格の引き上げを余儀な
くされるという見方を示した。さらに、WVESI は、フランコ価格の実現は
「自然の歪曲」に等しいと強調した[43]。

　ここから看取されることは、WVESI が鉄鋼価格の平準化に対して懐疑的
であったということである。このことは、WVESI が鉄鋼価格の平準化を事
実上、拒否したということを意味する。この点について、WVESI は 1950
年 7 月 4 日付の見解において立場を明確にした。

　WVESI は、ルール、および、その周辺に立地する西ドイツ鉄鋼加工業は、
ルールの鉄鋼の購入のために負担することになる貨物運賃が低いという有利
な条件を備えていると指摘し、フランコ価格の実現のために西ドイツの鉄鋼

価格が引き上げられた場合、西ドイツ鉄鋼加工業が、その上昇分を負担することになり、西ドイツの鉄鋼加工品の価格が上昇すると強調した。続けて、WVESI は、フランコ価格は、鉄鋼価格の引き上げによって拠出される調整基金を前提とすると指摘し、フランコ価格の実現のために西ドイツの鉄鋼の国内基準価格が圧延製品 1 トン当たり 15 ないし 20 ドイツ・マルク（Deutsche Mark: DM）引き上げられるという見方を示した。その上で、WVESI は、フランコ価格の実現の結果は、西ドイツ鉄鋼加工業が「重要な輸出要素」として「最大の外貨の稼ぎ手」であるだけに、深刻に受け止められるという認識を示し、フランコ価格は受け入れがたいと強調した[44]。

　この場合、重要なことは、WVESI が、西ドイツ国内の鉄鋼価格の上昇、ひいては、西ドイツ鉄鋼加工業の競争力の低下がもたらされることを危惧し、鉄鋼価格の平準化を拒否したということである。ここからは、WVESI が、鉄鋼価格を可能な限り低く抑えることによって西ドイツ鉄鋼加工業の競争力を支えることも西ドイツ鉄鋼業の発展につながると認識していたということが看取される。

第 4 節　生産・投資・価格問題をめぐる交渉と西ドイツ

1　西ドイツにおける各種委員会の設置

　西ドイツ首相コンラート・アデナウアー（Konrad Adenauer）は原則的にシューマン・プランに同意し、シューマン・プラン交渉のためにパリに派遣される西ドイツ代表団の編成に着手した。しかし、モネが 1950 年 5 月 23 日の協議においてアデナウアーに、政治・経済に関する視野が広く、国益にとらわれずにヨーロッパ的に思考することができる人物をパリに派遣するよう要請したこともあり、西ドイツ代表団の編成は時間を要した。1950 年 6 月に入ってようやく、フランクフルト大学教授（法学）ヴァルター・ハルシュタイン（Walter Hallstein）を首席代表とする西ドイツ代表団が編成され、アデナウアーの「右腕」と称された連邦首相官房外務局（Dienststelle für Auswärtige Angelegenheiten）局長ヘルベルト・ブランケンホルン（Herbert

34

Blankenhorn）も代表団のメンバーに加わった[45]。

それと並行して、アデナウアーをはじめ、副首相兼マーシャル・プラン相フランツ・ブリュッヒャー（Franz Blücher）、経済相ルートヴィヒ・エアハルト（Ludwig Erhard）、財務相フリッツ・シェーファー（Fritz Schäffer）を中心に構成され、代表団に指示を与える権限を有する「内閣委員会」（Kabinettsausschuß）が設置された。この委員会のもとには、次の２つの専門家委員会が諮問委員会として設置された。第一は、法律の専門家によって構成される「法律委員会」（Rechtsausschuß）であり、第二は、経済の専門家によって構成される「経済技術問題委員会」（Ausschuß für wirtschaftlich-technische Fragen）である[46]。また、経済技術問題委員会の中には、「生産問題小委員会」（Unterausschuß für Produktionsfragen）、「投資・信用小委員会」（Unterausschuß für Investitionen und Kredit）、「賃金・社会政策小委員会」（Unterausschuß für Lohn- und Sozialpolitik）、「石炭小委員会」（Unterausschuß für Kohle）、「鉄鋼小委員会」（Unterausschuß für Stahl und Eisen）が設置された[47]。

これらの小委員会の中でも鉄鋼小委員会に多数の有力な鉄鋼企業の経営者が参画した。クレックナー（Klöckner）の経営者であったギュンター・ヘンレ（Günter Henle）が鉄鋼小委員会の議長を務め[48]、WVESI 会長ブルーノ・フークマン（Bruno Fugmann）、合同製鋼（Vereinigte Stahlwerke）の後継企業の一つであるアウグスト・テュッセン＝ヒュッテ（August Thyssen-Hütte）の経営者となるハンス＝ギュンター・ゾール（Hans-Günther Sohl）も鉄鋼小委員会の委員となった。さらに、WVESI 事務局長ヴィルヘルム・ザレフスキ（Wilhelm Salewski）の職務を代行していたカール・ブランケナーゲル（Karl Blankenagel）がフークマンの提案によって鉄鋼小委員会の事務局長を兼務することになり[49]、フークマン自身も鉄鋼小委員会の副議長に選出された[50]。したがって、WVESI と鉄鋼小委員会は緊密に連携し、生産・投資・価格問題に対する WVESI と鉄鋼小委員会の基本的な立場が実質的に一体化した[51]。

2 西ドイツの基本方針

フランス、西ドイツ、ベルギー、オランダ、ルクセンブルク、イタリアの代表団は 1950 年 6 月 20 日からパリにおいて会合を行い、モネが 6 月 24 日に「作業文書」を提出した。フランス以外の代表団は一旦この文書を持ち帰り、各国において検討が加えられることになった[52]。

西ドイツにおいてはハルシュタインが作業文書に基づいて内閣委員会に交渉の状況を報告し、また、専門家委員会に諸問題を提起して見解を求めた。それを受け、鉄鋼小委員会は 1950 年 6 月 27 日に会議を開き、諸問題について詳細な協議を行った。その結果、諸問題に対する鉄鋼小委員会の立場が明らかにされた。

鉄鋼小委員会は、協議の結果、シューマン・プランが実現した場合、ほとんどすべての領域において西ドイツ鉄鋼業に多大な犠牲が求められるということが判明したことに言及した。その上で、鉄鋼小委員会は、それにもかかわらず、あらゆる手段を尽くしてシューマン・プランの実現が目指され、必要な犠牲は払われなければならないと言明した。さらに、鉄鋼小委員会は、しかるべき権限が最高機関に委譲されることに同意した[53]。

しかし、鉄鋼小委員会にとって、西ドイツの利益を守ることも極めて重要であった。鉄鋼小委員会が西ドイツの利益を守るために特に重視した領域は「生産計画・投資」の領域であった[54]。

鉄鋼小委員会は、シューマン・プランの「経済的な成功」は、「より高い生産」と「より低い費用」という観点からのみ捉えられるという認識を示した。その上で、鉄鋼小委員会は、「より高い生産」と「より低い費用」が「販売の拡大」と相互に作用して、より高い鉄鋼需要が生まれると指摘し、その充足に西ドイツが関与しなければならないと強調した。

さらに、鉄鋼小委員会は、同様のことは特定の製品、とりわけ広幅圧延鋼板に当てはまると指摘した。その上で、鉄鋼小委員会は、フランスが西ドイツに、広幅圧延設備の新増設を行わないよう要求してくると想定し、そのような要求に対しては「異議が申し立てられるべきである」と強調した。

また、鉄鋼小委員会は、西ヨーロッパの鉄鋼業において合理化が実施され

なければならないという認識も示した。ただし、鉄鋼小委員会は、過度の合理化によって各国が特定の製品の生産を完全に放棄するか、または、特定の製品の「専売権」を保持するという事態に至るようなことがあってはならないと強調した。

最後に、鉄鋼小委員会は、シューマン・プラン交渉において西ドイツが採るべき戦術を提示した。まず、鉄鋼小委員会は、フランスの目的が次の2つのことにあると指摘した。第一は、フランスと西ドイツの国内価格の平準化、場合によっては、生産コストの平準化である。第二は、戦後に獲得されたフランスの生産の優位の維持、および、それに対応した西ドイツ方面も含む販路の確保である。その上で、鉄鋼小委員会は、フランスの第一の目的にかかわる要求に対して譲歩する代わりに、フランスの第二の目的にかかわる要求に対しては、生産および投資の自由に関する西ドイツの利益を守ることを提案した[55]。

とはいえ、鉄鋼小委員会は、「価格・販売」の問題についても協議を行い、フランコ価格は拒否されると言明していた[56]。さらに、鉄鋼小委員会は1950年6月28日に会議を開き、「価格・販売」の問題についても協議を行った結果、価格の平準化の実現はほとんど不可能であるという認識を示した[57]。したがって、鉄鋼小委員会は、生産・投資・価格に関する自由が大幅に保障されることを求めた[58]。

1950年6月29日には内閣委員会が、鉄鋼小委員会をはじめとする専門家委員会における検討も踏まえ、シューマン・プランを「通行可能な道」とし、代表団に、作業文書に基づいて引き続き交渉する権限を与えた。しかし、内閣委員会は、代表団が顧慮すべき8つの視点も提示した[59]。それらの中でも、生産・投資・価格問題との関連では、「一般原則」に関する視点が重要である。内閣委員会は、最高機関に完全な自由裁量が与えられないよう、「一般原則」が定められるべきであるという認識を示した。その上で、内閣委員会は、最高機関は任務の遂行において「管理メカニズム」を限定し、介入を必要最小限にとどめるべきであると強調した[60]。

この立場は、生産・投資・価格に関する自由が大幅に保障されることを求

める鉄鋼小委員会の立場と表裏一体をなすものであった。確かに、鉄鋼小委員会が内閣委員会に与えた影響を正確に測定することは不可能であろう。しかし、両者の立場が符合していることから判断すれば、鉄鋼小委員会の立場が内閣委員会の立場に反映されたということは明らかであろう。さらに、鉄鋼小委員会に多数の有力な鉄鋼企業の経営者が参画し、WVESIと鉄鋼小委員会が緊密に連携して両者の立場が実質的に一体化したことから判断すれば、内閣委員会に対するWVESIの影響力が鉄鋼小委員会を通じて強化されたということも明らかであろう。したがって、鉄鋼小委員会を通じて、内閣委員会に対するWVESIの影響力が強化され、WVESIの立場も反映された結果、内閣委員会は、最高機関の介入を必要最小限にとどめることを交渉上の基本方針の一つとした。

3 交渉の妥結

シューマン・プラン交渉は1950年7月3日から本格的に開始された。各国代表団は作業グループに分かれ[61]、フランス計画庁におけるモネの協力者でもあったフランス代表団のエティエンヌ・イルシュ（Étienne Hirsch）が議長を務めた作業グループが生産・投資・価格問題を担当した[62]。

他方、シューマン・プラン交渉の本格化にともなって、西ドイツにおいては、代表団をサポートする専門家をパリに派遣することが決定された。鉄鋼問題担当首席専門家には経済管理部（Verwaltung für Wirtschaft）鉄鋼専門局（Fachstelle Stahl und Eisen）局長マックス・カール・ミュラー（Max Carl Müller）が任命された。ミュラーはWVESIと非常に近い関係にあり、鉄鋼小委員会にも参画していた[63]。したがって、鉄鋼問題担当首席専門家としてミュラーがシューマン・プラン交渉に派遣されたことは、WVESIおよび鉄鋼小委員会の事実上の代理人が西ドイツ代表団に加入したということ、ひいては、西ドイツ代表団に対するWVESIおよび鉄鋼小委員会の影響力が強化されたということも意味した。

また、西ドイツ代表団ばかりではなく、他の代表団も、とりわけ最高機関の「無限の力」を制限するという意図を持ってパリに戻っていた[64]。この

ことからも、生産・投資・価格問題にかかわるシューマン・プラン交渉が本格化してすぐに、生産計画は、ガイドラインを与えるために必要であるということについて合意が形成された。さらに、価格水準の決定を最高機関の自由裁量に委ねることはできないという見解も大勢を占めた[65]。

そのような状況の中、イルシュはミュラーを非公式の協議に招き、鉄鋼の生産割当に関する問題を内々に切り出した。それに対して、ミュラーは、明確な回答を避けつつ、この問題を取り扱うことは西ドイツにとって難しいと応じ、難色を示した[66]。

1950年7月31日には、ヘンレの欠席によって副議長フークマンが議長を代行し、鉄鋼小委員会の会議が開かれた。この会議においては、交渉の状況に関するミュラーの報告を受けて鉄鋼の生産割当についても協議が行われた。その結果、鉄鋼小委員会は、ミュラーによって示された重大な懸念を共有し、生産割当が決定される場合、連合国によって鉄鋼生産量が年間1,110万トンに制限されている西ドイツには、それ以上の生産量が割り当てられることはないと指摘した。その上で、鉄鋼小委員会は、連合国の同意を得て生産力の限界まで生産を粛々と拡大させ、また、投資機会を利用して生産力を同様に拡大させること以外に選択肢はないという認識を示した[67]。

すなわち、鉄鋼小委員会の意向も受けた西ドイツ代表団は西ドイツの鉄鋼生産の拡大を優先し、鉄鋼の生産割当に関するフランス代表団の提案を事実上、拒否した。その結果、フランス代表団は、鉄鋼の生産割当に関する問題をめぐる西ドイツ代表団との交渉に失敗した。

1950年9月には、最高機関は供給不足時あるいは過剰生産時に生産および価格に介入するということについて合意が形成され[68]、生産および価格への最高機関の介入は、供給不足あるいは過剰生産という状況に限定されることになった。その後も、西ドイツ代表団は、最高機関の介入が「特定の例外的な場合」に限定されることを支持した[69]。

こうして、シューマン・プラン交渉において、生産・投資・価格問題に関する最終的な合意も形成された。生産については、最高機関は、ガイドラインを与えることのみを目的とする計画を定期的に作成し、供給不足時には供

給割当、過剰生産時には生産割当を実施することになった。投資については、企業の投資計画が、共同体条約に反する補助金、援助、保護、差別などを必要とすると最高機関が判断した場合、企業は外部から資金を調達することができず、自己資金に財源が限定されることになった。価格については、基点価格制のもと企業が原則的に基点（基準地点）を自由に選定した上で価格を自由に決定し、最高機関は供給不足時に最高価格、過剰生産時に最低価格を決定することになった[70]。

第5節　ヨーロッパ統合の新局面の胎動

1　ヨーロッパ統合に対するフランス鉄鋼業界の批判

1954年1月29日から2月1日にかけて第2回ウェストミンスター経済会議が開催された。その後も西ドイツ産業界の代表とフランス産業界の代表の間で協議が重ねられ、3月29・30日にはパリにおいて両者の間で詳細な協議が行われた。この協議へのフランス側の出席者の大半は鉄鋼業界の関係者であり、「フランス鉄鋼協会」（Chambre Syndicale de la Sidérurgie Française）を代表したピエール・リカール（Pierre Ricard）がフランス側の主な代弁者となった[71]。

リカールは、フランスにおいて、ヨーロッパ統合に対する「不安」が生じていると指摘し、その主な理由として、ECSC に対する「失望」を挙げた[72]。さらに、リカールは、ECSC の「実験」がフランス鉄鋼業界にとって「非常に悪い」結果に終わったと指摘し、そのことが、より慎重にヨーロッパ統合を進めることを正当化しているという見方を示した[73]。

このことからも、ECSC が重要な議題となり、リカールは ECSC の問題点として次の2つのことを指摘した。第一は、最高機関議長モネが「個別産業部門の協力」を得ようとしていないことである。この点について、リカールは、自身も参加した第1回ウェストミンスター経済会議を称賛し、その会議においては労働者の代表とも、ヨーロッパ統合の実現のために「様々な産業界の共同作業」が必要であるということについて見解が一致していたと強調

した。第二は、「各国相互の社会・経済立法の調和」が欠如していることである。この点について、リカールは、とりわけ石炭業においてフランスと西ドイツの間で、立法に基づく企業側の「社会的負担」の平準化が実現されていないと強調した[74]。

2　西ドイツ鉄鋼業界の対応

1954年3月29・30日における協議の後、ゾールは1954年4月3日付でアデナウアーに書簡を送付し、ECSCならびにヨーロッパ統合の進展に対するフランス産業界（鉄鋼業界）の態度に関する書簡も同封した。もっとも、ゾールはアデナウアーと事前に協議を行っていた。さらに、同書簡は、アデナウアーに宛てられたものでありながら、アデナウアーの要請によって、場合によっては、フランス外相となっていたビドーに転送されるようになっていた[75]。しかし、同書簡について重要なことは、ゾールが西ドイツ側の見解に比重を置いていたということである。

ゾールは同書簡において、3月29・30日の協議の際、フランス側から、それまでのECSCの活動に対して激しい批判が浴びせられたことに言及し、フランス側の不満は、ヨーロッパ統合の進展に対するフランス側の態度に悪影響を及ぼすという見方を示した。その上で、ゾールは、ECSCに対するフランス側の批判には、次の2つの不満がかかわっていると指摘した[76]。

第一は、フランス側では、シューマン・プラン参加諸国の立法のもとにある様々な問題がシューマン・プランの趣旨に沿って処理されることが必要であるとみなされていたにもかかわらず、しかるべき措置が講じられていないということである。この点について、ゾールは、西ドイツ側がフランス側に、「まさに、いくつかの周辺領域における調和の欠如という事実こそが、より限局されたシューマン・プランの領域を超えた経済統合が必要とされていることの証拠である」と言明したことに言及した[77]。すなわち、フランス鉄鋼業界が加盟国の社会・経済立法の調和の欠如を問題にしたことを受け、西ドイツ鉄鋼業界は、とりわけ鉄鋼部門と密接に関連する諸産業部門の調和の欠如を問題にし、全産業部門を包摂するヨーロッパ統合の必要性を主張した。

第1章　シューマン・プランの生産・投資・価格問題と西ドイツ　41

　第二は、加盟国の「産業グループ」がECSCの活動に十分に関与していないということである。この点について、ゾールは次の2つのことを付け加えた。第一は、ECSCの活動は広範囲に及んで当該産業界に委ねられ、最高機関の役割は監督および調停に限定されるべきであるとみなされているということである。第二は、ヨーロッパ統合が進展した場合、「経済サークル」の影響力が、それまでのECSCの活動から看取されるほど強く抑制されることが望まれていないということである。

　続けて、ゾールは、ECSCの成功が「当該産業界の積極的な協力、および、それらの共同作業の積み重ね」にかかっていることに疑問の余地はないという認識を示し、ヨーロッパ統合の進展のためにもフランス側の希望が可能な限り顧慮されるべきであると強調した。さらに、ゾールは、西ドイツ側には、フランス側との「可能な限り緊密かつ友好的な共同作業に対する用意と意思」があり、その努力が西ドイツ政府によって支持されるであろうと言明したことに言及した。その上で、ゾールは、西ドイツ政府およびフランス政府が、「当該産業界の指導的かつ責任のある関与、および、それらの緊密な共同作業の積み重ね」を促進しようとしていると表明することが「状況の緩和」に寄与しうるという見方を示した[78]。

　すなわち、西ドイツ鉄鋼業界は、ECSCに対する加盟国の当該産業界の関与が不十分であることを問題にしたフランス鉄鋼業界に同調し、ECSCに対する加盟国の当該産業界の協調的関与を強化しようとした。さらに、西ドイツ鉄鋼業界は、それを突破口として、ヨーロッパ統合の進展に対するフランス側の態度の軟化を引き出すとともに、全産業部門を包摂するヨーロッパ統合に対する加盟国の産業界の十分な影響力を確保しようとした。

　したがって、西ドイツ鉄鋼業界は、ECSCに対するフランス鉄鋼業界の批判を梃子として次の2つのことを追求した。第一は、全産業部門を包摂するヨーロッパ統合、端的には、全般的経済統合である。第二は、ECSCに対する加盟国の当該産業界の協調的関与の強化、ひいては、全般的経済統合制度に対する加盟国の産業界の十分な協調的関与の確保である。

　しかし、西ドイツ鉄鋼業界が、不況カルテルというECSCの側面に対し

て異議を申し立てなかったということも看過されてはならない。このことを
考慮すれば、西ドイツ鉄鋼業界は、ECSCを基盤とし、それを全産業部門に
拡大して産業界の十分な協調的関与も確保することを志向したであろう。換
言すれば、西ドイツ鉄鋼業界は全般的経済統合構想として、産業界の十分な
協調的関与もともなう危機管理型カルテル的共同調整を志向するヨーロッパ
統合構想を有していた。

　他方、西ドイツ産業界における最高団体の一つであったドイツ産業連邦連
盟（Bundesverband der Deutschen Industrie: BDI）はECSCの成立以前から、
西ドイツ鉄鋼業界とは異なる全般的経済統合構想としてのヨーロッパ統合構
想を有していた。BDIに代表された西ドイツ産業界は、包括的な貿易の自
由化によって共同市場を創出し、政策調整によって共同市場の統一性・安定
性を維持することを志向した。

　西ドイツ鉄鋼業界と西ドイツ産業界のヨーロッパ統合構想が必ずしも符合
しているわけではなかったということを踏まえると、西ドイツ産業界のヨー
ロッパ統合構想について検討することも重要であろう。西ドイツ産業界の
ヨーロッパ統合構想については、本書第5章において詳述することとする。

3　新たな統合路線の登場

　1950年6月25日に朝鮮戦争が勃発すると、アメリカは、西ドイツの再軍
備による西ヨーロッパ防衛への西ドイツの軍事的貢献を要求した。それに対
して、フランスは、西ドイツが独自の軍事力を保有することに強い危機感を
抱き、フランス首相ルネ・プレヴァン（René Pleven）が1950年10月24日
に、超国家機関によって管理されるヨーロッパ軍を創設し、それに西ドイツ
の軍事力も編入するという計画（「プレヴァン・プラン」）を発表した。プレ
ヴァン・プランはアメリカにも支持され、プレヴァン・プラン交渉が開始さ
れた。その結果、「ヨーロッパ防衛共同体」（European Defence Community:
EDC）の創設に向けた動きが本格化し、1952年5月27日にはシューマン・
プラン6ヵ国（ECSC加盟6ヵ国）によって「ヨーロッパ防衛共同体設立条
約」（EDC設立条約）が調印された。

このEDC設立条約の第38条は、超国家的なヨーロッパ軍を民主的に管理する必要があることから、ECSCとEDCを管理する政治機関を創設するための研究を行うよう要請していた。そのため、「ヨーロッパ政治共同体」（European Political Community: EPC）も創設されることになり、「ヨーロッパ政治共同体設立条約」（EPC設立条約）を起草する作業が開始されることになった。

1952年9月10日にはECSCの閣僚理事会がECSCの共同総会に対して、EDC設立条約第38条に基づいて「ヨーロッパ政治共同体設立条約草案」を6ヵ月以内に作成するよう要請する決議（「ルクセンブルク決議」）を行った。それを受け、共同総会は、同年9月13日にルクセンブルク決議を採択した。さらに、共同総会は、EPC設立条約の草案を作成するために「特別総会」（Ad Hoc Assembly）に切り替わり、特別総会は、「ヨーロッパ政治共同体設立条約起草委員会」（EPC設立条約起草委員会）がEPC設立条約の起草作業を行うことを決定した[79]。

こうして、EPC設立条約起草委員会の作業が進められていった。そのような状況の中、オランダ外相ヨハン・ウィレム・ベイエン（Johan Willem Beyen）が1952年12月11日に他のECSC加盟国に対して「オランダ政府覚書」を送付し、域内の関税を撤廃して対外共通関税を設定する関税同盟に基礎を置く全般的経済統合をEPCにおいて推進するという計画（「ベイエン・プラン」）を発表した[80]。ベイエン・プランは、ヨーロッパ経済共同体（European Economic Community: EEC）に関する構想の一種の雛型となり、新たな統合路線が顕在化した。EPC構想における全般的経済統合の方針については、本書第5章において詳述することとする。

ベイエン・プランの発表を受け、西ドイツにおいても外務省、法務省、経済省の代表を中心に、ヨーロッパ統合政策に関する協議が本格的に開始された。1953年1月13日には3省の代表の間で合意が形成され、それが、西ドイツのヨーロッパ統合政策に関する一種の指針となった。

3省の代表は経済統合に同意した。ただし、3省の代表は、産業部門ごとに「垂直的」な共同体が創設されることが適合的であるとはみなさなかった。

その代わりに、3省の代表は「水平的」な経済統合を念頭に、通貨問題の解決、さらなる自由化、関税の引き下げ、加盟国の国内経済・財政政策の調和を通じて経済統合が実現されることを求めた。また、3省の代表は、とりわけ政策の調和のために超国家性の原則を支持した。ただし、3省の代表は、超国家機関が国家主権を尊重すること、また、超国家機関が世界経済の一員として活動することを保障するために超国家機関の権限が共通の競争秩序の枠組みにおいて行使されることを求めた[81]。

　そのような指針は、ベイエン・プランと符合するものであると同時に、西ドイツ産業界のヨーロッパ統合構想と符合するものでもあった。このことは、西ドイツ産業界のヨーロッパ統合構想とベイエン・プランが符合したということを意味し、ひいては、西ドイツ産業界のヨーロッパ統合構想がEECの原像の一つであったということを含意するであろう。

　したがって、産業界の十分な協調的関与もともなう危機管理型カルテル的共同調整を志向する西ドイツ鉄鋼業界のヨーロッパ統合構想が実現されることはなかった。ただし、ECSCの枠組みに限れば、当該産業界の協調的関与という西ドイツ鉄鋼業界の要求は後に一定程度、実現されることになる。ECSCが1980年10月に「明白な危機」を宣言し、1988年6月にかけて主要4品目について生産割当を実施した際には、ヨーロッパ・レベルおよび加盟国レベルの経営者団体が、ECSCによる生産割当の実施に協力した[82]。さらに、危機管理型カルテル的共同調整を志向する西ドイツ鉄鋼業界の立場が、そのヨーロッパ統合構想の土台をなし、西ドイツ鉄鋼業界が基本的に従来の立場を維持していたということを考慮すれば、ECSCは、少なくとも西ドイツ鉄鋼業界にとって固有の意義を有する制度として成功裏に存続したであろう。

　また、西ドイツ鉄鋼業界と西ドイツ産業界のヨーロッパ統合構想が必ずしも符合しているわけではなかったということを想起すれば、ヨーロッパ統合をめぐる西ドイツ鉄鋼業界と西ドイツ産業界の志向の異同について検討することも重要であろう。この点については、本書終章において論及することとする。さらに、両者の志向の異同の帰結としてのECSC・EECの成立・並

第1章　シューマン・プランの生産・投資・価格問題と西ドイツ　45

存についても、本書終章において論及することとする。

小　括

　シューマン・プランは、とりわけ鉄鋼の領域において生産の共同化および価格の平準化を実現することを主な目的の一つとしていた。それを受け、西ドイツ鉄鋼業界は、シューマン・プランは、参加諸国の当該産業界の協調および組織化によって共同体レベルにおいて生産・販売・価格を調整することも含意すると認識した。換言すれば、西ドイツ鉄鋼業界はシューマン・プランにカルテル的共同調整の実現の可能性を見出した。

　しかし、鉄鋼需要が拡大する中、西ドイツ鉄鋼業界は、鉄鋼需要の拡大に応じて鉄鋼生産を拡大させることを優先した。そのため、西ドイツ鉄鋼業界は、戦間期の国際鉄鋼カルテルによる恒常的な生産調整がドイツにとって、需要の拡大に応じた生産の拡大を阻む桎梏となったという苦い経験も考慮に入れ、共同体レベルの危機的状況における必要に応じたカルテル的共同調整を志向した。すなわち、西ドイツ鉄鋼業界は、カルテル的共同調整が共同体レベルの危機的状況に限定されることを追求した。

　他方、生産の共同化および価格の平準化というシューマン・プランの目的は、モネ・プランによる近代化政策を擁護するというフランスの意図と密接に関連していた。すなわち、シューマン・プランは、フランス鉄鋼業の強化を軸の一つとするモネ・プラン自体の遂行、ひいては、フランス経済の近代化の遂行に資するよう、西ドイツ鉄鋼業の生産力を抑え、また、相対的に低い西ドイツの鉄鋼価格を支えの一つとする西ドイツ鉄鋼加工業の競争力を削ぐヨーロッパ的枠組みを生み出すことも目指していた。

　そのため、西ドイツ鉄鋼業界は、モネ・プランの救済のために西ドイツ鉄鋼業の生産力が抑制されることを阻止することを意図した。また、西ドイツ鉄鋼業界は、鉄鋼価格を可能な限り低く抑えることによって西ドイツ鉄鋼加工業の競争力を支えることも西ドイツ鉄鋼業の発展につながると認識し、西ドイツ国内の鉄鋼価格の上昇、ひいては、西ドイツ鉄鋼加工業の競争力の低

下につながる価格の平準化を拒否した。それだけになおさらのこと、西ドイツ鉄鋼業界はシューマン・プランの発表後、カルテル的共同調整が共同体レベルの危機的状況に限定され、生産・投資・価格に関する自由が大幅に保障されることを追求した。

　さらに、西ドイツにおいては、シューマン・プラン交渉のための諮問委員会として公的に設置された国内の専門家委員会の一つであった鉄鋼小委員会に鉄鋼業界の代表が参画した。西ドイツ鉄鋼業界と鉄鋼小委員会は緊密に連携し、生産・投資・価格問題に対する両者の立場が実質的に一体化した。その結果、鉄鋼小委員会を通じて、シューマン・プラン交渉に臨む西ドイツ政府・代表団に対する西ドイツ鉄鋼業界の影響力が強化され、生産・投資・価格問題に対する西ドイツ鉄鋼業界の立場も西ドイツ政府・代表団の立場に反映された。こうして、西ドイツ政府・代表団は、介入を必要最小限にとどめることを交渉上の基本方針の一つとした。

　この西ドイツの基本方針も、シューマン・プラン交渉を通じて、生産・投資・価格問題に関する合意に反映され、パリ条約が調印された。生産・投資・価格問題に関するパリ条約の条項によって、具体的には、第一に、供給不足時に供給割当が実施され、また、過剰生産時に生産割当が実施されることになった。第二に、他人資金による投資が審査され、パリ条約に違反すると判断されたものが抑制されるとともに、自己資金による投資は抑制されないことになった。第三に、供給不足時に最高価格が決定され、また、過剰生産時に最低価格が決定されることになった。

　こうして、西ドイツ鉄鋼業界の視点から見た場合、生産・投資・価格問題に関するパリ条約の条項は、カルテル的共同調整を共同体レベルの危機的状況に限定して共同体域内の企業に自由を大幅に保障するものとなった。したがって、ECSCは、生産・投資・価格への介入との関連では、経営の自由を大幅に保障し、共同体全域に及ぶ危機的状況において必要とあればカルテル的共同介入を発動することを特質とする制度として成立した。

注

1) 詳細については、J. Gillingham, *European Integration, 1950-2003: Superstate or New Market Economy?*, Cambridge University Press, 2003 参照。

2) ヨーロッパ・レベルの鉄鋼業界の経営者団体はヨーロッパ鉄鋼連盟（EURO-FER: European Steel Association）である。

3) 島田悦子「欧州石炭鉄鋼共同体」大西健夫・岸上慎太郎編『EU——統合の系譜』早稲田大学出版部、1995 年、53-54 頁。

4) 詳細については、廣田功「フランスから見た仏独和解の歴史と論理——国家と社会の相互作用」永岑三千輝・廣田功編『ヨーロッパ統合の社会史——背景・論理・展望』日本経済評論社、2004 年参照。

5) A. S. Milward, *The Reconstruction of Western Europe, 1945-51*, University of California Press, 1984, p. 395.

6) R. T. Griffiths, "The Schuman Plan Negotiations: The Economic Clauses", in; K. Schwabe (Hrsg.), *Die Anfänge des Schuman-Plans, 1950/51: Beiträge des Kolloquiums in Aachen, 28.-30. Mai 1986*, Baden-Baden, 1988, pp. 35-36, 40.

7) グリフィスは、シューマン・プラン交渉へのベネルクス三国の参加が、フランス側の本来の意図を葬り去ることにつながったと強く示唆している。Griffiths, "The Schuman Plan Negotiations", pp. 37-38. ヨーロッパ統合へのベネルクス三国の対応、とりわけベルギーの対応については、小島健『欧州建設とベルギー——統合の社会経済史的研究』日本経済評論社、2007 年参照。

8) シューマン・プランへの西ドイツ鉄鋼業界の対応に関する研究としては、ベルクハーン（V. R. Berghahn）の研究およびビューラー（W. Bührer）の研究がある。しかし、両研究においては、西ドイツ鉄鋼業界が、生産・投資・価格への介入の限定に関与したかどうかは判然としない。詳細については、V. R. Berghahn, *Unternehmer und Politik in der Bundesrepublik*, Frankfurt am Main, 1985; W. Bührer, *Ruhrstahl und Europa: Die Wirtschaftsvereinigung Eisen- und Stahlindustrie und die Anfänge der europäischen Integration 1945-1952*, München, 1986 参照。

9) 上原良子「フランスのドイツ政策——ドイツ弱体化政策から独仏和解へ」油井大三郎・中村政則・豊下楢彦編『占領改革の国際比較——日本・アジア・ヨーロッパ』三省堂、1994 年、277-280 頁。

10) 加藤浩平「欧州統合と独仏の経済関係——ヨーロッパ石炭鉄鋼共同体の成立」専修大学社会科学研究所『社会科学年報』第 29 号、1995 年 3 月、105-106 頁。

11) 上原「フランスのドイツ政策」、278-279 頁。

12) 廣田功「フランスの近代化政策とヨーロッパ統合」廣田功・森建資編『戦後再建期のヨーロッパ経済——復興から統合へ』日本経済評論社、1998 年、139 頁。

13) Milward, *The Reconstruction of Western Europe, 1945-51*, pp. 363-364, 369-371：上原「フランスのドイツ政策」、278-279 頁、加藤「欧州統合と独仏の経済関係」、106-108 頁。

14) 廣田「フランスの近代化政策とヨーロッパ統合」、142-144 頁。

15) 1949 年 9 月 20 日における西ドイツ政府の発足後、西ドイツもルール国際機関の正規のメンバーとなった。

16) 上原「フランスのドイツ政策」、288、291-293 頁、加藤「欧州統合と独仏の経済関係」、114-117 頁、廣田「フランスの近代化政策とヨーロッパ統合」、145 頁。ルール国際機関の設立については、中屋宏隆「ルール国際機関の設立――設立交渉における米仏の石炭鉱業管理をめぐる対立と妥協を中心に」京都大学経済学会『経済論叢』第 177 巻第 5・6 号、2006 年 6 月も参照。

17) この点については、廣田「フランスの近代化政策とヨーロッパ統合」、145-146、153-155 頁参照。

18) 連合国による西ドイツの鉄鋼生産の制限については、本書第 2 章第 1 節参照。

19) 遠藤乾編『原典ヨーロッパ統合史――史料と解説』名古屋大学出版会、2008 年、「モネ・メモランダム（1950）」、225-230 頁。

20) 同上。

21) 同上。

22) 詳細については、遠藤編『原典 ヨーロッパ統合史』、「シューマン宣言（1950. 5. 9)」、230-233 頁参照。

23) 廣田「フランスの近代化政策とヨーロッパ統合」、156-157 頁。

24) ハーグ会議については、小島健「欧州統合運動とハーグ会議」東京経済大学経済学会『東京経大学会誌（経済学）』第 262 号、2009 年 3 月参照。

25) 小島健「1949 年の欧州統合構想――ウェストミンスター経済会議決議の分析」東京経済大学経済学会『東京経大学会誌（経済学）』第 277 号、2013 年 2 月、191 頁。

26) 同上、191-193 頁。

27) Bührer, *Ruhrstahl und Europa*, pp. 160-161；廣田功「ヨーロッパ統合構想の展開とフランス経済学（1920-40 年代）」廣田功編『現代ヨーロッパの社会経済政策――その形成と展開』日本経済評論社、2006 年、114-115 頁。

28) Bührer, *Ruhrstahl und Europa*, p. 161；廣田「ヨーロッパ統合構想の展開とフランス経済学（1920-40 年代)」、113-115 頁、小島「1949 年の欧州統合構想」、196-197 頁。

29) WVESI は、シューマン・プラン参加予定国の石炭・鉄鋼業の「比重」が議決権比率の算定の基準とされ、直近の時期における「比重」が算出されることが西ドイツにとって最も有利であると指摘した。その上で、WVESI は、1950 年第一四半期における次の 3 つの数値が、最高機関における各国の議決権比率の算定の基準になりうるという認識を示した。第一は、参加予定国の鉄鉱石・石炭・コークスの全生産量に占める各国の割合である。第二は、参加予定国の銑鉄・粗鋼・圧延製品の全生産量に占める各国の割合である。第三は、参加予定国の鉱業（鉄鉱石・褐炭・石炭・コークス）および鉄鋼業における全被雇用者数に占める各国の割合である。第一の数値（割合）については、フランスの割合が 35.8%、ザールの割合が 5.0%、ザールを除く西ドイツの割合が 43.3% であった。第二の数値（割合）については、フランスの割合が 27.9%、ザールの割合が 6.3%、ザール

を除く西ドイツの割合が 36.6% であった。第三の数値（割合）については、フランスの割合が 28.0%、ザールの割合が 5.1%、ザールを除く西ドイツの割合が 42.2% であった。

30）WVESI は、シューマン・プラン参加予定国にイギリスも加えた場合、上記の 3 つの数値のいずれにおいてもイギリスが西ドイツを上回ると指摘した。第一の数値（割合）については、イギリスの割合が 33.4%、ザールの割合が 3.2%、ザールを除く西ドイツの割合が 28.1% であった。第二の数値（割合）については、イギリスの割合が 34.8%、ザールの割合が 4.1%、ザールを除く西ドイツの割合が 23.9% であった。第三の数値（割合）については、イギリスの割合が 38.5%、ザールの割合が 3.1%、ザールを除く西ドイツの割合が 26.0% であった。

31）Politisches Archiv des Auswärtigen Amts（以下 PAAA と略）, Sekretariat für Fragen des Schuman-Plans（B15）, Bd. 47, Schreiben der WVESI an Blankenhorn vom 27. 10. 1951, Anl., WVESI（Hrsg.）, *Untersuchungen zum Schuman-Plan*, Düsseldorf, 1951, "Zum Aufbau der Hohen Behörde", pp. 12, 15-16. この『シューマン・プラン研究』は、WVESI が、西ドイツ政府・代表団への提出を前提に、その都度作成された文書や資料のうち、残されていたものを一つにまとめて 1951 年 10 月に刊行したものである。

32）島田「欧州石炭鉄鋼共同体」、45 頁。

33）小島『欧州建設とベルギー』、191 頁。

34）島田「欧州石炭鉄鋼共同体」、46 頁。

35）同上、46-47 頁。

36）IRG は 1926 年にドイツ、フランス、ベルギー、ルクセンブルク、ザールの鉄鋼企業によって結成され、生産割当による生産調整を実施した。また、IREG は、IRG を引き継ぐ形で 1933 年に結成され、国内の生産および販売に関しては各加盟国の裁量に委ね、域外への輸出に関して輸出市場の分割および輸出価格の調整を実施した。1935 年にはイギリスの鉄鋼企業も IREG に加盟した。1938 年にはアメリカの鉄鋼企業でさえも、限定的であったとはいえ、IREG と協調関係に入った。IRG および IREG の詳細については、工藤章『20 世紀ドイツ資本主義──国際定位と大企業体制』東京大学出版会、1999 年、129-195 頁、中垣勝臣「戦間期フランス鉄鋼業の組織化と経営者活動」早稲田商学同攻会『早稲田商学』第 386 号、2000 年 9 月参照。

37）PAAA, B15, Bd.47, WVESI（Hrsg.）, *Untersuchungen zum Schuman-Plan*, Düsseldorf, 1951, "Einwirkungen des Schuman-Planes auf den Deutschen Kartellgesetzentwurf", pp. 17-18.

38）Ibid., pp. 18-19.

39）PAAA, B15, Bd. 47, WVESI（Hrsg.）, *Untersuchungen zum Schuman-Plan*, Düsseldorf, 1951, "Zielsetzungen für eine Montanunion", pp. 26-27.

40）Ibid., p. 27.

41）PAAA, B15, Bd. 47, WVESI（Hrsg.）, *Untersuchungen zum Schuman-Plan*, Düsseldorf, 1951, "Erste allgemeine Stellungnahme zu der Erklärung des franzö-

50

sischen Außenministers vom 9. Mai 1950", pp. 7, 9.

42) Ibid., p. 11.

43) Ibid., pp. 7-8.

44) PAAA, B15, Bd. 47, WVESI (Hrsg.), *Untersuchungen zum Schuman-Plan*, Düsseldorf, 1951, "Zielsetzungen für eine Montanunion", pp. 24-25.

45) Berghahn, *Unternehmer und Politik in der Bundesrepublik*, pp. 119-121; Bührer, *Ruhrstahl und Europa*, pp. 179-182.

46) 他に、法律委員会と経済技術問題委員会の調整を担う「調整委員会」（Koordinierungsausschuß）も設置された。Bührer, *Ruhrstahl und Europa*, p. 182.

47) Institut für Zeitgeschichte (Hrsg.), *Akten zur Auswärtigen Politik der Bundesrepublik Deutschland: 1949/50*（以下 AAPD1949/50 と略）, München, 1997, Dok. Nr. 79; Instruktion für die Delegation bei der Konferenz über den Schuman-Plan, pp. 210-213.

48) ヘンレは「キリスト教民主同盟」（Christlich-Demokratische Union: CDU）所属連邦議会議員でもあった。

49) PAAA, B15, Bd. 23, Sitzung des Unterausschusses Stahl und Eisen am 28. 6. 1950.

50) PAAA, B15, Bd. 23, Protokoll über Sitzung des Unterausschusses Stahl und Eisen am 17. 7. 1950.

51) WVESI と鉄鋼小委員会の立場は完全に一致したわけではない。この理由は次の2つのことにも求められる。第一は、鉄鋼小委員会は、公的に設置された諮問委員会であり、鉄鋼企業の経営者の他にも、鉄鋼業以外の産業部門の代表、労働組合の代表、学識経験者、官僚などが鉄鋼小委員会の委員となっていたということである。第二は、鉄鋼小委員会の議長を務めたヘンレが、CDU 所属連邦議会議員であると同時に、鉄鋼企業の経営者の中でも最大のシューマン・プラン支持者の一人であり、相対的に西ドイツ政府に近かったということである。

52) Griffiths, "The Schuman Plan Negotiations", pp. 36-37; D. Spierenburg and R. Poidevin, *The History of the High Authority of the European Coal and Steel Community: Supranationality in Operation*, London, 1994, pp. 14-16.

53) PAAA, B15, Bd. 23, Ergebnis der Sitzung des Unterausschusses Stahl und Eisen am 27. 6. 1950.

54) Ibid.

55) Ibid.

56) Ibid.

57) PAAA, B15, Bd. 23, Sitzung des Unterausschusses Stahl und Eisen am 28. 6. 1950.

58) 鉄鋼小委員会が価格の平準化を拒否したことから、フランスの第一の目的にかかわる要求に対する譲歩は鉄鋼小委員会にとって事実上、生産コストの平準化にかかわる要求に対する譲歩を意味したであろう。ところが、生産コストの平準化にかかわる要求に対する譲歩が意味したこととなると判断は難しい。少なくとも、

この譲歩には、ルールの石炭の二重価格制の廃止が含まれていたと推察される。WVESIによれば、シューマン・プランの発表時点におけるルールのコークス1トン当たりの価格はロレーヌにおいて66DM、ルールにおいて44DMであり、前者の内訳は基準価格46DM、貨物運賃20DM、後者の内訳は基準価格42DM、貨物運賃2DMであった。この場合、ロレーヌとルールにおけるルールのコークス1トン当たりの基準価格の平準化が二重価格制の廃止を意味する。

59) AAPD1949/50, Dok. Nr. 79; Instruktion für die Delegation bei der Konferenz über den Schuman-Plan, pp. 210-213.

60) Ibid.

61) 作業グループには、機構問題に関する作業グループ、通商・関税政策に関する作業グループ、「石炭・鉄鋼」の用語規定に関する作業グループ、生産・価格・投資に関する作業グループ、賃金・社会問題に関する作業グループがあった。小島『欧州建設とベルギー』、190-191頁。

62) 8月13日から30日まで夏期休暇が取られた後、未解決の問題については代表団首席代表会議において協議が行われ、作業グループは代表団首席代表会議のガイドラインのもとで活動することになる。Griffiths, "The Schuman Plan Negotiations", pp. 36-37.

63) Bührer, *Ruhrstahl und Europa*, p. 183.

64) Spierenburg and Poidevin, *The History of the High Authority of the European Coal and Steel Community*, pp. 16-17.

65) Griffiths, "The Schuman Plan Negotiations", pp. 45, 47.

66) PAAA, B15, Bd. 23, Vermerk über die Sitzung des Unterausschusses Stahl und Eisen am 31. 7. 1950.

67) Ibid.

68) Griffiths, "The Schuman Plan Negotiations", pp. 46, 49-50.

69) Bührer, *Ruhrstahl und Europa*, p. 196.

70) 島田悦子『欧州鉄鋼業の集中と独占［増補版］』新評論、1975年、65-66頁、島田「欧州石炭鉄鋼共同体」、46頁。

71) H. Möller und K. Hildebrand (Hrsg.), *Die Bundesrepublik Deutschland und Frankreich: Dokumente 1949-1963: Band 2: Wirtschaft*（以下BDFD2と略）, München, 1997, Dok. Nr. 288; Geschäftsführender Gesellschafter von "Klöckner & Co." Henle an Bundeskanzler Adenauer, 1. 4. 1954, pp. 996-999.

72) Ibid.

73) BDFD2, Dok. Nr. 287；Geschäftsführender Gesellschafter von "Klöckner & Co." Henle, Aufzeichnung, 30. 3. 1954, pp. 991-996.

74) Ibid.「社会的負担」については、本書第5章第3節も参照。

75) Bundesarchiv Koblenz, Bundeskanzleramt (B136), Bd. 8357, Schreiben Sohls an Adenauer vom 3. 4. 1954.

76) Ibid.

77) Ibid.

78）Ibid.

79）小島『欧州建設とベルギー』、259-261 頁。

80）遠藤編『原典 ヨーロッパ統合史』、「オランダ政府覚書」、278-281 頁。

81）W. Bührer, "Die Montanunion-Ein Fehlschlag?: Deutsche Lehren aus der EGKS und die Gründung der EWG", in；G. Trausch（Hrsg.）, *Die Europäische Integration vom Schuman-Plan bis zu den Verträgen von Rom: Pläne und Initiativen, Enttäuschungen und Mißerfolge: Beiträge des Kolloquiums in Luxemburg, 17.-19. Mai 1989*, Baden-Baden, Milano, Paris und Bruxelles, 1993, pp. 82-83.

82）島田「欧州石炭鉄鋼共同体」、53-54 頁。

第2章

シューマン・プランによる対等処遇と西ドイツ

はじめに

　とりわけ西ドイツ鉄鋼業界の視点から見た場合、ヨーロッパ石炭鉄鋼共同体（European Coal and Steel Community: ECSC）は、生産・投資・価格への介入との関連では、経営の自由を大幅に保障し、共同体全域に及ぶ危機的状況において必要とあればカルテル的共同介入を発動することを特質とする制度として成立した[1]。もっとも、西ドイツ鉄鋼業に対する連合国の占領が終了しなければ、西ドイツ鉄鋼業界にとって、ECSC による経営の自由の大幅な保障の意味は失われることになったであろう。そのため、「平等参加」を謳い、ECSC の起点となったシューマン・プランは西ドイツ鉄鋼業界にとって、西ドイツ鉄鋼業に対する連合国の占領の終了に道筋を付けるという点でも重要であった。

　この点について、ビューラー（W. Bührer）は、西ドイツ鉄鋼業界が、西ドイツ鉄鋼業に対する連合国の占領体制からの脱却（脱占領）、換言すれば、「同等の権利」の獲得を最大の根拠として原則的にシューマン・プランに同意したと指摘している[2]。しかし、「同等の権利」が、脱占領にのみかかわるものであったのか判然としない。

　このことから、本章は、西ドイツ鉄鋼業界が、「同等の権利」との関連で、シューマン・プランにどのように対応したか明らかにすることを通じて、西ドイツ鉄鋼業界にとって「同等の権利」の内容がどのようなものであったのかを明らかにすることを課題とする。この場合、「同等の権利」について、狭義のものと広義のものに区分した上で検討することが必要不可欠であろう。狭義の「同等の権利」は、脱占領にかかわるものであり、それについて検討

表 2-1 ECSC 加盟 6ヵ国の鉄鋼資源の全生産量に占める各国の割合
（1950 年）

（単位：%）

| | フランス | 西ドイツ | | ベルギー | ルクセンブルク | オランダ | イタリア |
		ザール	ザール除く				
鉄鉱石	67.3	0.0	23.1	0.1	8.4	0.0	1.1
瀝青炭	24.5	7.0	49.6	13.0		5.4	0.5
コークス	15.7	8.0	57.0	10.7		5.3	3.3

出所：PAAA, B15, Bd.47, WVESI (Hrsg.), *Untersuchungen zum Schuman-Plan*,
Düsseldorf, 1951, p. 15 より作成

する上では、ビューラーの研究に多くを負うことになる。

　また、広義の「同等の権利」について検討する上では、以下の 2 つの点に留意する。第一は、共同体域内の原料・燃料資源へのシューマン・プラン参加国の対等なアクセスの保障である。廣田功は、それをシューマン・プランの経済的意義の一つとした上で、ECSC の成立は、石炭・コークス資源の不足も自国の近代化政策（自国の鉄鋼業の強化）のボトルネックとなっていたフランスに、西ドイツ石炭・鉄鋼業の中心地であるルールの石炭・コークス資源の確保を保障し、石炭・コークス資源に関するフランスの不利を除去するものであったと指摘している[3]（表 2-1 参照）。それだけになおさらのこと、共同体域内の原料・燃料資源への対等なアクセスの保障、具体的には、フランスのロレーヌの鉄鉱石資源（ミネット鉱）の確保の保障が、鉄鉱石資源に乏しい西ドイツ、とりわけ西ドイツ鉄鋼業界にとって広義の「同等の権利」として重要な意味合いを持っていたか検討することが重要である。

　第二は、投資への ECSC の介入である。生産・投資・価格への ECSC の介入は総じて必要最小限にとどめられることになった。しかし、厳密には、投資への介入は、生産および価格への介入よりも強力なものであった。一方では、ECSC の最高機関（High Authority）は、供給不足時に供給割当あるいは最高価格の決定を行い、過剰生産時に生産割当あるいは最低価格の決定を行うことになった。他方では、最高機関は、自己資金による投資を抑制する権限を持たなかったものの、他人資金による投資を審査し、ヨーロッパ石炭鉄鋼共同体設立条約（パリ条約）に違反すると判断したものを抑制する権

限を持つことになった[4]。したがって、西ドイツ鉄鋼業界にとって広義の
「同等の権利」が、ECSC の相対的に強力な介入、具体的には、共同体域内
の投資調整との関連では、どのような役割を持ったか検討することが重要で
ある。

第1節　西ドイツ鉄鋼業に対する連合国の占領体制

　ドイツが 1945 年 5 月 7 日に降伏すると、米英仏ソの 4 軍の代表は同年 6
月 5 日に「ベルリン宣言」を発表し、占領軍によるドイツ主権の行使、4 ヵ
国による分割占領などの方針を示した。さらに、1945 年 7 月 17 日から 8 月
2 日にかけて米英ソの「ポツダム会談」が開かれ、対ドイツ政策について合
意が形成された。それに基づいて「連合国管理理事会」（Allied Control
Council）が設置され、非軍事化、非ナチ化、民主化に関する基本政策が打ち
出されていった[5]。

　非軍事化政策は直接的な政策として工業破壊政策を含み、「ポツダム協
定」は、連合国管理理事会によって工業生産の種類および水準が決定され、
余剰施設は賠償用に撤去されるか、または、現地において物理的に破壊され
るということも定めていた。そのため、連合国管理理事会は 1946 年 3 月 26
日に「賠償および戦後ドイツ経済水準に関する計画」（第一次工業水準計画）
を策定した。この計画は、工業生産を全体として戦前水準の 70％から 75％
に抑えるものであった。とりわけ金属、機械、化学が厳しく制限され、粗鋼
については生産力が 750 万トン、当面の許容生産量が 580 万トンに制限され
た。これは戦前水準の 3 割にすぎなかった[6]。こうして、占領政策は、ドイ
ツ経済の破壊ないし弱体化という方向で進められた。

　ただし、連合国管理理事会に対して各占領軍政府の権限が強化され、各占
領軍政府が本国政府の指示に従って、むしろ個別に占領政策を実施したため、
より具体的な占領政策は占領地区によって異なっていた。それどころか、冷
戦を背景に西ドイツ（ドイツ西側占領地区）において占領政策の方向性自体
が転換されることになり、西ドイツを政治的にも経済的にも再建するという

方針が固められていった[7]。

西ドイツにおける占領政策の転換は、アメリカが主導し、イギリスが同調するという形で進められた[8]。1947年1月1日に「英米統合占領地区」が発足し、同年8月29日には英米統合占領地区において、第一次工業水準計画を緩和した「改訂工業水準計画」が策定された。それに基づいて英米統合占領地区においては工業生産の許容限度が戦前水準に引き上げられた。金属、機械、化学の許容限度も平均して戦前水準の90%から95%に引き上げられ、粗鋼については許容生産量が英米統合占領地区だけで1,070万トンに引き上られた。とはいえ、これは戦前水準の72%であった[9]。

他方、フランスはルールの国際管理を提案した。その結果、1948年12月にアメリカ、イギリス、フランス、ベネルクス三国（ベルギー、オランダ、ルクセンブルク）によって「ルール規約」が調印され、1949年4月には「ルール国際機関」（International Authority for the Ruhr）が設立された。この過程において、国際機関を通じてルールの石炭・コークス資源を国内消費と輸出に分配するというフランスの要求が承認され、ルール国際機関はルールの生産物の分配権を持つことになった[10]。このルール国際機関によるルールの生産物の分配は西ドイツにとって、西ドイツ鉄鋼業に対する連合国の明瞭な占領体制の一部であった。

第2節　狭義の「同等の権利」

1　脱占領の要求

冷戦の激化にともなってドイツの東西分断は不可避となり、1949年9月20日には西ドイツ政府が発足して西ドイツが成立した。それとともに、西ドイツの占領体制は、「連合国高等弁務官府」（Allied High Commission）による間接占領に移行した。しかし、間接占領への占領体制の移行は、西ドイツ鉄鋼業に対する連合国の直接的な占領政策（一方的な制約）の緩和をもたらさなかった。

そのような状況の中、1950年5月9日にはフランス外相ロベール・シュー

マン（Robert Schuman）によって、独仏の石炭・鉄鋼の全生産を一つの共同の最高機関の管理下に置くことを謳うシューマン・プランが発表された。他方、西ドイツ首相コンラート・アデナウアー（Konrad Adenauer）は、連合国による主権侵害を除去して西ドイツの独立を完成させることを最重要政策目標とし、西側ブロックに西ドイツを組み入れることによって、その目標を達成しようとしていた。そのため、アデナウアーは原則的にシューマン・プランに同意した[11]。

さらに、西ドイツ鉄鋼業界の経営者団体であった鉄鋼業経済連合（Wirtschaftsvereinigung Eisen- und Stahlindustrie: WVESI）が1950年5月11日に、シューマン・プランに対する公式の立場を明らかにした。WVESI会長ブルーノ・フークマン（Bruno Fugmann）はWVESI会員総会において、西ドイツ鉄鋼業界には、フランスと可能な限り緊密に協力することに対して異論がないと言明し、原則的にシューマン・プランに同意した。その際、フークマンは、フランスと「同等の権利」（狭義の「同等の権利」）が西ドイツ鉄鋼業界に与えられるということを確認した。

他にも、合同製鋼（Vereinigte Stahlwerke）の後継企業の一つであるアウグスト・テュッセン＝ヒュッテ（August Thyssen-Hütte）の経営者となるハンス＝ギュンター・ゾール（Hans-Günther Sohl）が1950年6月2日付の見解において、シューマン・プランに同意するに当たり、強調されるべき視点の一つとして、連合国による一方的な制約の廃止を前提とする「同等の権利」（狭義の「同等の権利」）の要求を示した。その上で、ゾールは、西ドイツの鉄鋼生産の拡大は「同等の権利」（狭義の「同等の権利」）によって可能になるという見方を示した。

それに対して、クレックナー（Klöckner）の経営者であり、西ドイツ鉄鋼業界における最大のシューマン・プラン支持者の一人であったギュンター・ヘンレ（Günter Henle）は1950年6月16日付の見解において「同等の権利」（狭義の「同等の権利」）を要求しなかった。ヘンレはむしろ、連合国による一方的な制約は、シューマン・プランによって創設される共同体への西ドイツの参加後、「自動的に」消滅するという見方を示した[12]。

その後、「キリスト教民主同盟」(Christlich-Demokratische Union: CDU) 所属連邦議会議員でもあり、西ドイツ政府と近い関係にあったヘンレは、シューマン・プラン交渉のための諮問委員会として公的に設置された西ドイツ国内の専門家委員会の一つであった「鉄鋼小委員会」(Unterausschuß für Stahl und Eisen) の議長を務めた[13]。1950 年 6 月 27 日には鉄鋼小委員会の最初の会議が開かれ、西ドイツ代表団首席代表ヴァルター・ハルシュタイン (Walter Hallstein) によって提起された諸問題に対する鉄鋼小委員会の立場が明らかにされた。鉄鋼小委員会にとって、「生産計画・投資」の領域における西ドイツの利益を守ることが特に重要であった。ただし、鉄鋼小委員会は、西ドイツの鉄鋼の生産制限およびルール国際機関に関する「事前の要求」はないと言明し、そのような一方的な制約は、シューマン・プランと相容れないことから、シューマン・プランが実現した場合、「自動的に」消滅するという見方を示した[14]。ここには明らかにヘンレの立場が反映されていた。

ところが、一種の「反シューマン・プラン主義」が西ドイツ鉄鋼業界に広まっていると報道されるようになった。その際、西ドイツ鉄鋼業界における次の 2 つの反シューマン・プラン的な言動が注目を集めていた。

第一は、グーテホフヌングスヒュッテ (Gutehoffnungshütte) の経営者であったヘルマン・ロイシュ (Hermann Reusch) が 1950 年 9 月 29 日に、鉄鋼小委員会の委員を辞任する意向を表明したことである。そのきっかけは、連合国高等弁務官府が、1950 年 5 月 16 日に公布された連合国法令 27 号に基づいて同年 9 月 21 日に、合同製鋼、クルップ (Fried. Krupp)、ヘッシュ (Hoesch)、グーテホフヌングスヒュッテ、クレックナー、マンネスマン鋼管 (Mannesmannröhren) の解体・分割を指示したことである[15]。ロイシュはアデナウアーに、そのような指示は、連合国が「国家レベルの協力」を不毛なものにしようとしているということを示していると伝えた[16]。すなわち、ロイシュは、シューマン・プラン交渉が行われているにもかかわらず、連合国の占領政策が一方的に推し進められようとしていることに不満を抱き、シューマン・プランに背を向けた。

第2章　シューマン・プランによる対等処遇と西ドイツ　59

表 2-2　ECSC 加盟 6 ヵ国の鉄鋼製品の全生産量に占める各国の割合
（1950 年）

（単位：%）

| | フランス | 西ドイツ | | ベルギー | ルクセンブルク | オランダ | イタリア |
		ザール	ザール除く				
銑鉄	29.9	6.6	35.7	14.8	9.1	2.0	1.9
粗鋼	27.1	6.0	38.3	12.2	7.3	1.6	7.5
圧延製品	26.7	6.2	35.9	13.4	7.1	2.0	8.7

出所：表 2-1 と同じ

　第二は、元合同製鋼監査役であり、CDU 所属連邦議会議員であったロベルト・レーア（Robert Lehr）の演説である。レーアは 1950 年 10 月 1 日に、アメリカによる鉄鋼の大量消費を通じて得られたフランスの相対的な優位を恒久化させるものとしてシューマン・プランを批判した[17]（表 2-2 参照）。さらに、レーアは、西ドイツは再軍備を通じて独立を達成することができると強調した[18]。その後、レーアがアデナウアーによってグスタフ・ヴァルター・ハイネマン（Gustav Walter Heinemann）の後任の内相に指名されたため、レーアの演説は政治問題化し、いっそうの混乱を引き起こした[19]。

　ロイシュおよびレーアはシューマン・プラン反対派の急先鋒として西ドイツ鉄鋼業界を代表していると広く受け止められた。しかし、西ドイツ鉄鋼業界の指導的な経営者の多数派に、シューマン・プランの実現に協力する意思があることに変わりはなかった。とりわけ WVESI はロイシュあるいはレーアと立場を異にしていた[20]。

　WVESI は 1950 年 12 月 11 日付でアデナウアーに書簡を送付し、シューマン・プランの実現に協力する意思を表明した。さらに、WVESI は、「同等の権利」（狭義の「同等の権利」）に基づいて共同体条約（シューマン・プラン条約）が締結されることに強い関心を示した上で、共同体条約の締結においても共同体の活動においても維持されるべき 7 つの視点を提示した[21]。

　それらの中には、脱占領に直結する 2 つの視点も含まれていた。第一は、西ドイツの鉄鋼の生産制限の撤廃である。WVESI は、西ドイツの鉄鋼の生産制限の維持は共同体諸国間の「同等の権利」（狭義の「同等の権利」）の原

則とも相容れないと強調した[22]。第二は、ルール規約の廃棄（ルール国際機
関の解体）である。WVESIは、ルール規約の廃棄は共同体条約締結の不可
欠な前提であると強調した[23]。

　したがって、WVESIはシューマン・プランを支持した上で狭義の「同等
の権利」を前面に押し出し、脱占領も要求した。しかし、このことは、
WVESIにとって、シューマン・プランの実現による脱占領が確約されてい
なかったということを意味する。

2　脱占領の確約

　1951年4月18日にはパリ条約が調印された。この段階になってようやく
WVESIにとって、脱占領に道筋が付けられることになった。WVESIは
1951年9月17日付の見解において、「制約の複合体」の廃止について「一
定程度の前進が達成された」という認識を示した[24]。

　WVESIは、シューマンが1950年5月9日に、最高機関は任務の遂行に
おいて、ルール国際機関に移譲された「全権」、および、西ドイツに課され
た「義務」が存続する限り、それらの「全権」および「義務」を顧慮すると
言明したことに言及し、フランスは、共同体の活動開始後も、連合国による
一方的な制約を存続させることが可能であるとみなしていたと指摘した。そ
の上で、WVESIは、西ドイツからの「不断の抗議の重み」を受け、このフ
ランスの立場が変化したと指摘し、シューマンが1951年4月18日付の書簡
において、西ドイツに課された「義務」は、フランス政府の見解では、すべ
てのパリ条約調印国が同様に従うべき共通の基準と相容れないと言明してい
ることに言及した。

　また、WVESIは、シューマンの書簡において、次の3つの措置に関する
同意を関係国から取り付けることが約束されていると指摘した。第一は、
ルール国際機関の解体、第二は、西ドイツの鉄鋼生産および鉄鋼生産力の制
限の撤廃、第三は、連合国高等弁務官府に帰属する石炭・鉄鋼関連の権限の
放棄である。

　さらに、WVESIは、シューマンの書簡において、これらの措置について

次の 3 つのことが示されていると指摘した。第一は、パリ条約の発効にともなって西ドイツの鉄鋼生産および鉄鋼生産力の制限が撤廃されるということである。第二は、最高機関がパリ条約の経過規定に従って相応の権限を持つようになれば、ルール国際機関が解体されるということである。第三は、最高機関が同様にパリ条約の経過規定に従って相応の権限を持つようになれば、石炭・鉄鋼に関する連合国高等弁務官府の権限が放棄されるということである。その上で、WVESI は、これらの措置は遅くとも共同市場の開設にともなって実現されることになっていると指摘し、そのことが、一連の措置の実施が早められる可能性を開いているという認識も示した[25]。

1951 年 10 月にはアメリカ、イギリス、フランスがルール規約調印国とともに、パリ条約の発効にともなって西ドイツの鉄鋼生産および鉄鋼生産力の制限が撤廃され、ルール国際機関が解体されることについて合意した[26]。ただし、石炭・鉄鋼に関する西ドイツの主権は、1954 年 10 月 23 日に調印され、1955 年 5 月 5 日に発効した「パリ協定」によって最終的に回復されることになる[27]。とはいえ、連合国による一方的な制約がパリ条約の発効にともなって廃止されることが確定した。したがって、1951 年秋に WVESI にとって、シューマン・プランの実現による明瞭な占領体制からの脱却が確約された。

第 3 節　広義の「同等の権利」

1　共同体域内の原料・燃料資源への対等なアクセス

シューマン・プランの発表を受け、WVESI は 1950 年 6 月 5 日付の見解においてすでに、シューマン・プランの主な目的に対する立場を明確にしていた。その際、WVESI は、共同体域内における同一条件による原料の供給にも言及した。

WVESI は、フランスが共同体域内において随意にミネット鉱を供給することを意図していると指摘した。その上で、WVESI は、西ドイツにおけるミネット鉱の購入が促進され、それが、第一次世界大戦後に生み出された状

況に変化をもたらしうるという見方を示した。

　さらに、WVESI は、第一次世界大戦後に生み出された状況として、ドイツ鉄鋼業が、第一次世界大戦の講和条約である「ヴェルサイユ条約」によってミネット鉱の 72.3% を喪失した結果、ミネット鉱よりも鉄含有量が多いスウェーデンの鉄鉱石を調達するようになり、より高い「経済性」を実現したということを示した。続けて、WVESI は、トーマス銑鉄 1 トン当たりの燃料消費量が、ミネット鉱を投入した場合は 1,112kg であり、スウェーデンの鉄鉱石を投入した場合は 827kg であったことから、ドイツによるミネット鉱の購入は「取るに足りない量」にまで減少し、それは 1929 年から 1938 年にかけて平均 140 万トンにすぎなかったということも示した。その上で、WVESI は、ミネット鉱の「超過投入」は西ドイツの鉄鉱石と同様にスウェーデンの鉄鉱石も「犠牲」にすると指摘した[28]。

　ここから看取されることは、WVESI が、スウェーデンの鉄鉱石を選好しているにもかかわらず、それに代えて、品質の点で劣るミネット鉱を追加的に購入することをフランスにシューマン・プランを通じて実質的に強制されることを懸念していたということである。このことは、共同体域内の原料・燃料資源への対等なアクセスの保障、具体的には、ロレーヌの鉄鉱石資源の確保の保障が広義の「同等の権利」に含まれるとしても、それは WVESI にとって広義の「同等の権利」として重要な意味合いをほとんど持っていなかったということを意味する。

　また、鉄鋼小委員会は、1950 年 6 月 27 日における会議の結果、「生産計画・投資」の問題との関連で、フランスが石炭について「犠牲」を払い、西ドイツに鉄鋼について相応の「犠牲」を要求してくるという見方を示した。この点について、鉄鋼小委員会は、フランスが払うことになる「犠牲」を高く評価することはできないと言明した。さらに、鉄鋼小委員会は、石炭が原料でもあることから、西ドイツは鉄鉱石について「犠牲」を払うよう要求されうると指摘し、その具体例として、西ドイツにおける鉄鉱石の採掘が制限され、スウェーデンの鉄鉱石に代えてミネット鉱の購入が促進されうるということを示した[29]。

第 2 章　シューマン・プランによる対等処遇と西ドイツ　63

これらの一連の WVESI および鉄鋼小委員会の立場を考慮すれば、シューマン・プランにおける資源問題の重要性は相対化されなければならないであろう。確かに、シューマン・プランは、共同管理のもと、ルール、ザール、ロレーヌ、ベルギー、ルクセンブルクにまたがる三角地帯の資源、とりわけロレーヌの鉄鉱石とルールの石炭が結合され、ヨーロッパ重工業三角地帯の生産力が飛躍的に発展する可能性を示すものでもあった[30]。ロレーヌの鉄鉱石とルールの石炭の結合はフランスにとって特に重要であったであろう[31]。しかし、WVESI および鉄鋼小委員会は、ロレーヌの鉄鉱石とルールの石炭の結合というよりもむしろ、スウェーデンの鉄鉱石とルールの石炭の結合を志向していた。したがって、ヨーロッパ重工業三角地帯における相互補完関係の強化が西ドイツにとって必ずしもシューマン・プランの経済的意義の一つであったというわけではない。

2　共同体域内の投資調整における非差別待遇

西ドイツ鉄鋼業に対する連合国の一方的な制約の廃止のうち、WVESI が特に歓迎したものは西ドイツの鉄鋼生産および鉄鋼生産力の制限の撤廃であった。しかし、それが必ずしも、西ドイツにおける自由な投資が可能になることを意味したわけではなかった。

WVESI は 1951 年 9 月 17 日付の見解において、最高機関は、1951 年 3 月以降に発注される他人資金によるあらゆる投資が、補助金、援助、保護、差別などを必要とするか、または、そのような結果をともなうかどうか審査する権限を持つと指摘した[32]。その上で、WVESI は、西ドイツ鉄鋼業においては当面、自己資金による大規模投資が不可能であることから、最高機関による投資審査は西ドイツにとって重要であるという認識を示した[33]。

とりわけ次の 2 つの事例が WVESI にとって重要であった。第一は、ヨーロッパ復興援助計画（マーシャル・プラン）にかかわる資金（マーシャル・プラン資金）による投資の審査であり、第二は、公的資金による投資の審査である。

WVESI は、すべての共同体諸国、とりわけフランスにおいて投資がマーシャル・プラン資金によって相当程度すでに実施され、投資の際にマーシャ

ル・プラン資金が1951年3月以降も重要な役割を果たしていると指摘した。その上で、WVESIは、マーシャル・プラン資金による西ドイツの投資が妨げられることは「同等の権利」（広義の「同等の権利」）の原則と相容れないという認識を示した。また、WVESIは、フランスにおいて投資の際に公的資金が1951年3月以降も重要な役割を果たしていると指摘した。その上で、WVESIは、「投資援助法」が挫折した場合[34]、西ドイツにおいて公的資金の投入が現実のものとなるという見方を示した[35]。

　ここから看取されることは、WVESIが、とりわけフランスにおいて1951年3月以降も、マーシャル・プラン資金および公的資金による投資が実施されていることを前提に広義の「同等の権利」のもと、マーシャル・プラン資金による投資、場合によっては、公的資金による投資を実施することを意図していたということである。このことは、WVESIにとって広義の「同等の権利」が、最高機関による投資調整との関連では、とりわけフランスにおける他人資金による投資の実施を前提に、最高機関による投資調整における差別待遇の排除を通じて、西ドイツにおける他人資金による投資の実施を保証するものであったということを意味する。

小　　括

　第二次世界大戦後における西ドイツ鉄鋼業に対する連合国の直接的な占領政策（一方的な制約）は主に次の2つであった。第一は、鉄鋼生産および鉄鋼生産力の制限であり、第二は、ルール国際機関によるルールの生産物の分配である。西ドイツの成立とともに西ドイツの占領体制が間接占領に移行した後も、西ドイツ鉄鋼業に対する連合国の一方的な制約が緩和されることはなかった。

　そのような状況においてシューマン・プランが発表された。「平等参加」を謳うシューマン・プランは西ドイツにとって、連合国の占領の終了による主権の回復に道筋を付けるという点でも重要であった。そのため、西ドイツは原則的にシューマン・プランに同意した。

第2章　シューマン・プランによる対等処遇と西ドイツ　65

　西ドイツ鉄鋼業界も、西ドイツ鉄鋼業に対する一方的な制約である連合国の占領体制からの脱却（脱占領）、換言すれば、狭義の「同等の権利」の獲得も根拠に原則的にシューマン・プランに同意した。西ドイツ鉄鋼業界においては、西ドイツ鉄鋼業に対する連合国の一方的な制約は、シューマン・プランが実現した場合、自動的に消滅するという楽観論さえも存在した。ところが、とりわけ朝鮮戦争の勃発後、ヨーロッパにおけるフランスの相対的な優位を恒久化させるものとしてシューマン・プランを批判し、西ドイツの主権の回復は、シューマン・プランではなく、再軍備を通じて達成されうるとするシューマン・プラン不要論も唱えられるようになった。シューマン・プラン不要論はセンセーションを巻き起こし、西ドイツ鉄鋼業界がシューマン・プランに反対しているという認識が一般化するようになった。

　しかし、西ドイツ鉄鋼業界を代表する主流派はシューマン・プラン支持派として多数派を形成していた。とはいえ、主流派によって代表された西ドイツ鉄鋼業界は狭義の「同等の権利」を前面に押し出し、脱占領も要求した。すなわち、西ドイツ鉄鋼業界は、シューマン・プランの実現による脱占領が確約されていると認識していたわけではなかった。

　パリ条約への調印の段階になってようやく、フランスが、西ドイツ鉄鋼業に対する連合国の一方的な制約を廃止する旨も言明した。そのため、西ドイツ鉄鋼業界は、西ドイツ鉄鋼業に対する連合国の一方的な制約の廃止を求めて西ドイツ側が圧力をかけ続けたことが奏功し、脱占領に道筋が付けられたと認識するに至った。その後、パリ条約の発効にともなって西ドイツの鉄鋼生産および鉄鋼生産力の制限が撤廃され、ルール国際機関が解体されることが確定した。こうして、西ドイツ鉄鋼業界にとって、シューマン・プランの実現（ECSC の成立）による脱占領が確約された。

　他方、シューマン・プラン（ECSC）は、共同体域内の原料・燃料資源への対等なアクセスも保障することになった。それは、鉄鉱石資源に乏しい西ドイツにロレーヌの鉄鉱石資源（ミネット鉱）の確保を保障するものでもあり、西ドイツ鉄鋼業界にとって広義の「同等の権利」に含まれうるものであった。

しかし、西ドイツ鉄鋼業界は、第一次世界大戦後、アルザス・ロレーヌの喪失にともなうミネット鉱の喪失を契機にスウェーデンから良質な鉄鉱石を選択的に輸入するようになっていた。そのため、西ドイツ鉄鋼業界はむしろ、スウェーデンの鉄鉱石に代えて、品質の点で劣るミネット鉱を追加的に輸入することをフランスに実質的に強制されるということを懸念した。したがって、共同体域内の原料・燃料資源への対等なアクセスの保障、具体的には、ミネット鉱の確保の保障は西ドイツ鉄鋼業界にとって広義の「同等の権利」として重要な意味合いをほとんど持っていなかった。

それに対して、ECSCの相対的に強力な介入、具体的には、共同体域内の投資調整との関連では、広義の「同等の権利」は西ドイツ鉄鋼業界にとって重要な意味合いを持った。当然のことながら、西ドイツ鉄鋼業界は西ドイツの鉄鋼生産および鉄鋼生産力の制限の撤廃を歓迎した。しかし、それが必ずしも、西ドイツにおける自由な投資が可能になることを意味したわけではなかった。西ドイツ鉄鋼業においては当面、自己資金による大規模投資の実施が不可能であり、また、最高機関が、他人資金による投資を審査し、パリ条約に違反すると判断したものを抑制する権限を持つことになっていた。

そのため、西ドイツ鉄鋼業界にとって、マーシャル・プラン資金、場合によっては、公的資金による投資に関する最高機関の審査が重要な問題となり、西ドイツ鉄鋼業界は、フランスにおいてマーシャル・プラン資金および公的資金が投資の際に重要な役割を果たしていることから、マーシャル・プラン資金、場合によっては、公的資金による西ドイツの投資が妨げられることは広義の「同等の権利」と相容れないと認識した。換言すれば、西ドイツ鉄鋼業界は、とりわけフランスにおいて、マーシャル・プラン資金および公的資金による投資が実施されていることを前提に広義の「同等の権利」のもと、マーシャル・プラン資金、場合によっては、公的資金による投資を実施することを意図した。したがって、西ドイツ鉄鋼業界にとって広義の「同等の権利」は、フランスにおける他人資金による投資の実施を前提に、共同体域内の投資調整における差別待遇の排除を通じて、西ドイツにおける他人資金による投資の実施を保証するものでもあった。

第2章　シューマン・プランによる対等処遇と西ドイツ　67

したがって、西ドイツ鉄鋼業界にとって狭義の「同等の権利」は、明瞭な占領体制からの解放、ひいては、ECSC によって保障される大幅な経営の自由の享受に資するものであった。また、広義の「同等の権利」は、共同体域内の投資調整のような ECSC の相対的に強力な介入における差別待遇の排除に資するものであった。

注
1)　本書第1章参照。
2)　W. Bührer, *Ruhrstahl und Europa: Die Wirtschaftsvereinigung Eisen- und Stahlindustrie und die Anfänge der europäischen Integration 1945-1952*, München, 1986, pp. 165-215.
3)　廣田功「フランスの近代化政策とヨーロッパ統合」廣田功・森建資編『戦後再建期のヨーロッパ経済——復興から統合へ』日本経済評論社、1998年、156-157頁。
4)　本書第1章第4節参照。
5)　戸原四郎「西ドイツにおける戦後改革」東京大学社会科学研究所戦後改革研究会編『戦後改革 2 国際環境』東京大学出版会、1974年、108-109頁。
6)　同上、117頁。
7)　同上、109、120-123頁。
8)　ドイツ経済の混迷は連合国にとっても様々な形で大きな負担となった。とりわけイギリスは経済危機・国際収支危機に見舞われ、ドイツ占領のための「持ち出し」はイギリスにとって重荷であった。イギリスは負担を軽減するためにドイツ経済の再建を促進せざるをえず、アメリカの方針に同調した。戸原「西ドイツにおける戦後改革」、120-121頁。
9)　戸原「西ドイツにおける戦後改革」、120-122、124頁。
10)　詳細については、本書第1章第1節参照。
11)　加藤浩平「欧州統合と独仏の経済関係——ヨーロッパ石炭鉄鋼共同体の成立」専修大学社会科学研究所『社会科学年報』第29号、1995年3月、120頁、山本健「ヨーロッパ石炭鉄鋼共同体（ECSC）の成立をめぐる国際政治過程 1950-51年——仏・米・西独関係を中心に」一橋大学大学院法学研究科『一橋法学』第1巻第2号、2002年6月、165頁。
12)　Bührer, *Ruhrstahl und Europa*, pp. 170-171, 173-176, 178-179.
13)　鉄鋼小委員会については、本書第1章第4節参照。
14)　Politisches Archiv des Auswärtigen Amts（以下 PAAA と略）, Sekretariat für Fragen des Schuman-Plans（B15）, Bd. 23, Ergebnis der Sitzung des Unterausschusses Stahl und Eisen am 27. 6. 1950.
15)　連合国法令27号は、西ドイツ石炭・鉄鋼業の再編成について規定するもので

あった。詳細については、本書第3章参照。

16）V. R. Berghahn, *Unternehmer und Politik in der Bundesrepublik*, Frankfurt am Main, 1985, pp. 136-137; Bührer, *Ruhrstahl und Europa*, p. 186. アデナウアーといえども、1950年9月23日の連合国高等弁務官との会談において連合国の一方的な指示に対して強く反発した。アデナウアーと連合国高等弁務官の会談については、H. -P. Schwarz（Hrsg.）, *Akten zur Auswärtigen Politik der Bundesrepublik Deutschland: Bd. 1: Adenauer und die Hohen Kommissare: 1949-1951*, München, 1989, Dok. Nr. 17; Wortprotokoll der Sitzung vom 23. September 1950, pp. 238-246 参照。

17）Berghahn, *Unternehmer und Politik in der Bundesrepublik*, pp. 136-137; Bührer, *Ruhrstahl und Europa*, pp. 186-187.

18）山本「ヨーロッパ石炭鉄鋼共同体（ECSC）の成立をめぐる国際政治過程 1950-51年」、167頁。1950年6月25日に勃発した朝鮮戦争は西側陣営において、西ドイツの軍事的貢献への期待を喚起した。したがって、朝鮮戦争の勃発によって西ドイツの立場が一段と強化されたこともまた事実である。

19）Berghahn, *Unternehmer und Politik in der Bundesrepublik*, pp. 137-138; Bührer, *Ruhrstahl und Europa*, p. 187.

20）Bührer, *Ruhrstahl und Europa*, pp. 187-189.

21）Bundesarchiv Koblenz（以下 BA と略）, Bundeskanzleramt（B136）, Bd. 2474, Schreiben der WVESI an Adenauer vom 11. 12. 1950.

22）WVESI は、西ドイツの鉄鋼の生産制限の維持は、最適な費用および価格の実現のための生産および販売の拡大がもたらされなければならないとする共同体条約の原則とも相容れないと強調し、西ドイツの鉄鋼の生産制限の維持は、西側諸国の鉄鋼需要を考慮しても時宜を得ていないという認識を示した。BA, B136, Bd. 2474, Schreiben der WVESI an Adenauer vom 11. 12. 1950.

23）BA, B136, Bd. 2474, Schreiben der WVESI an Adenauer vom 11. 12. 1950.

24）PAAA, B15, Bd. 47, Schreiben der WVESI an Blankenhorn vom 27. 10. 1951, Anl., WVESI（Hrsg.）, *Untersuchungen zum Schuman-Plan*, Düsseldorf, 1951, "Die alliierten Restriktionen für Kohle und Stahl", p. 49. この『シューマン・プラン研究』は、WVESI が、西ドイツ政府・代表団への提出を前提に作成された文書や資料のうち、残されていたものを一つにまとめて 1951年10月に刊行したものである。

25）PAAA, B15, Bd. 47, WVESI（Hrsg.）, *Untersuchungen zum Schuman-Plan*, Düsseldorf, 1951, "Die alliierten Restriktionen für Kohle und Stahl", pp. 49-50.

26）Bührer, *Ruhrstahl und Europa*, pp. 211-212.

27）佐々木建『現代ヨーロッパ資本主義論──経済統合政策を基軸とする構造』有斐閣、1975年、54頁。

28）PAAA, B15, Bd. 47, WVESI（Hrsg.）, *Untersuchungen zum Schuman-Plan*, Düsseldorf, 1951, "Erste allgemeine Stellungnahme zu der Erklärung des französischen Außenministers vom 9. Mai 1950", pp. 5-6.

29) PAAA, B15, Bd. 23, Ergebnis der Sitzung des Unterausschusses Stahl und Eisen am 27. 6. 1950.

30) 島田悦子『欧州鉄鋼業の集中と独占［増補版］』新評論、1975 年、50-53 頁。

31) アルザス・ロレーヌ（エルザス・ロートリンゲン）が独仏間の争奪の的になってきたことから、ヨーロッパ重工業三角地帯の共同管理には、独仏間の紛争の再発防止に寄与するという側面もあった。しかし、生産力の飛躍的発展、あるいは、紛争の再発防止という美名が、ルールの石炭・コークス資源の確保というフランスの一方的な利益をカムフラージュするものであったということも否定することはできない。

32) 投資については、企業の投資計画が、パリ条約に反する補助金、援助、保護、差別などを必要とすると最高機関が判断した場合、企業は外部から資金を調達することができず、自己資金に財源が限定されることになった。

33) PAAA, B15, Bd. 47, WVESI (Hrsg.), *Untersuchungen zum Schuman-Plan*, Düsseldorf, 1951, "Die alliierten Restriktionen für Kohle und Stahl", p. 50.

34) 西ドイツにおいては 1952 年の投資援助法によって、自己資金による投資が不可能であった原材料産業部門における投資が他の部門からの拠出を通じて助成されることになった。戸原「西ドイツにおける戦後改革」、131-132 頁。

35) PAAA, B15, Bd. 47, WVESI (Hrsg.), *Untersuchungen zum Schuman-Plan*, Düsseldorf, 1951, "Die alliierten Restriktionen für Kohle und Stahl", p. 50.

第 3 章

西ドイツ鉄鋼業非集中化問題とシューマン・プラン

はじめに

　第二次世界大戦後、ドイツは米英仏ソ 4 ヵ国の分割占領下に置かれた。そのため、冷戦の激化にともなってドイツの東西分断は不可避となり、1949年 9 月 20 日には西ドイツ政府が発足して西ドイツが成立した。それとともに、西ドイツの占領体制は、「連合国高等弁務官府」(Allied High Commission) による間接占領に移行した。

　しかし、とりわけ西ドイツ鉄鋼業に対する連合国の直接的な占領政策（一方的な制約）の廃止、端的には、明瞭な占領体制からの西ドイツ鉄鋼業の解放は、間接占領への占領体制の移行ではなく、1952 年 7 月 23 日における
ヨーロッパ石炭鉄鋼共同体 (European Coal and Steel Community: ECSC) の成立によって初めて実現された。この場合、西ドイツ鉄鋼業に対する連合国の一方的な制約は主に次の 2 つであった。第一は、鉄鋼生産および鉄鋼生産力の制限であり、第二は、「ルール国際機関」(International Authority for the Ruhr) によるルールの生産物の分配である[1]。

　そもそも、1950 年 5 月 9 日に発表され、ECSC の起点となったシューマン・プランは「平等参加」を謳っていた。他方、西ドイツ首相コンラート・アデナウアー (Konrad Adenauer) は、連合国による主権侵害を除去して西ドイツの独立を完成させることを最重要政策目標とし、西側ブロックに西ドイツを組み入れることによって、その目標を達成しようとしていた。そのため、アデナウアーは原則的にシューマン・プランに同意した[2]。

　ところが、シューマン・プランが「平等参加」を謳っているにもかかわらず、シューマン・プランの発表直後の 1950 年 5 月 16 日に連合国の占領政策

の一環として、西ドイツ石炭・鉄鋼業の再編成について規定する連合国法令
27号が公布された。それどころか、1950年7月3日に本格化したシューマ
ン・プラン交渉が同年秋以降、連合国法令27号に基づく連合国の西ドイツ
石炭・鉄鋼業再編成政策と連動し、とりわけ西ドイツ鉄鋼業の非集中化に関
する問題の解決、厳密には、西ドイツ鉄鋼業の非集中化に関する具体案の策
定がシューマン・プランの実現の前提となった。このことを踏まえ、本章は
以下のことから、西ドイツ鉄鋼業界の動向にも留意しながら、西ドイツ鉄鋼
業の非集中化に関する問題の解決の過程に焦点を当て、シューマン・プラン
が西ドイツにとって、その過程においてどのような役割を持ったのかを明ら
かにすることを課題とする。

　西ドイツ鉄鋼業の非集中化をめぐる西ドイツと連合国の対立は深刻化し
た[3]。もっとも、ウォーナー（I. Warner）によれば、西ドイツ鉄鋼業の非集
中化に関する問題は西ドイツにとって有利な形で解決され、その過程におい
て西ドイツ政府がイニシアティヴを取った[4]。しかし、ウォーナーは、
シューマン・プランに言及しているものの、シューマン・プランが西ドイツ
にとって、西ドイツ鉄鋼業の非集中化に関する問題の解決の過程においてど
のような役割を持ったのか明らかにしていない。したがって、シューマン・
プランが西ドイツにとって、この過程においてどのような役割を持ったのか
ということは検討に値する。

第1節　連合国の西ドイツ石炭・鉄鋼業再編成政策

1　英米法令75号

　当初、ドイツ石炭・鉄鋼業の中心地であるルールはイギリス軍占領地区に
属していた。そのため、イギリス軍政府がドイツ石炭・鉄鋼業再編成政策の
立案および実施に当たった。

　イギリス軍政府は1945年12月12日に石炭企業の資産を差し押さえ、そ
の資産を「北ドイツ石炭管理部」（North German Coal Control: NGCC）の管理
下に置いた。さらに、イギリス軍政府は、NGCCに生産の管理および再編

成案の策定を委ねた。同様の措置は鉄鋼業についても講じられた。1946 年 8 月 20 日に、すでに接収されていたクルップ（Fried. Krupp）を含む主要な鉄 鋼大企業の資産が差し押さえられるとともに、「北ドイツ鉄鋼管理部」（North German Iron and Steel Control: NGISC）が設置され、NGISC に資産・生産の 管理および再編成案の策定が委ねられた。

NGISC は 1946 年 10 月に、ドイツ人専門家によって構成される「受託管 理部」（Treuhandverwaltung）を設置し、その協力のもと同年 11 月 23 日に 「事業分割案」をまとめた。この案は、所有関係には手を付けずに、鉄鋼大 企業の傘下の全工場を従来の資本系列とは無関係に地域別に再編成し、各生 産施設を貸借して生産に当たる事業会社を新設するというものであった。そ れに基づいて 9 つの鉄鋼大企業の傘下の工場が、1947 年 3 月から 1948 年 4 月にかけて新設された 25 の事業会社に引き継がれた。

ところが、1947 年 1 月 1 日における「英米統合占領地区」の発足以降、 基幹産業の社会化をめぐる英米の対立も顕在化し、ドイツ石炭・鉄鋼業の再 編成は大幅に遅れた。所有関係も手付かずのままとなり、そのことが新社の 活動に支障を来した。そのため、アメリカの主導のもと 1948 年 11 月 10 日 に英米統合占領地区において、ドイツ石炭・鉄鋼業の再編成に関する「英米 法令 75 号」が公布された[5]。

この法令に基づく再編成案はドイツ側の機関によって策定され、占領軍政 府側の機関の承認のもと実施されることになった。ドイツ側の機関は「ドイ ツ石炭鉱業管理部」（Deutsche Kohlen-Bergbau-Leitung: DKBL）、企業、労働 者、州政府の代表を加えた「鉄鋼受託者団」（Stahltreuhändervereinigung: STV）であり、占領軍政府側の機関は「英米石炭管理グループ」（UK/US Coal Control Group）、「英米鉄鋼グループ」（UK/US Steel Group）であった。 また、占領軍政府側の機関は、英米統合占領地区へのフランス軍占領地区の 編入にともなって 1949 年 4 月にそれぞれ「合同石炭管理グループ」（Combined Coal Control Group: CCCG）、「合同鉄鋼グループ」（Combined Steel Group: CSG）と改称された[6]。

表 3-1 解体・分割対象の鉄鋼大企業（CSG 案）

1	合同製鋼（Vereinigte Stahlwerke）
2	グーテホフヌングスヒュッテ（Gutehoffnungshütte）
3	オットー・ヴォルフ（Otto Wolff）
4	クレックナー（Klöckner）
5	ヘッシュ（Hoesch）
6	テュッセン＝ボルネミッサ（Thyssen-Bornemisza）
7	イルゼーダー・ヒュッテ（Ilseder Hütte）
8	マンネスマン鋼管（Mannesmannröhren）
9	クルップ（Fried. Krupp）
10	フリック（Flick）
11	ライヒスヴェルケ（Reichswerke）
12	レヒリング＝ブデルス（Röchling-Buderus）

出所：STV (Hrsg.), *Die Neuordnung der Eisen- und Stahlindustrie im Gebiet der Bundesrepublik Deutschland: Ein Bericht der Stahltreuhändervereinigung,* München und Berlin, 1954, p.420 より作成

2 連合国法令 27 号

1950 年 5 月 9 日に、独仏の石炭・鉄鋼の全生産を一つの共同の最高機関（High Authority）の管理下に置くことを謳うシューマン・プランが発表され、その直後の 16 日には、英米法令 75 号を引き継ぐ連合国法令 27 号が公布された[7]。この法令に基づく措置は次の 3 つに収斂していった。第一は、鉄鋼大企業の解体・分割による個別の鉄鋼企業の新設、第二は、結合経済（Verbundwirtschaft）、すなわち、鉄鋼企業・工場による炭鉱の所有の禁止ないし制限、第三は、ルールの石炭の販売を一手に担っていた「ドイツ石炭販売」（Deutscher Kohlenverkauf: DKV）の解体である[8]。

しかし、とりわけ西ドイツ鉄鋼業の非集中化について連合国と西ドイツの見解が異なっていた。鉄鋼大企業の解体・分割による個別の鉄鋼企業の新設に関する問題については、STV が 1950 年 11 月 23 日に再編成案をまとめ、11 の鉄鋼大企業を解体・分割の対象として 22 の個別の鉄鋼企業を新設することを提案した。それに対して、1950 年 11 月 30 日の CSG の再編成案は、12 の鉄鋼大企業を解体・分割の対象として 29 の個別の鉄鋼企業を新設することを要求し、その案は同年 12 月 12 日に連合国高等弁務官府の承認を得て西ドイツに示された[9]（表 3-1、表 3-2、表 3-3 参照）。

他方、西ドイツにおいては 1950 年 10 月 27 日に経済省のもとで STV と DKBL の会議が開かれ、結合経済に関する問題について協議が行われた。その結果、次の 2 つのことについて合意が形成された。第一は、鉄鋼企業・工場によって所有される炭鉱が、合計してルールの全石炭生産量の 25% の石炭を生産することになる一部の炭鉱に限定されるということである。もっ

第 3 章　西ドイツ鉄鋼業非集中化問題とシューマン・プラン　75

表 3-2　新設鉄鋼企業の構成（CSG 案）

1	ドイツ特殊鋼（Deutsche Edelstahlwerke）
2	ヴィッテン鋳鋼（Gußstahlwerk Witten）
3	ゲルゼンキルヒェン製鉄・鋳鋼（Eisenwerke und Gußstahlwerk Gelsenkirchen） ミュールハイム = マイデリヒ（Mülheim-Meiderich）
4	オーバーカッセル鋳鋼（Gußstahlwerk Oberkassel）
5	ルールオルト = マイデリヒ製錬所（Hüttenwerke Ruhrort-Meiderich）
6	ニーダーライン製錬所（Hüttenwerk Niederrhein） ヴェストファーレン・ウニオン（Westfälische Union）
7	ライン鋼管（Rheinische Röhrenwerke）
8	オーバーハウゼン製錬所（Hüttenwerk Oberhausen） グーテホフヌングスヒュッテ・ゲルゼンキルヒェン（Gutehoffnungshütte Gelsenkirchen）
9	ボーフム製鋼（Stahlwerke Bochum）
10	ハスペ製錬所（Hüttenwerk Haspe）
11	ゲオルクスマリエンヒュッテ（Georgsmarienhütte） オスナブリュック製鋼（Stahlwerk Osnabrück）
12	ヴェストファーレンヒュッテ・ドルトムント（Westfalenhütte Dortmund） ヘッシュ・ホーヘンリンブルク（Hohenlimburg Hoesch）
13	ライスホルツ製鋼・鋼管（Stahl- und Röhrenwerk Reisholz）
14	イルゼーデ = パイネ製錬所（Hüttenwerk Ilsede-Peine）
15	フッキンゲン製錬所（Hüttenwerk Huckingen） 西ドイツ・マンネスマン鋼管（Westdeutsche Mannesmannröhren）
16	グローセンバウム製鋼・圧延（Stahl- und Walzwerke Großenbaum） カンメリヒ = ヴェルケ（Kammerich-Werke）
17	ラインハウゼン製錬所（Hüttenwerk Rheinhausen） ヴェストファーレン線材工業（Westfälische Drahtindustrie）
18	ガイスヴァイト製錬所（Hüttenwerk Geisweid） ハーゲン製鋼（Stahlwerk Hagen）
19	ヘルデ製錬所（Hüttenwerk Hörde）
20	ドルトムント・ウニオン（Dortmund Union）
21	ボーフマー・フェアアイン（Bochumer Verein） ルールシュタール（Ruhrstahl）
22	アウグスト・テュッセン = ヒュッテ（August Thyssen-Hütte）
23	マクシミリアンスヒュッテ（Maximilianshütte）
24	ジーガーラント（Siegerland） シャルロッテンヒュッテ（Charlottenhütte）
25	ライヒスヴェルケ（Reichswerke）
26	ブデルス製鉄（Buderussche Eisenwerke） レヒリング = ブデルス製鋼（Stahlwerk Röchling-Buderus）
27	リューベック高炉（Hochofenwerk Lübeck）
28	ラッセルシュタイン = アンダーナハ（Rasselstein-Andernach）
29	ルイトポルトヒュッテ（Luitpoldhütte）

注：ルールシュタールはヘンリヒスヒュッテ・ハッティンゲン（Henrichshütte Hattingen）を指す
出所：STV（Hrsg.）, *Die Neuordnung der Eisen- und Stahlindustrie im Gebiet der Bundesrepublik Deutschland: Ein Bericht der Stahltreuhändervereinigung*, München und Berlin, 1954, pp. 419–420 より作成

表 3-3　新設鉄鋼企業を構成する鉄鋼企業（工場）の旧所属（CSG 案）

	鉄鋼企業（工場）	旧所属		鉄鋼企業（工場）	旧所属
1	ドイツ特殊鋼	合同製鋼	16	グローセンバウム製鋼・圧延	マンネスマン鋼管
2	ヴィッテン鋳鋼	同上		カンメリヒ＝ヴェルケ	同上
3	ゲルゼンキルヒェン製鉄・鋳鋼	同上	17	ラインハウゼン製錬所	クルップ
	ミュールハイム＝マイデリヒ	同上		ヴェストファーレン線材工業	同上
4	オーバーカッセル鋳鋼	同上	18	ガイスヴァイト製錬所	合同製鋼／クレックナー＊
5	ルールオルト＝マイデリヒ製錬所	同上			
6	ニーダーライン製錬所	同上		ハーゲン製鋼	ヘッシュ
	ヴェストファーレン・ウニオン	同上	19	ヘルデ製錬所	合同製鋼
7	ライン鋼管	同上	20	ドルトムント・ウニオン	同上
8	オーバーハウゼン製錬所	グーテホフヌングスヒュッテ（GHH）	21	ボーフマー・フェアアイン	同上
				ルールシュタール	同上
	GHH ゲルゼンキルヒェン	同上	22	アウグスト・テュッセン＝ヒュッテ	同上
9	ボーフム製鋼	オットー・ヴォルフ	23	マクシミリアンスヒュッテ	フリック
10	ハスペ製錬所	クレックナー	24	ジーガーラント	合同製鋼
11	ゲオルクスマリエンヒュッテ	同上		シャルロッテンヒュッテ	同上
	オスナブリュック製鋼	同上	25	ライヒスヴェルケ	ライヒスヴェルケ
12	ヴェストファーレンヒュッテ・ドルトムント	ヘッシュ	26	ブデルス製鉄	レヒリング＝ブデルス
	ヘッシュ・ホーヘンリンブルク	同上		レヒリング＝ブデルス製鋼	同上
13	ライスホルツ製鋼・鋼管	テュッセン＝ボルネミッサ	27	リューベック高炉	フリック
14	イルゼーデ＝パイネ製錬所	イルゼーダー・ヒュッテ	28	ラッセルシュタイン＝アンダーナハ	オットー・ヴォルフ
15	フッキンゲン製錬所	マンネスマン鋼管	29	ルイトポルトヒュッテ	ライヒスヴェルケ
	西ドイツ・マンネスマン鋼管	同上			

注：1）＊合同製鋼（51.17％）、クレックナー（48.83％）
　　2）ルールシュタールはヘンリヒスヒュッテ・ハッティンゲン（Henrichshütte Hattingen）を指す
出所：表 3-2 と同じ

　とも、この水準は、戦前、鉄鋼業が、合計してルールの全石炭生産量の
56％の石炭を生産する炭鉱を所有する中で、鉄鋼業にとって実際に必要で
あった石炭量はルールの全石炭生産量の 25％であったという事実に基づい
ていた。そのため、鉄鋼企業・工場によって、合計してルールの全石炭生産
量の 25％の石炭を生産することになる一部の炭鉱が所有されることは、結
合経済が維持されるということを意味した。第二は、鉄鋼企業・工場によっ
て所有される炭鉱も、法的に独立した個別企業となるということである。こ

のことは DKBL によって強く要求された[10]。

それに対して、フランスとアメリカは緊密に連携し、1950 年 12 月 19 日に次の 2 つのことについて合意した。第一は、連合国法令 27 号が、1950 年秋以降シューマン・プランに組み込まれた反カルテル・反企業集中条項の目的を達成するための前提となるということである[11]。第二は、シューマン・プランによって創設される共同体（最高機関）が連合国法令 27 号の目的を守るということである。ここには、連合国法令 27 号によって西ドイツ鉄鋼業を弱体化させ、占領終了後には共同体によって西ドイツ鉄鋼業を監視するというフランスの思惑も反映されていた。

2 日後の 21 日にはフランスとアメリカが次の 3 つのことについても合意した。第一は、鉄鋼企業・工場によって所有される炭鉱も、市場価格で鉄鋼企業・工場に石炭を供給する個別企業となるということである。第二は、8 つの鉄鋼企業・工場に炭鉱の所有が認められ、各鉄鋼企業・工場によって所有される炭鉱の石炭生産力の合計値が各鉄鋼企業・工場の石炭必要量の 55 ％の水準に抑制されるということである。第三は、鉄鋼企業・工場によって所有される炭鉱の石炭も、シューマン・プランに組み込まれた供給割当条項（供給不足時における最高機関による供給割当）の影響を受けるということである[12]。さらに、アメリカが連合国法令 27 号問題について西ドイツと交渉することになり、独米交渉が開始された[13]。

第 2 節　連合国法令 27 号をめぐる独米交渉

1　独米双方の譲歩

1951 年 1 月 15 日には西ドイツにおいて、シューマン・プラン交渉のための西ドイツ代表団に対して指示を与える「内閣委員会」（Kabinettsausschuß）の会議が開かれた。会議の冒頭、西ドイツ代表団首席代表ヴァルター・ハルシュタイン（Walter Hallstein）は、この会議の目的は、共同体条約（シューマン・プラン条約）に仮調印する全権が直ちに代表団に委任されるべきかどうか決定することであると指摘した。その上で、ハルシュタインは、西ドイ

ツにとって受け入れられる形で連合国法令 27 号問題が解決されていないと言明し、共同体条約に仮調印する全権を直ちに代表団に委任することは可能ではないという認識を示した[14]。

すなわち、西ドイツ代表団は、連合国法令 27 号問題が受け入れ可能な形で解決されるまで安易に共同体条約に仮調印すべきではないとする立場を取っていた。このことは、西ドイツがむしろシューマン・プランの実現を先送りし、連合国法令 27 号問題に関する譲歩を連合国から引き出すためにシューマン・プランを逆手に取ったということを意味する。

また、ハルシュタインは、解決されなければならない個別の問題として企業規模（個別の鉄鋼企業の新設）の問題および結合経済の問題を挙げた。もっとも、ハルシュタインは、前者については、連合国の見解と西ドイツの見解の間に大きな隔たりはないという見方を示し、後者については、アメリカの見解は西ドイツの見解と一定程度、合致しているという見方を示した。さらに、経済相ルートヴィヒ・エアハルト（Ludwig Erhard）が、アメリカには、特定の鉄鋼企業・工場によって炭鉱が所有され、各鉄鋼企業・工場によって所有される炭鉱の石炭生産力の合計値が各鉄鋼企業・工場の石炭必要量の 60% から 80% の水準に収められることを認める用意があると報告した[15]。

このことからも、アデナウアーは、連合国は、西ドイツの立場に反する決定を下さないという見方を示した。しかし、ハルシュタインが、アメリカが西ドイツにも譲歩を求めていることを顧慮して異議を唱えた。それを受け、アデナウアーは、譲歩が国民経済的に耐えられないものにならないよう断固とした態度を維持しなければならないと強調した[16]。こうして、安易には妥協せず、連合国法令 27 号問題に関する交渉を続けるという西ドイツの方針も固まった。

1951 年 1 月 17 日には STV と DKBL が共同で再編成案をまとめ、12 の鉄鋼企業・工場がそれぞれ所有することになる炭鉱について提案を行った[17]。この再編成案によって事実上、12 の鉄鋼企業・工場に炭鉱の所有が認められることになった（表 3-4 参照）。

表3-4　炭鉱を所有する鉄鋼企業・工場（STV/DKBL案）

1	アウグスト・テュッセン＝ヒュッテ（August Thyssen-Hütte）
2	ルールオルト＝マイデリヒ製錬所（Hüttenwerk Ruhrort-Meiderich）
3	オーバーハウゼン製錬所（Hüttenwerk Oberhausen）
4	ゲルゼンキルヒェン製鉄・鋳鋼（Eisenwerke und Gußstahlwerk Gelsenkirchen）
	ミュールハイム＝マイデリヒ（Mühlheim-Meiderich）
5	ボーフマー・フェアアイン（Bochumer Verein）
6	ヘルデ製錬所（Hüttenwerk Hörde）
	ドルトムンダー・ウニオン（Dortmunder Union）
7	ヴェストファーレンヒュッテ・ドルトムント（Westfalenhütte Dortmund）
8	フッキンゲン製錬所（Hüttenwerk Huckingen）
9	ハスペ製錬所（Hüttenwerk Haspe）
	ゲオルクスマリエンヒュッテ（Georgsmarienhütte）
	オスナブリュック製鋼（Stahlwerk Osnabrück）
10	イルゼーデ＝パイネ製錬所（Hüttenwerk Ilsede-Peine）
11	マクシミリアンスヒュッテ（Maximilianshütte）
12	ラインハウゼン製錬所（Hüttenwerk Rheinhausen）

出所：Warner, *Steel and Sovereignty*, pp. 32-33 より作成

　その後、連合国法令27号問題について、エアハルトとハルシュタインが西ドイツを代表し、アメリカ高等弁務官ジョン・ジェイ・マックロイ（John Jay McCloy）がアメリカを代表して独米交渉が続けられた。1951年2月12日にはマックロイがアメリカ側の立場および交渉の状況についてあらゆる誤解を避けるためにアデナウアーに覚書を送付した。

　マックロイは同覚書において、アメリカは交渉の際、連合国高等弁務官府を代表していないという了解があったと指摘し、アメリカの目的は、「賢明な妥協案」としてイギリスおよびフランスに推奨することができる案をまとめることであったと強調した。さらに、マックロイは、交渉が次の2つのことを前提としていたと指摘した。第一は、反カルテル・反企業集中条項も組み込まれたシューマン・プランが実現されるということである。第二は、まとめられた案が「合意された解決策」として西ドイツ政府によって連合国高等弁務官府に承認を求めて提出されるということである[18]。

　続けて、マックロイは交渉の状況について説明した。マックロイは、1950年12月12日に連合国によって西ドイツに示されたCSGの再編成案が「妥当かつ公正」であるにもかかわらず、西ドイツに譲歩することに同意したと強調した[19]。この譲歩には、次の2つのことが含まれていた。

第一は、ハスペ製錬所（Hüttenwerk Haspe）、ゲオルクスマリエンヒュッテ（Georgsmarienhütte）、オスナブリュック製鋼（Stahlwerk Osnabrück）によって構成される個別の鉄鋼企業が新設されることである[20]。CSGの再編成案は、ハスペ製錬所が個別の鉄鋼企業として新設され、ゲオルクスマリエンヒュッテとオスナブリュック製鋼によって構成される個別の鉄鋼企業が新設されることを示していた。それに対して、西ドイツは、3者によって構成される個別の鉄鋼企業が新設されることを提案していた[21]。

第二は、ヘルデ製錬所（Hüttenwerk Hörde）とドルトムンダー・ウニオン（Dortmunder Union）によって構成される個別の鉄鋼企業が新設されることである[22]。CSGの再編成案は、ヘルデ製錬所とドルトムンダー・ウニオンがそれぞれ個別の鉄鋼企業として新設されることを示していた。それに対して、西ドイツは、両者によって構成される個別の鉄鋼企業が新設されることを提案していた[23]。

さらに、マックロイは、結合経済の必要性あるいは妥当性に「重大な疑義」があるにもかかわらず、特定の鉄鋼企業・工場によって炭鉱が所有され、各鉄鋼企業・工場によって所有される炭鉱の石炭生産力の合計値が、「客観的なデータ」に基づいて算出された各鉄鋼企業・工場の石炭必要量の75%の水準まで認められるということについてエアハルトと合意したと強調した。また、マックロイは、DKVの解体について相当な過渡期を受け入れることに同意したと指摘した。

その上で、マックロイは、西ドイツに対するアメリカの「寛大な」譲歩によって「妥協案」がもたらされたという認識を示し、まとめられた案が、シューマン・プランが実現されるという前提のもと西ドイツ政府によって連合国高等弁務官府に提出された場合、その案をイギリスおよびフランスに推奨する用意があると言明した。ただし、マックロイは、それ以上の譲歩を求めることは、この案を危険にさらすと強調した[24]。

2　結合経済をめぐる交渉

マックロイの覚書を受け、アデナウアーは1951年2月15日付でマックロ

イに書簡を送付した。アデナウアーは、結合経済の問題に関する合意が労働組合においても深刻な懸念を引き起こしたと指摘した。その上で、アデナウアーは、結合経済の問題の重要性を考慮に入れ、その問題について検討する意思を固めたと伝えた[25]。

1951年3月2日にはアデナウアーとマックロイの会談が開かれた。マックロイは、シューマン・プランが挫折した場合、西ドイツの経済発展および西ヨーロッパの防衛態勢の構築が「最も優先順位の高い関心事」である時に「静止状態の時期」が始まると指摘した上で、シューマン・プランの挫折はあらゆる「建設的措置」を少なくとも6ヵ月は遅らせるという見方を示した。さらに、マックロイは、特定の鉄鋼企業・工場によって所有される炭鉱の石炭生産力の合計値が各鉄鋼企業・工場の石炭必要量の75％の水準を超えることは認められないと言明した。

それに対して、アデナウアーは、「極度に緊張した政治状況」を考慮に入れ、共同体条約が「来週中に」仮調印されることを強く求めると言明した。さらに、アデナウアーは、「75％の充足」を受け入れる用意があると言明した。ただし、アデナウアーはマックロイに、結合経済の問題について関係企業の代表および労働組合と交渉するよう要請した[26]。

1951年3月5・7日にはマックロイと関係企業の代表の間において、結合経済の問題に関する交渉が行われた。1951年3月11日にはマックロイがアデナウアーに、この交渉に関する覚書を送付した。

まず、マックロイは数値の算出について改めて説明した。マックロイは、「現存する鉄鋼生産施設の生産力」が「客観的に」算出され、それは、戦後最高の月間鉄鋼生産量を記録した1950年10月における実際の全鉄鋼生産量（年間鉄鋼生産量に換算して1,350万トン）を25％以上、上回っていると指摘した。その上で、マックロイは、「現存する施設の潜在的な生産量」が算出されたと強調した。

続けて、マックロイは、特定の鉄鋼企業・工場に所有が認められる炭鉱に関する交渉の結果を支持する用意があると言明した。さらに、マックロイは、どの事例においても、企業自身によって申し立てられた「選好」を十分に考

慮に入れたと強調した[27]。

　ただし、マックロイは、次の3つの事例については所有炭鉱が確定されていないと指摘した。第一は、ボーフマー・フェアアイン（Bochumer Verein）の事例である。この事例について、マックロイは、ボーフマー・フェアアインによって要求された炭鉱の生産力に関する問題が引き続き検討されることになると指摘した。第二は、マクシミリアンスヒュッテ（Maximilianshütte）の事例である。この事例について、マックロイは、マクシミリアンスヒュッテによって要求された炭鉱の生産力が「75%のリミット」を超えていることに言及し、マクシミリアンスヒュッテから新たな提案が行われることになると指摘した。第三は、フッキンゲン製錬所（Hüttenwerk Huckingen）の事例である。この事例について、マックロイは、フッキンゲン精錬所によって要求された炭鉱の生産力が「75%のリミット」を超えていることに言及し、フッキンゲン製錬所から新たな提案が行われることになると指摘した[28]。

3　西ドイツ政府案の提出

　マックロイの覚書を受け、アデナウアーは1951年3月14日付で連合国高等弁務官府に、連合国法令27号の施行に関する西ドイツ政府案を提出した。アデナウアーは前置きとして次の2つのことを示した。第一は、西ドイツ政府が譲歩する以上、西ドイツ政府は、連合国高等弁務官府も譲歩することが正当であるとみなすということである。第二は、西ドイツ政府案はシューマン・プランの実現を前提とするということである。その上で、アデナウアーは、鉄鋼大企業の解体・分割による個別の鉄鋼企業の新設、結合経済、DKVの解体に関

表3-5　解体・分割対象の鉄鋼大企業
（西ドイツ政府案）

1	合同製鋼（Vereinigte Stahlwerke）
2	グーテホフヌングスヒュッテ（Gutehoffnungshütte）
3	オットー・ヴォルフ（Otto Wolff）
4	クレックナー（Klöckner）
5	ヘッシュ（Hoesch）
6	マンネスマン鋼管（Mannesmannröhren）
7	クルップ（Fried. Krupp）
8	フリック（Flick）
9	ライヒスヴェルケ（Reichswerke）

出所：表3-1と同じ

第3章　西ドイツ鉄鋼業非集中化問題とシューマン・プラン　83

表3-6　新設鉄鋼企業の構成（西ドイツ政府案）

1	ドイツ特殊鋼（Deutsche Edelstahlwerke）		西ドイツ・マンネスマン鋼管
2	ゲルゼンキルヒェン製鉄・鋳鋼		（Westdeutsche Mannesmannröhren）
	（Eisenwerke und Gußstahlwerk Gelsenkirchen）	12	グローセンバウム製鋼・圧延
	ミュールハイム＝マイデリヒ		（Stahl- und Walzwerke Großenbaum）
	（Mülheim-Meiderich）		カンメリヒヴェルケ（Kammerichwerke）
3	オーバーカッセル鋳鋼	13	ラインハウゼン製錬所
	（Gußstahlwerk Oberkassel）		（Hüttenwerk Rheinhausen）
4	ルールオルト＝マイデリヒ製錬所		ヴェストファーレン線材工業
	（Hüttenwerke Ruhrort-Meiderich）		（Westfälische Drahtindustrie）
5	ニーダーライン製錬所	14	ガイスヴァイト製錬所
	（Hüttenwerk Niederrhein）		（Hüttenwerk Geisweid）
	ヴェストファーレン・ウニオン		ハーゲン製鋼（Stahlwerk Hagen）
	（Westfälische Union）	15	ヘルデ製錬所（Hüttenwerk Hörde）
6	ライン鋼管（Rheinische Röhrenwerke）		ドルトムンダー・ウニオン
7	オーバーハウゼン製錬所		（Dortmunder Union）
	（Hüttenwerk Oberhausen）	16	ボーフマー・フェアアイン
	グーテホフヌングスヒュッテ・ゲルゼンキ		（Bochumer Verein）
	ルヒェン	17	ヘンリヒスヒュッテ・ハッティンゲン
	（Gutehoffnungshütte Gelsenkirchen）		（Henrichshütte Hattingen）
8	ボーフム製鋼（Stahlwerke Bochum）	18	ヴィッテン鋳鋼（Gußstahlwerk Witten）
9	ハスペ製錬所（Hüttenwerk Haspe）	19	マクシミリアンスヒュッテ
	ゲオルクスマリエンヒュッテ		（Maximilianshütte）
	（Georgsmarienhütte）	20	ジーガーラント（Siegerland）
	オスナブリュック製鋼		シャルロッテンヒュッテ（Charlottenhütte）
	（Stahlwerk Osnabrück）		フリードリヒスヒュッテ（Friedrichshütte）
10	ヴェストファーレンヒュッテ・ドルトムント	21	リューベック高炉（Hochofenwek Lübeck）
	（Westfalenhütte Dortmund）	22	ラッセルシュタイン＝アンダーナハ
	ヘッシュ・ホーヘンリンブルク		（Rasselstein-Andernach）
	（Hoesch Hohenlimburg）	23	ルイトポルトヒュッテ（Luitpoldhütte）
11	フッキンゲン製錬所	24	アウグスト・テュッセン＝ヒュッテ
	（Hüttenwerk Huckingen）		（August Thyssen-Hütte）

出所：PAAA, B10, Bd. 1468, Schreiben Adenauers an den Vorsitzenden der Alliierten Hohen Kommis-
sion vom 14. 3. 1951 より作成

する具体案を示した[29]。

　個別の鉄鋼企業の新設については、アデナウアーは24の鉄鋼企業の新設
を提案した[30]（表3-5、表3-6、表3-7参照）。個別の鉄鋼企業の新設に関する
西ドイツ政府の譲歩には、次の3つのことが含まれていた。

　第一は、フッキンゲン製錬所と西ドイツ・マンネスマン鋼管（Westdeu-
tsche Mannesmannröhren）によって構成される個別の鉄鋼企業、ニーダーラ
イン製錬所（Hüttenwerk Niederrhein）とヴェストファーレン・ウニオン

84

表 3-7　新設鉄鋼企業を構成する鉄鋼企業（工場）の旧所属（西ドイツ政府案）

	鉄鋼企業（工場）	旧所属		鉄鋼企業（工場）	旧所属
1	ドイツ特殊鋼	合同製鋼		カンメリヒヴェルケ	マンネスマン鋼管
2	ゲルゼンキルヒェン製鉄・鋳鋼	同上	13	ラインハウゼン製錬所	クルップ
	ミュールハイム＝マイデリヒ	同上		ヴェストファーレン線材工業	同上
3	オーバーカッセル鋳鋼	同上	14	ガイスヴァイト製錬所	合同製鋼／クレックナー*
4	ルールオルト＝マイデリヒ製錬所	同上		ハーゲン製鋼	ヘッシュ
5	ニーダーライン製錬所	同上	15	ヘルデ製錬所	合同製鋼
	ヴェストファーレン・ウニオン	同上		ドルトムンダー・ウニオン	同上
6	ライン鋼管	同上	16	ボーフマー・フェアアイン	同上
7	オーバーハウゼン製錬所	グーテホフヌングスヒュッテ（GHH）	17	ヘンリヒスヒュッテ・ハッティンゲン	同上
	GHH ゲルゼンキルヒェン	同上	18	ヴィッテン鋳鋼	同上
8	ボーフム製鋼	オットー・ヴォルフ	19	マクシミリアンスヒュッテ	フリック
			20	ジーガーラント	合同製鋼
9	ハスペ製錬所	クレックナー		シャルロッテンヒュッテ	同上
	ゲオルクスマリエンヒュッテ	同上		フリードリヒスヒュッテ	同上
	オスナブリュック製鋼	同上	21	リューベック高炉	フリック
10	ヴェストファーレンヒュッテ・ドルトムント	ヘッシュ	22	ラッセルシュタイン＝アンダーナハ	オットー・ヴォルフ
	ヘッシュ・ホーヘンリンブルク	同上	23	ルイトポルトヒュッテ	ライヒスヴェルケ
11	フッキンゲン製錬所	マンネスマン鋼管	24	アウグスト・テュッセン＝ヒュッテ	合同製鋼
	西ドイツ・マンネスマン鋼管	同上			
12	グローセンバウム製鋼・圧延	同上			

注：＊合同製鋼（51.17%）、クレックナー（48.83%）
出所：PAAA, B10, Bd. 1468, Schreiben Adenauers an den Vorsitzenden der Alliierten Hohen Kommission vom 14. 3. 1951; STV（Hrsg.）, *Die Neuordnung der Eisen- und Stahlindustrie im Gebiet der Bundesrepublik Deutschland: Ein Bericht der Stahltreuhändervereinigung*, München und Berlin, 1954, pp. 419-420 より作成

（Westfälische Union）によって構成される個別の鉄鋼企業が新設されることである[31]。このことは CSG の再編成案において示されていた。それに対して、西ドイツは、4 者によって構成される個別の鉄鋼企業が新設されることを提案していた[32]。

　第二は、ボーフマー・フェアアイン、ヘンリヒスヒュッテ・ハッティンゲン（Henrichshütte Hattingen）、ヴィッテン鋳鋼（Gußstahlwerk Witten）、ボーフム製鋼（Stahlwerke Bochum）がそれぞれ個別の鉄鋼企業として新設されることである[33]。CSG の再編成案においては、ボーフマー・フェアアインとヘンリヒスヒュッテ・ハッティンゲンによって構成される個別の鉄鋼企業

が新設され、ヴィッテン鋳鋼とボーフム製鋼がそれぞれ個別の鉄鋼企業として新設されることが示されていた。それに対して、西ドイツは、ボーフマー・フェアアインが個別の鉄鋼企業として新設され、ヘンリヒスヒュッテ・ハッティンゲン、ヴィッテン鋳鋼、ボーフム製鋼によって構成される個別の鉄鋼企業が新設されることを提案していた。その後、西ドイツは、4者によって構成される個別の鉄鋼企業が新設されることを提案するようになった[34]。

第三は、ルールオルト＝マイデリヒ製錬所（Hüttenwerke Ruhrort-Meiderich）、ライン鋼管（Rheinische Röhrenwerke）がそれぞれ個別の鉄鋼企業として新設されることである[35]。このことはCSGの再編成案において示されていた。それに対して、西ドイツは、両者によって構成される個別の鉄鋼企業が新設されることを提案していた[36]。

また、アデナウアーは、CSGの再編成案において示されていた次の4つの事例が事実上、西ドイツ政府案から除外されることも提案した。第一は、ライスホルツ製鋼・鋼管（Stahl- und Röhrenwerk Reisholz）が個別の鉄鋼企業として新設されるという事例である。第二は、イルゼーデ＝パイネ製錬所（Hüttenwerk Ilsede-Peine）が個別の鉄鋼企業として新設されるという事例である。第三は、ライヒスヴェルケ（Reichswerke）が個別の鉄鋼企業として新設されるという事例である。第四は、ブデルス製鉄（Buderussche Eisenwerke）とレヒリング＝ブデルス製鋼（Stahlwerk Röchling-Buderus）によって構成される個別の鉄鋼企業が新設されるという事例である。さらに、アデナウアーは、個別の鉄鋼企業としてのアウグスト・テュッセン＝ヒュッテ（August Thyssen-Hütte）の新設が可能な限り延期されることを提案した[37]。この一連の提案が、西ドイツ政府が連合国高等弁務官府に求めた譲歩である。

結合経済については、アデナウアーは前置きとして次の2つのことを示した。第一は、鉄鋼企業・工場によって所有される炭鉱も、市場価格で鉄鋼企業・工場に石炭を供給する個別企業となるということである。第二は、鉄鋼企業・工場によって所有される炭鉱の石炭もシューマン・プランの供給割当

86

条項の影響を受けるということである。その上で、アデナウアーは、検討中であったボーフマー・フェアアイン、フッキンゲン製錬所、マクシミリアンスヒュッテの事例を除き、その他の9つの鉄鋼企業・工場に所有が認められる炭鉱を提案した。DKV の解体については、アデナウアーは、DKV が段階的に解体され、最終的に完全に解体されることを提案した[38]。

小　括

　西ドイツ鉄鋼業に対する連合国の主要な占領政策の一つは、英米法令75号を引き継いだ連合国法令27号に基づく西ドイツ鉄鋼業の非集中化であり、その柱は、鉄鋼大企業の解体・分割による個別の鉄鋼企業の新設、鉄鋼企業・工場による炭鉱の所有（結合経済）の禁止ないし制限であった。他方、フランスは、「平等参加」を謳うシューマン・プランを発表し、主権の回復を悲願とする西ドイツは原則的にシューマン・プランに同意した。しかし、フランスは、連合国法令27号を通じて西ドイツ鉄鋼業を弱体化させ、占領終了後には、シューマン・プランによって創設される共同体（最高機関）を通じて西ドイツ鉄鋼業を監視することも意図していた。このことからも、シューマン・プランが「平等参加」を謳っているにもかかわらず、とりわけ連合国法令27号に基づく連合国の西ドイツ鉄鋼業非集中化政策が進展し、西ドイツ鉄鋼業の非集中化に関する問題の解決、厳密には、西ドイツ鉄鋼業の非集中化に関する具体案の策定がシューマン・プランの実現の前提となった。

　その結果、西ドイツ鉄鋼業の非集中化をめぐる西ドイツと連合国の対立が深刻化した。鉄鋼大企業の解体・分割による個別の鉄鋼企業の新設については、西ドイツは11の鉄鋼大企業を解体・分割の対象として22の個別の鉄鋼企業を新設しようとし、連合国は12の鉄鋼大企業を解体・分割の対象として29の個別の鉄鋼企業を新設しようとした。結合経済については、西ドイツは12の鉄鋼企業・工場に炭鉱の所有を認めた上で、実質的に結合経済を維持しようとし、連合国は8つの鉄鋼企業・工場に炭鉱の所有を認めた上で、

各鉄鋼企業・工場によって所有される炭鉱の石炭生産力の合計値を各鉄鋼企業・工場の石炭必要量の55％の水準に抑制しようとした。

その後、独米交渉を通じて西ドイツ鉄鋼業の非集中化について大筋で合意が形成された。個別の鉄鋼企業の新設については、9つの鉄鋼大企業が解体・分割の対象とされ、24の個別の鉄鋼企業が新設されることになった。結合経済については、12の鉄鋼企業・工場に炭鉱の所有が認められた上で、各鉄鋼企業・工場によって所有される炭鉱の石炭生産力の合計値が各鉄鋼企業・工場の石炭必要量の75％の水準に制限されることになった。とりわけ、鉄鋼企業・工場によって所有される炭鉱にかかわる合意の形成については、西ドイツ鉄鋼業界も関与した。

こうして、西ドイツ鉄鋼業の非集中化に関する具体案が策定され、西ドイツ鉄鋼業の非集中化に関する問題が解決された。最終的には、西ドイツが、西ドイツ鉄鋼業の非集中化も含む連合国法令27号の施行に関する具体案を政府案として連合国に示した。

ただし、西ドイツが具体案を政府案として連合国に示すことになったとはいえ、西ドイツ鉄鋼業の非集中化は、連合国の占領政策である以上、占領権力によって西ドイツに強制されたものであった。とりわけ西ドイツ鉄鋼業の非集中化に関する具体案の策定がシューマン・プランの実現の前提とされたこともあり、西ドイツは西ドイツ鉄鋼業の非集中化を受け入れざるをえなかった。しかし、西ドイツ鉄鋼業の非集中化に関する問題の解決は、西ドイツと連合国の双方が譲歩した結果であった。

ここで看過されてはならないことは、西ドイツ鉄鋼業の非集中化に関する問題の解決の過程において西ドイツが安易には妥協せず、シューマン・プランの実現を先送りした上で、西ドイツ鉄鋼業の非集中化に関する譲歩を連合国から引き出すためにシューマン・プランを逆用したということである。したがって、シューマン・プランは西ドイツにとって、西ドイツ鉄鋼業の非集中化に関する問題の解決の過程においては、連合国から譲歩を引き出すための手段となるものであった。

注

1) 本書第 2 章参照。

2) 本書第 2 章第 2 節参照。

3) D. Spierenburg and R. Poidevin, *The History of the High Authority of the European Coal and Steel Community: Supranationality in Operation*, London, 1994, pp. 21-23.

4) I. Warner, *Steel and Sovereignty: The Deconcentration of the West German Steel Industry, 1949-54*, Mainz, 1996, pp. 11-42.

5) 戸原四郎「西ドイツにおける戦後改革」東京大学社会科学研究所戦後改革研究会編『戦後改革 2 国際環境』東京大学出版会、1974 年、134-135 頁、佐々木建『現代ヨーロッパ資本主義論——経済統合政策を基軸とする構造』有斐閣、1975 年、51-54 頁。

6) 戸原「西ドイツにおける戦後改革」、137-138 頁、中屋宏隆「シューマン・プラン交渉過程からみるヨーロッパ石炭鉄鋼共同体設立条約調印の意義 (1)」京都大学経済学会『経済論叢』第 179 巻第 5・6 号、2007 年 6 月、92 頁。

7) 戸原「西ドイツにおける戦後改革」、137-138 頁、佐々木『現代ヨーロッパ資本主義論』、54 頁。

8) 山本健「ヨーロッパ石炭鉄鋼共同体 (ECSC) の成立をめぐる国際政治過程 1950-51 年——仏・米・西独関係を中心に」一橋大学大学院法学研究科『一橋法学』第 1 巻第 2 号、2002 年 6 月、168-169 頁。

9) Warner, *Steel and Sovereignty*, pp. 21-22; 佐々木『現代ヨーロッパ資本主義論』、54-56 頁。

10) Warner, *Steel and Sovereignty*, pp. 20-21.

11) シューマン・プランにおける反カルテル・反企業集中条項については、本書第 4 章参照。

12) 供給不足時における最高機関による供給割当については、本書第 1 章第 3 節参照。

13) Warner, *Steel and Sovereignty*, pp. 24-25, 30-31; 山本「ヨーロッパ石炭鉄鋼共同体 (ECSC) の成立をめぐる国際政治過程 1950-51 年」、170、177 頁、中屋宏隆「シューマン・プラン交渉過程からみるヨーロッパ石炭鉄鋼共同体設立条約調印の意義 (2)」京都大学経済学会『経済論叢』第 180 巻第 3 号、2007 年 9 月、26-27 頁。

14) Institut für Zeitgeschichte (Hrsg.), *Akten zur Auswärtigen Politik der Bundesrepublik Deutschland: 1951*, München, 1999, Dok. Nr. 10; Ressortbesprechung, pp. 43-56.

15) Ibid.

16) Ibid.

17) Warner, *Steel and Sovereignty*, pp. 31-33.

18) Politisches Archiv des Auswärtigen Amts（以下 PAAA と略), Abteilung 2 (B10), Bd. 1468, Note of McCloy to Adenauer (12. 2. 1951).

第 3 章　西ドイツ鉄鋼業非集中化問題とシューマン・プラン　89

19）Ibid.
20）Ibid.
21）Warner, *Steel and Sovereignty*, pp. 25-26.
22）PAAA, B10, Bd. 1468, Note of McCloy to Adenauer（12. 2. 1951）.
23）Warner, *Steel and Sovereignty*, pp. 25-26.
24）PAAA, B10, Bd. 1468, Note of McCloy to Adenauer（12. 2. 1951）.
25）PAAA, B10, Bd. 1468, Schreiben Adenauers an McCloy vom 15. 2. 1951.
26）PAAA, B10, Bd. 1299, Aufzeichnung über den Besuch McCloys bei Adenauer am 2. 3. 1951.
27）詳細については、Bundesarchiv Koblenz, Stahltreuhändervereinigung（B109）, Bd. 129, Auszug aus einem Vermerk Sohls vom 7. 3. 1951 参照。
28）PAAA, B10, Bd. 1468, Note of McCloy to Adenauer（11. 3. 1951）.
29）PAAA, B10, Bd. 1468, Schreiben Adenauers an den Vorsitzenden der Alliierten Hohen Kommission vom 14. 3. 1951.
30）Ibid.
31）Ibid.
32）Warner, *Steel and Sovereignty*, pp. 25-26.
33）PAAA, B10, Bd. 1468, Schreiben Adenauers an den Vorsitzenden der Alliierten Hohen Kommission vom 14. 3. 1951.
34）Warner, *Steel and Sovereignty*, pp. 23, 25-26.
35）PAAA, B10, Bd. 1468, Schreiben Adenauers an den Vorsitzenden der Alliierten Hohen Kommission vom 14. 3. 1951.
36）Warner, *Steel and Sovereignty*, pp. 25-26.
37）PAAA, B10, Bd. 1468, Schreiben Adenauers an den Vorsitzenden der Alliierten Hohen Kommission vom 14. 3. 1951.
38）Ibid.

第4章

シューマン・プランのカルテル・企業集中問題と西ドイツ

はじめに

　西ドイツと連合国の双方の譲歩による連合国法令 27 号問題の解決が、ヨーロッパ石炭鉄鋼共同体設立条約（パリ条約）への調印に向けて最後の障害を除去した[1]。しかし、連合国法令 27 号問題と密接に関連する反カルテル・反企業集中条項問題も、シューマン・プランにおけるカルテル・企業集中問題を構成していた。

　最終的にパリ条約に反カルテル・反企業集中条項が組み込まれたことが、ヨーロッパ石炭鉄鋼共同体（European Coal and Steel Community: ECSC）は厳格な反カルテル体制として成立したという評価がもたらされる所以であり[2]、そのような評価は、ECSC が専ら自由主義的な制度として成立したというイメージに直結する。とりわけベルクハーン（V. R. Berghahn）は、ヨーロッパにおける一連のカルテル・企業集中問題へのアメリカの介入を重視した上で[3]、アメリカの意図は、「旧大陸経済のアメリカナイゼーション」を実現すること、換言すれば、西ドイツの「産業構造の転換」を梃子としてヨーロッパを「カルテルの伝統」と決別させることにあったと指摘するとともに、ECSC の成立によってヨーロッパの「産業構造の転換」が開始されたと強調している[4]。

　しかし、シューマン・プラン交渉においては、カルテル・企業集中規制が最大の争点となり、前出のベルクハーンといえども、ヨーロッパの「カルテルの伝統」が一部、ECSC に埋め込まれたと指摘している[5]。さらに、グリフィス（R. T. Griffiths）は、反カルテル条項が、最高機関（High Authority）によるカルテルの認可についても規定したと指摘している[6]。事実、ECSC

の成立後、フランス鉄鋼業においてカルテルが実質的に存続し、西ドイツ鉄鋼業においてさえも、最高機関の認可を得た上で、企業集中が進展したばかりではなく、1960年代の不況期には、4共同販売カルテルの形を取り、組織率が全国生産の95％以上に達するカルテルも組織された[7]。

このことは、ECSCが必ずしも専ら自由主義的な制度、換言すれば、厳格な反カルテル体制として成立したわけではなかったということを含意する[8]。したがって、ECSCが、カルテル・企業集中問題との関連で、どのようなことを特質とする制度として成立したのかが問い直されなければならない。

この問いを解くためには、ここでも問題の焦点となっていた西ドイツが、シューマン・プランにおけるカルテル・企業集中問題にどのように対応したか明らかにすることがやはり必要不可欠である。したがって、本章は、以下の3つの点を念頭に置きながら、西ドイツ鉄鋼業界の動向を軸に西ドイツが、シューマン・プランにおけるカルテル・企業集中問題にどのように対応したか明らかにすることを通じて、ECSCが、カルテル・企業集中問題との関連で、どのようなことを特質とする制度として成立したのかを明らかにすることを課題とする。

第一は、西ドイツ鉄鋼業界の立場と反カルテル条項の内容の関連である。前出のベルクハーンは、ヨーロッパの「カルテルの伝統」が一部、ECSCに埋め込まれたという点では、石炭・鉄鋼業界に成果がもたらされたことを認めているとはいえ、そのことを等閑に付している[9]。

したがって、そもそも、西ドイツ鉄鋼業界がカルテルに対してどのような立場を取っていたか、また、その立場が、シューマン・プラン交渉に臨む西ドイツ政府・代表団の立場にどのような影響を与えたか検討することが重要である。さらに、西ドイツが反カルテル条項に対してどのような態度を取り、シューマン・プラン交渉を通じて反カルテル条項の内容がどのようなものとなったか検討した上で、とりわけ西ドイツ鉄鋼業界にとって反カルテル条項がどのようなものとなったか検討することも重要である。

第二は、西ドイツ鉄鋼業界にとっての反企業集中条項の意味である。これまで、シューマン・プランにおける企業集中問題については、シューマン・

プランの実現の前提としての西ドイツ鉄鋼業の非集中化も規定することになる連合国法令 27 号が分析の中心となってきた。このことはギリンガム（J. Gillingham）の研究およびウォーナー（I. Warner）の研究において顕著である[10]。

しかし、反企業集中条項の中長期的な影響を考慮すれば、連合国法令 27 号を分析の中心とすることは、企業集中問題を矮小化する危険を孕むであろう。したがって、西ドイツが反企業集中条項に対してどのような態度を取り、シューマン・プラン交渉を通じて反企業集中条項の内容がどのようなものとなったか検討した上で、とりわけ西ドイツ鉄鋼業界にとって反企業集中条項がどのようなものとなったか検討することが重要である。

第三は、西ドイツ鉄鋼業界にとっての「同等の権利」の意味である。ビューラー（W. Bührer）は、西ドイツ鉄鋼業界が、西ドイツ鉄鋼業に対する占領体制からの脱却、換言すれば、「同等の権利」の獲得を最大の根拠として原則的にシューマン・プランに同意したと指摘している[11]。もっとも、西ドイツ鉄鋼業界にとって「同等の権利」の射程は、ECSC（最高機関）の相対的に強力な介入における差別待遇の排除にまで及んでいた[12]。

しかし、西ドイツ鉄鋼業が、連合国法令 27 号と密接に関連する反カルテル・反企業集中条項の主な標的となっていたことも否定することはできない。この場合、「同等の権利」が有用であったかは不明のままである。したがって、西ドイツ鉄鋼業界にとって「同等の権利」が、とりわけ反カルテル条項との関連では、どのような役割を持ったかということは検討に値する。

第 1 節　カルテルと西ドイツ鉄鋼業界

1　西ドイツにおけるカルテル法の立案

第二次世界大戦後、ドイツは米英仏ソ 4 ヵ国による分割占領下に置かれ、米英仏のドイツ西側占領地区においては過度経済力集中排除政策が実施されることになった。そのため、アメリカ軍政府とイギリス軍政府は「英米統合占領地区」の発足直後の 1947 年 2 月 12 日に、アメリカ軍占領地区に対する

「軍政府法56号」（ドイツ経済力過度集中禁止法）、イギリス軍占領地区に対する「軍政府条令78号」（ドイツ経済力過度集中禁止条令）を公布し[13]、フランス軍政府は同年6月9日に「軍政府条令96号」（ドイツ経済力過度集中排除条令）を公布した。ただし、軍政府の管理下に置かれていたドイツの諸産業（石炭・鉄鋼業、化学工業、銀行業、映画産業）は、過度経済力集中排除政策を実施するために公布された法令の適用除外とされ、「解体特別法」に基づいて再編成されることになった[14]。

また、英米統合占領地区においては1948年の夏以降、非カルテル化に関する一定の権限をドイツに移譲することについて慎重に協議が重ねられた。その結果、「二国管理委員会」（Bipartite Control Office）が1949年3月29日に「経済評議会」（Wirtschaftsrat）の議長および各州議会の議長に「ドイツのカルテル解体への参加に関する覚書」を手渡した[15]。

ただし、この覚書においては、大企業の解体のような集中排除に関する権限は軍政府側に留保され、ドイツ側によって準備される関連法案はカルテルおよびカルテル類似行為の規制に限定されるということが定められていた。また、準備される関連法案は、1948年3月24日に調印された「国際貿易機関憲章」（ハバナ憲章）の基本原則に依拠するものでなければならないということも定められていた。この場合の基本原則とは、制限的取引慣行が、生産および分配の拡大に対する有害な効果を持ち、また、憲章の目的の達成を妨げる場合に、制限的取引慣行の禁止および排除が認められるというものであった。そのため、二国管理委員会の覚書は、穏健なカルテル規制に関する法案を準備するよう指示するものであった。

他方、ドイツ側においては1947年7月に、パウル・ヨーステン（Paul Josten）を委員長として専門家および行政府の官僚によって構成される委員会（ヨーステン委員会）が発足し、オルド自由主義の強い影響のもと、軍政府の法令に取って代わるべき「経済秩序法」の立案作業が独自に開始されていた。1949年7月にはヨーステン委員会が経済行政庁長官ルートヴィヒ・エアハルト（Ludwig Erhard）に、カルテルの絶対的な禁止および大企業の解体についても規定する「業績競争確保に関する法律案」・「独占庁に関する

法律案」（ヨーステン法案）を提出した。しかし、ヨーステン法案は、1949年3月29日の二国管理委員会の覚書に反するものであり、経済行政庁においても支持を得られなかった。そのため、この法案は挫折した[16]。

　このことは、カルテルを絶対的に禁止し、大企業を解体するというオルド自由主義者の主張が連合国（アメリカおよびイギリス）、経済行政庁（事実上の西ドイツ経済省）によって退けられたということを意味する。したがって、オルド自由主義は、1957年7月27日における西ドイツの「競争制限禁止法」の公布につながる立案作業が開始されてすぐに挫折した[17]。

　その後、1949年9月20日には西ドイツ政府が発足して西ドイツが成立するとともに、西ドイツの占領体制が、「連合国高等弁務官府」（Allied High Commission）による間接占領に移行し、21日に「占領規約」が発効した。この規約においては、一般統治権は西ドイツ政府に付与され、非カルテル化および集中排除を含む特定の事項が連合国側に留保されるということが定められていた。そのため、西ドイツ国内のカルテル法案は承認を求めて連合国高等弁務官府に提出されることになった[18]。

　こうして、西ドイツ国内のカルテル法の立案作業は連合国の影響のもと、1949年3月29日の二国管理委員会の覚書に基づいて経済省を中心に改めて進められていった。そのような状況の中、1950年5月9日にフランス外相ロベール・シューマン（Robert Schuman）によってシューマン・プランが発表された。

2　カルテルに対する西ドイツ鉄鋼業界の立場

　西ドイツ鉄鋼業界の経営者団体であった鉄鋼業経済連合（Wirtschaftsvereinigung Eisen- und Stahlindustrie: WVESI）は1950年6月19日付の見解において、シューマン・プランを顧慮して暫定的に鉄鋼業を国内カルテル法の適用除外とするよう提案した。さらに、WVESIは、この提案の根拠として、シューマン・プランを含む「ヨーロッパ的枠組み」への適応過程の中にある西ドイツは西ヨーロッパ諸国に倣わなければならないという認識を示した上で、イギリス、フランス、ベルギーの事例を中心に、西ドイツを除く西ヨー

ロッパ諸国において鉄鋼の生産および販売の大部分が「市場規制的視点」の
もとに置かれているという状況も示した[19]。

イギリスの事例について、WVESI は、第二次世界大戦前に議会と政府の
合意の上で、広範囲に及ぶ権限が「イギリス鉄鋼連盟」(British Iron and
Steel Federation) に与えられ、その権限は戦時中、行政側の負担を軽減し、
鉄鋼に関する問題を専門的に処理するために拡大されたと指摘した。さらに、
WVESI は、労働党政権の経済政策によって販売および原料購入の統一的な
組織化も促進されたことから、イギリス鉄鋼連盟の権限は第二次世界大戦後
も実質的に廃止されていないと強調した。

また、WVESI は、イギリス鉄鋼連盟の定款の主要な視点が、「石炭鉄鋼
共同体に関するモネのある理念」を先取りしているとみなされうることか
ら[20]、それらの視点を明示することが重要であると強調し、次の6つの視
点を明示した。第一は、鉄鋼業および鉄鋼加工業の発展、第二は、価格水準
の維持、操業費用がかかる工場に対する補助金の提供、第三は、生産および
販売の調整のために操業が停止される工場の救済、第四は、これらの工場の
保護、第五は、均等な貨物運賃に対する配慮、第六は、鉄鋼消費部門の発展
である。その上で、WVESI は、これらの視点に基づいて、自主的に生産・
販売・価格を調整し、活動範囲が輸出にも及ぶ「市場団体」が製品ごとに設
置されたと指摘し、それらの団体の大部分が戦後も活動を続けていることを
把握していると強調した。

フランスの事例について、WVESI は、1920 年代に「鉄鋼協会」(Comité
des Forges) の指導のもと、ドイツの「製鋼連合」(Stahlwerks-Verband) に
対応した「フランス製鋼コントワール」(Comptoir Sidérurgique de France)
を基盤として製品ごとに「市場団体」が設置されたと指摘した。その上で、
WVESI は、これらの団体の大部分が、1949 年2月における鉄鋼の国家統制
の終了後、活動を再開したと強調した。

ベルギーの事例について、WVESI は、第二次世界大戦前に、製鋼連合に
対応した「コシベール」(Cosibel) の指導のもと同様の組織化が実施された
ものの、第二次世界大戦開戦にともなってすべての団体が解散したと指摘し

た。しかし、WVESI は、ドイツの「占領権力」によってコシベールの代わりに設立された「シベラック」(Sybelac) が戦時中、生産・販売・価格に関する措置を講じ、第二次世界大戦後も、たとえ諮問あるいは原料購入に限られているとしても活動を続けていると強調した。ただし、WVESI は、「市場団体」は、一部の例外を除き、活動を再開していないと指摘した。とはいえ、WVESI は、ベルギーにとって有利な輸出条件が変化すれば「市場協定」および「価格協定」が結ばれるということも把握していると強調した[21]。

WVESI は明らかにイギリスの事例を最も重点的に分析した。WVESI によるイギリスの事例の分析から看取されることは、WVESI にとってカルテルとは、価格を調整して価格水準を維持し、生産および販売を調整する業界の自治組織であったということである。ただし、同時に、WVESI にとって価格の調整および価格水準の維持ならびに生産および販売の調整がどのようなことを意味したかが問題となる。この点について検討を加える上では、西ドイツにおける最高価格規制の必要性に関する WVESI の説明も重要な材料となる。

WVESI は 1950 年 6 月 19 日付の見解において、西ドイツ国内の鉄鋼価格の自由化に関する問題にも言及し、鉄鋼最高価格が維持されることが必要であるという認識を示した。その際、WVESI は、最高価格規制が、一定程度の鉄鋼価格の水準を維持するための「唯一の支え」となっていると強調した。その上で、WVESI は、連合国によって西ドイツの鉄鋼生産が年間 1,110 万トンに制限されている中[22]、年間 1,200 万トンのペースで鉄鋼が生産されているにもかかわらず、受注が増えた結果、受注が生産を概して 20% 上回っていると指摘し、鉄鋼価格の自由化は鉄鋼価格の上昇につながるという見方を示した。さらに、WVESI は、鉄鋼業は、市場を「食い物」にすることではなく、西ドイツの貿易収支の「穴埋め」に寄与しうる「完成品の輸出の拡大」を顧慮して鉄鋼加工業に有利な条件をもたらすことに重きを置くと強調した[23]。

ここから看取されることは、WVESI が、西ドイツ鉄鋼加工業の価格競争力を維持するために、政府による最高価格規制も援用しながら、鉄鋼の価格

水準を可能な限り低く維持することを追求していたということである。この
ことを考慮すれば、WVESI にとって価格の調整および価格水準の維持は、
鉄鋼業の保護と鉄鋼加工業の価格競争力の維持の両立を可能にする水準に鉄
鋼価格を調整し、その水準を維持するということを意味し、また、生産およ
び販売の調整は、コストカットにもつながる生産および販売の合理化を意味
したであろう。したがって、WVESI にとってカルテルとは、鉄鋼業の合理
化および保護を目的に生産・販売・価格を調整する業界の自治組織であった。
しかし、WVESI は、カルテルに全面的に回帰することを前提としていたわ
けではなかった。この点について、WVESI は 1950 年 7 月 4 日付の見解に
おいて言及した。

　WVESI は、「カルテルあるいはカルテル要素」の「価値の有無に関する
教条主義的な見解」は共同体の創設に資さないということがはっきりされな
ければならないという認識を示した。その上で、WVESI は、「ハバナ憲章
でさえも原材料産業に関して特定の条件のもとでカルテル禁止の例外を認め
ていること」が、一次産品（原材料）に関する困難について規定するハバナ
憲章第 55 条を生み出していると指摘し、「それは、あらゆる点で国内シンジ
ケートおよび国際シンジケートに回帰しなければならないということを意味
することにはならない」と強調した[24]。

　ここから看取されることは、WVESI が、危機的状況においてこそカルテ
ルを必要とし、原則禁止・例外容認という形の穏健なカルテル規制を受容し
ていたということである。したがって、WVESI は基本的に、危機的状況に
おいて鉄鋼業の合理化および保護を目的に生産・販売・価格を調整する業界
の自治組織、いわば「危機管理型合理化カルテル」を志向し、必要とあれば
カルテルが例外的に容認されるべきであるとする立場を取っていた。

　とはいえ、WVESI は、それ以上の可能性も追求していた。その際、
WVESI は、シューマン・プランにおいて最高機関と個別企業を仲介するこ
とになっていた「地域グループ」（Regional Group）を「生産者団体」として
重視した。

　WVESI は 1950 年 7 月 4 日付の見解において地域グループの設置に言及し、

「生産の合理化の観点から一定の地域が形成され、それらが生産および販売の望ましい条件を備える」という可能性を指摘した[25]。また、WVESI は1950 年 7 月 28 日付の見解において、価格に関する地域グループの権限にも言及した。WVESI は、「価格過剰」は鉄鋼加工業に打撃を与えるため、政府が価格の高騰に対処し、また、「価格過少」は鉄鋼業に打撃を与えるため、地域グループが価格の低落に対処すべきであると強調した上で、鉄鋼価格の決定を政府と地域グループの協調に委ねることが必要であるという認識を示した[26]。

端的には、WVESI は、地域グループにカルテル機能を付与することによってカルテルを常置することも意図していた。したがって、WVESI は、原則禁止・例外容認という形の穏健なカルテル規制のもと必要に応じてカルテルを例外的に設置することを基本線としながら、地域グループの実質的なカルテル化を通じてカルテルを常置することも追求するという二段構えの立場を取っていた。

3 地域グループ問題と鉄鋼小委員会

西ドイツ首相コンラート・アデナウアー（Konrad Adenauer）は原則的にシューマン・プランに同意し、シューマン・プラン交渉のためにパリに派遣される西ドイツ代表団が編成された。ただし、シューマン・プランの発案者と目されるフランス計画庁長官ジャン・モネ（Jean Monnet）が 1950 年 5 月23 日にアデナウアーに、国益にとらわれずにヨーロッパ的に思考することができる人物を西ドイツの代表として派遣するよう要請した。その結果、西ドイツ代表団に石炭・鉄鋼業界の代表は含まれなかった[27]。

しかし、西ドイツにおいては、西ドイツ代表団に指示を与える権限を有する「内閣委員会」（Kabinettsausschuß）のもとに、法律の専門家によって構成される「法律委員会」（Rechtsausschuß）と並んで、経済の専門家によって構成される「経済技術問題委員会」（Ausschuß für wirtschaftlich-technische Fragen）が設置された。さらに、法律委員会の活動と経済技術問題委員会の活動の調整を担う「調整委員会」（Koordinierungsausschuß）も設置された。

また、経済技術問題委員会の中に複数の小委員会が設置された。それらの中でも「鉄鋼小委員会」(Unterausschuß für Stahl und Eisen) が WVESI にとって重要であった。クレックナー (Klöckner) の経営者であったギュンター・ヘンレ (Günter Henle) が議長を務め、WVESI 会長ブルーノ・フークマン (Bruno Fugmann)、合同製鋼 (Vereinigte Stahlwerke) の後継企業の一つであるアウグスト・テュッセン゠ヒュッテ (August Thyssen-Hütte) の経営者となるハンス゠ギュンター・ゾール (Hans-Günther Sohl) など多数の有力な鉄鋼企業の経営者が鉄鋼小員会に参画し、WVESI と鉄鋼小委員会は緊密に連携した。その結果、両者の立場は実質的に一体化した[28]。

鉄鋼小委員会は地域グループ問題についても協議を行い、1950 年 6 月 28 日における会議の結果、その問題に対する鉄鋼小委員会の立場が明らかにされた。鉄鋼小委員会は、実際的な活動は広範囲に及んで「経済自身」に委ねられるべきであると強調し、最高機関の機能はむしろ調整および監督に限定され、実際的な活動は広範囲に及んで地域グループに委ねられるという認識を示した。その上で、鉄鋼小委員会は、地域グループは、政府の介入が必要最小限に抑えられた一種の業界の自治組織として設置されるべきであると強調した[29]。

翌日の 29 日には内閣委員会が、西ドイツ代表団が顧慮すべき 8 つの視点を提示した。それらの中には、地域グループに関するものも含まれていた。内閣委員会は、地域グループは組織的に自立しているべきであると強調した上で、「経済の自治」に基づいて地域グループを情報の収集においても措置の実施においても実際的な活動の担い手とすることが追求されるべきであると強調した[30]。

この視点は、地域グループに対する鉄鋼小委員会の立場と符合している。このことから判断すれば、鉄鋼小委員会の立場が内閣委員会の立場に反映されたということは明らかであろう。さらに、多数の有力な鉄鋼企業の経営者が鉄鋼小委員会に参画し、WVESI と鉄鋼小委員会が緊密に連携して両者の立場が実質的に一体化したことを想起すれば、内閣委員会に対する WVESI の影響力が鉄鋼小委員会を通じて強化され、WVESI の立場が内閣委員会の

第4章　シューマン・プランのカルテル・企業集中問題と西ドイツ　101

立場に反映されたということも明らかであろう[31]。したがって、WVESIは、カルテルを擁護するという点でも内閣委員会に影響を与え、内閣委員会は可能な限りカルテルを擁護しようとしていた。

第2節　カルテル・企業集中問題の浮上

1　連合国法令27号と反カルテル・反企業集中条項

　1950年5月16日には連合国法令27号が公布され、その法令に基づく措置は次の3つに収斂していった。第一は、鉄鋼大企業の解体・分割による個別の鉄鋼企業の新設、第二は、結合経済（Verbundwirtschaft）の禁止ないし制限、すなわち、鉄鋼企業・工場による炭鉱の所有の禁止ないし制限、第三は、西ドイツ石炭・鉄鋼業の中心地であるルールの石炭の販売を一手に担っていた「ドイツ石炭販売」（Deutscher Kohlenverkauf: DKV）の解体である[32]。

　それと並行して、シューマン・プラン交渉においては反カルテル・反企業集中の方向が打ち出された。フランス代表団首席代表モネは1950年10月4日に、地域グループがカルテル的性格のものに改変されたことを理由に、地域グループに関する計画を放棄することを提案した[33]。さらに、モネは、企業に競争を妨げること、あるいは、市場支配的な地位を確保することを可能にする「協定あるいは慣行」を禁止する規定、すなわち、反カルテル・反企業集中条項を共同体条約（シューマン・プラン条約）に組み込むことを主張した[34]。そのため、地域グループが事実上、姿を消すとともに、反カルテル・反企業集中条項問題が連合国法令27号問題と密接に関連して浮上することになった。

2　カルテル・企業集中の禁止に関するフランスの提案

　フランス代表団は1950年10月27日にカルテルおよび企業集中の禁止について、より具体的な提案を行った。カルテルについては、最高機関の管轄下にある企業が他の企業と共同行動を取ること、あるいは、そのような企業が、次の3つのことを目的とするか、または、直接的もしくは間接的な結果

としてともなう「何らかの協定を結ぶ」ことを禁止するということが提案された。第一は、「何らかの方法で自由競争を妨げ、制限し、または、変化させること、また、とりわけ価格を決定すること」、第二は、「何らかの方法で生産を制限し、または、統制すること」、第三は、「市場、生産物、顧客あるいは原料調達源を分割すること」である。さらに、企業が規定に違反した場合、最高機関は行動の停止を命じるか、または、「協定」の無効を確定しなければならないということも提案された[35]。すなわち、カルテルを厳格に禁止することが提案された。

企業集中については、最高機関の管轄下にある企業が「最高機関の事前の同意」を得ずに次の3つのことを行うことを禁止するということが提案された。第一は、他の企業と合同すること、第二は、とりわけ石炭・鉄鋼に関連する企業の株式を取得すること、第三は、他の企業の資産の一部を支配することである。また、最高機関の管轄下にある企業の資産の少なくとも10%を所有するか、または、直接的もしくは間接的に支配する個人が「最高機関の事前の同意」を得ずに、最高機関の管轄下にある他の企業に対して直接的あるいは間接的な利害関係を持つことを禁止するということも提案された。

その上で、最高機関は、これらの行為が生産条件の改善あるいは他の経済的な利益を目的とする場合にのみ、それらに認可を与えるということが提案された。ただし、次の2つのことを結果としてともなうものは認可されないということも提案された。第一は、正常な競争を歪曲することであり、第二は、個人、企業あるいは民間のグループに、石炭共同市場および鉄鋼共同市場の20%以上を支配することを許すことである[36]。

しかし、その他の代表団はほぼ一致して、フランス代表団の提案は「行き過ぎ」であるとみなした。少なくとも最高機関は「免除」を認めることができるということについて合意が形成された後も、ベルギー代表団は、企業には、競争が「完全な無秩序」に変質しないよう企業間で「協定を結ぶ権利」があり、そのような「協定」は、シューマン・プランの「本質的要素」に反する場合にのみ禁止されるべきであると主張した。この主張にルクセンブルク代表団も同調した。さらに、西ドイツ代表団がベルギー代表団を支持した[37]。

そのため、シューマン・プラン交渉において、ベルギー、ルクセンブルク、西ドイツが、とりわけカルテルを禁止する規定をめぐって、カルテルの厳格な禁止を主張するフランスに抵抗するという構図が生まれた。この構図を背景に反カルテル・反企業集中条項はフランス代表団によって改めて提案されることになった。

3 連合国法令 27 号問題の解決

連合国法令 27 号問題においては、とりわけ西ドイツ鉄鋼業の非集中化をめぐって連合国と西ドイツが対立していた。そのような状況の中、1950 年 12 月 19 日にはフランスとアメリカが、連合国法令 27 号は、シューマン・プランの目的を達成するための前提であり、また、シューマン・プランによって創設される共同体（最高機関）は連合国法令 27 号の目的を守るということについて合意した。さらに、アメリカが連合国法令 27 号について西ドイツと交渉することになり、独米交渉が開始された。一連の交渉において西ドイツとアメリカの双方が譲歩した結果、合意が大筋で形成され、アデナウアーは 1951 年 3 月 14 日付で連合国高等弁務官府に、連合国法令 27 号の施行に関する西ドイツ政府案を提出した[38]。

鉄鋼大企業の解体・分割による個別の鉄鋼企業の新設については、アデナウアーは、9 つの大企業から 24 の個別企業を新設することを提案した。結合経済については、アデナウアーは、12 の鉄鋼企業・工場によって炭鉱が所有され、各鉄鋼企業・工場によって所有される炭鉱の石炭生産力の合計値が各鉄鋼企業・工場の石炭必要量の 75％の水準に制限されるという合意のもと、検討中の 3 つの鉄鋼企業・工場の事例を除き、その他の 9 つの鉄鋼企業・工場に所有が認められる炭鉱を提案した。DKV については、アデナウアーは、DKV が段階的に解体され、最終的に完全に解体されることを提案した[39]。

しかし、この場合、より重要なことは、アデナウアーが、西ドイツ政府案を示す前置きとして、連合国法令 27 号に基づく鉄鋼大企業の解体・分割措置がシューマン・プランの枠組みにおいて是正される可能性を示したという

ことである。アデナウアーは、西ドイツ政府は、「生存可能な経済単位」を
生み出すことが連合国法令27号の原則の一つとなっていることを前提とし
たと指摘した。その上で、アデナウアーは、西ドイツ政府は、新設される個
別の鉄鋼企業が一つでも競争に耐えられないことが判明した場合、連合国法
令27号に基づいて講じられた措置は、シューマン・プランによって規定さ
れた最高機関の同意に基づく是正を排除しないということを前提とすると強
調した[40]。

すなわち、シューマン・プランの反企業集中条項は西ドイツにとって、連
合国法令27号に基づく鉄鋼大企業の解体・分割措置を是正する可能性を持
つものであった。それだけになおさらのこと、シューマン・プランの反カル
テル・反企業集中条項をめぐる交渉の妥結について検討する必要がある。

第3節　反カルテル・反企業集中条項をめぐる交渉の妥結

1　フランスの再提案

1950年12月に入ってフランス代表団は反カルテル条項について再び提案
を行った[41]。提案された反カルテル条項は第1項において、「共同市場にお
いて競争が正常に機能することを直接的もしくは間接的に妨げ、制限し、ま
たは、変質させることを目的とする企業間のあらゆる協定、生産者団体のあ
らゆる決定、あらゆる共謀行為」、とりわけ次の3つのことを目的とするも
のが禁止されると規定した。第一は、「価格を固定し、または、価格に影響
を及ぼすこと」である。第二は、「生産、技術開発あるいは投資を制限し、
または、統制すること」である。第三は、「市場、生産物、顧客あるいは調
達源を分割すること」である[42]。

しかし、提案された反カルテル条項は第2項において、最高機関は、特定
の条件が満たされたと判断した場合、一定の生産物について「専門化の協定
または共同購入もしくは共同販売の協定」を認可することができると規定し
た。この場合、特定の条件とは次の3つである。第一は、「専門化または共
同購入もしくは共同販売が当該生産物の生産あるいは分配の重要な改善に寄

与するということ」である。第二は、「当該協定が、上記の効果を得るために不可欠であり、目的のために必要とされる以上に制限的なものではないということ」である。第三は、「それが関係企業に、共同市場内の当該生産物の相当な部分の価格を決定する力を与えることもできず、生産もしくは販路を統制し、または、制限する力を与えることもできないということ」である[43]。

　端的には、反カルテル条項の12月案は、第1項において、カルテルが禁止されることを規定しながらも、第2項において、特定の条件が満たされたと最高機関が判断すれば、カルテルが容認されうることを新たに規定した。したがって、ベルギー、ルクセンブルク、西ドイツが、カルテルの厳格な禁止を主張するフランスに抵抗した結果、反カルテル条項は、カルテルを厳格に禁止するものから、原則禁止・例外容認という形の穏健な規制のもと、必要とあればカルテルを例外的に容認するものに明確に転換した。

　もっとも、この場合、フランスがなぜ、反カルテル条項に関する立場を明確に転換させたのかが問題となる。さらに、カルテル・企業集中問題にかかわっていたアメリカがどのような立場を取ったかも問題となる。そのため、これらの点について若干の検討を加えておく。

　アメリカは、西ドイツ国内のカルテル法案との関連では、1949年3月29日の二国管理委員会の覚書によって、穏健なカルテル規制に関する法案を準備するよう指示した。このことから、アメリカは、反カルテル条項との関連で、原則禁止・例外容認という形の穏健なカルテル規制に同意したと推察される[44]。

　他方、モネは、フランス鉄鋼業におけるカルテルが、相対的に高いフランスの鉄鋼価格をもたらす要素の一つとなり、相対的に高いフランスの鉄鋼価格がフランス鉄鋼加工業の競争力の欠如の最大の原因となっていたことから、反カルテル政策を追求していた。ただし、フランスは、モネ自身が長官を務めていた計画庁のもとで「まず近代化、次いで自由化」を公式路線として、国有化されなかったフランス鉄鋼業の強化を中心に、官民協調型の近代化・設備計画（モネ・プラン）による近代化政策を実施していた。そのようなモ

ネ・プランによる近代化の安定的な継続のために組織化が必要とされていた可能性があることから、モネには、鉄鋼価格が高く維持されるというような弊害をともなわない限り、フランス鉄鋼業におけるカルテルを容認する余地があったと推察される。このことも、反カルテル条項に関するフランスの立場の明確な転換の下地となったであろう[45]。

しかし、ここで、そもそもフランスがなぜ、カルテルの厳格な禁止を主張したのかが問題となる。このフランスの立場には、西ドイツ鉄鋼業におけるカルテルが、鉄鋼価格を低く維持し、西ドイツ鉄鋼加工業の競争力を支えることを役割の一つとしていたこともかかわっていたであろう。すなわち、モネは、とりわけ西ドイツ鉄鋼業におけるカルテルの再現を阻止することを意図してカルテルの厳格な禁止を主張した[46]。

ところが、ベルギーが、カルテルを厳格に禁止する規定の波及的影響を懸念してフランスに非常に強く抵抗し、ルクセンブルクもベルギーに同調した。そのため、西ドイツはベルギー、ルクセンブルクとともにフランスに抵抗することができた。このことを考慮すれば、フランスは、そもそも、特定の条件のもとでカルテルを容認する素地も持っていたことから、ベルギー、ルクセンブルク、西ドイツからの抵抗に逢着した結果、反カルテル条項に関する立場を明確に転換させたと推察される。

また、フランス代表団は反企業集中条項についても再び提案を行った[47]。提案された反企業集中条項は第1項において、「あらゆる集中は、同一の生産物に関するものであろうと、諸種の生産物に関するものであろうと、個人あるいは企業の行為であろうと、個人の集団あるいは企業の集団の行為であろうと、合併、株式もしくは資産の取得、貸付、契約、または、支配の他のあらゆる手段によって行われようと」、原則的に「最高機関の事前の認可を受ける」と規定した[48]。

その上で、提案された反企業集中条項は第2項において、最高機関は、特定の条件が満たされたと判断した場合のみ、前項に明記される認可を与えると規定した。この場合、特定の条件とは次の2つである。第一は、「計画された集中が当該生産物の市場の大部分にわたって関係企業に、価格を決定し、

生産あるいは分配を統制し、もしくは、制限し、有効な競争の維持を妨げ、または、本条約の適用の結果として生じる競争規則を免れる力を与えないということ」である。第二は、「それが、当該生産物の生産あるいは分配の技術的な条件を改善することに寄与するということ」である[49]。

2 西ドイツの対応

1950年12月7日には、ヘンレが議長を代行し、フークマンも出席した調整委員会の会議が開かれた。この会議の冒頭、西ドイツ代表団首席代表ヴァルター・ハルシュタイン（Walter Hallstein）が、出席者に配布された「1950年12月5日における交渉の状況に関するメモ」に基づいてシューマン・プラン交渉の状況について報告し、争点となっていたカルテル・企業集中問題にも言及した。

ハルシュタインは、反カルテル・反企業集中条項がカルテル・企業集中問題の中心にあり、反カルテル条項はカルテルの「定義および禁止」について規定すると指摘した。しかし、ハルシュタインは、「専門化ならびに購入および販売」に関する限り、最高機関は、特定の条件が満たされたと判断すれば、「例外」を認可することができると言明した。ただし、ハルシュタインは、カルテルが共同市場の主要な部分を占めないということが、満たされたかどうか最高機関によって判断されるカルテルの認可の条件の一つとなったことから、DKV が認可されるかどうかが問題となったということにも言及した。

続けて、ハルシュタインは、反企業集中条項に基づいて、共同市場の3%以上を占めることになるどのような「結合」も最高機関の事前の認可を受けることになると指摘した。その上で、ハルシュタインは、西ドイツ代表団がシューマン・プラン交渉において、反企業集中条項は、連合国法令27号に基づいて鉄鋼大企業の解体・分割措置を受けた後の西ドイツに対する「差別効果」を持つことになると指摘したことに言及した。ただし、ハルシュタインは、そのような西ドイツ代表団の指摘に対しては、反企業集中条項はすべての共同体諸国に同様に適用され、シューマン・プランが実現した時点です

でに存在する「結合」にも適用されると強調されたことにも言及し、既存の
ものも最高機関による審査の対象となるという見方を示した。

　ハルシュタインの報告後、「ドイツ石炭鉱業管理部」(Deutsche Kohlen-
Bergbau-Leitung: DKBL) の統括責任者であったハインリヒ・コスト (Hein-
rich Kost) がカルテル問題を議題とした[50]。コストは、DKV の解体の結果
は「カオス」であり、「そうである以上、シューマン・プランを断念せざる
をえない必然性が生じる」と強調した上で、DKV の維持を要求した。

　また、「ドイツ機械工業会」(Verein Deutscher Maschinenbau-Anstalten) を
代表していたカール・ランゲ (Karl Lange) が、「力の集中」が、国有化さ
れたフランス石炭業に存在し、「国家指導カルテル」が認められていると指
摘した。それを受け、「鉱業労働組合」(Industriegewerkschaft Bergbau) を
代表していたフランツ・グローセ (Franz Grosse) が、石炭業の国有化はな
おも認められているかどうか質問した。それに対して、ハルシュタインは
「そうだ」と答えた上で、国有化という形の「力の集中」は認められ、他の
形の「力の集中」は認められていないという「内在的矛盾」があると指摘し
た。

　カルテル問題に続き、企業集中問題が議題となった。「復興信用銀行」
(Kreditanstalt für Wiederaufbau) の総裁であったヘルマン・ヨーゼフ・アプ
ス (Hermann Josef Abs) が、1950 年 6 月 14 日にパリで開かれた「国際商業
会議所」の会議において、どのような「結合」もフランス側によって拒否さ
れたということを報告した[51]。

　それを受け、ハルシュタインは再度、反企業集中条項は既存の「結合」に
も適用されると強調した。さらに、ハルシュタインは、「一定程度の規模の
結合の存続」が、西ドイツの事例に関する「類推」の根拠となることから、
反企業集中条項には利点もあるという認識を示した。それに対して、ヘンレ
が、他の根拠が持ち出され、西ドイツの事例が認可されないこともありうる
という認識を示し、現状を変更することは非常に難しく、意図された変更を
禁止することは非常に容易であると強調した[52]。

　翌日の 8 日には、ヘンレが議長を務め、フークマン、ゾールをはじめとす

る多数の有力な鉄鋼企業の経営者も出席した全専門家委員会の合同会議が開かれた。この会議の冒頭でもハルシュタインがシューマン・プラン交渉の状況について報告し、カルテル・企業集中問題に言及した。

前日と同様のハルシュタインの報告後、コストが再度、カルテル問題を議題とした。その際、コストは、石炭価格の安定のためにも、石炭業における雇用の安定のためにも「ルールにおける共同販売」は必要であると強調した。さらに、グローセが、労働組合側も雇用の安定のために、石炭販売に関する「現状維持」を支持しているということを報告した。それに対して、ハルシュタインは、「すべてか、無か」、すなわち、「現状維持か、カオスか」という二者択一に反対すると応じた。その上で、ハルシュタインは、カルテルが共同市場の主要な部分を占めないというカルテルの認可の条件の一つにも言及し、「販売の分割」を強く示唆した。

また、石炭問題担当首席専門家として西ドイツ代表団に加わっていたハンス＝ヴェルナー・フォン・デヴァル（Hans-Werner von Dewall）が、石炭販売に関する経済省の権限について規定する「石炭産業法」がなおも可能であるかどうか疑問を呈し、そのような立法はシューマン・プランの趣旨に根本的に反するという認識を示した。それに対して、ハルシュタインは、産業立法の規定は、国有産業に対する国家の措置に類似し、また、最高機関の影響下になければならないと強調した上で、シューマン・プランと相容れない「石炭産業法」はないという認識を示した[53]。

これらの一連の専門家委員会の会議における議論については、次の3つのことが重要である。第一は、反カルテル条項の12月案に対して鉄鋼業界の代表が異議を申し立てなかったということである。このことは、鉄鋼業界の代表が反カルテル条項の12月案を受容したということを意味する。

鉄鋼業界は基本的に、必要とあればカルテルが例外的に容認されるべきであるとする立場を取っていた。また、反カルテル条項の12月案は、カルテルが禁止されることを規定しながらも、特定の条件が満たされたと最高機関が判断すれば、カルテルが容認されうることを新たに規定した。すなわち、カルテルに対する鉄鋼業界の基本的な立場と反カルテル条項の12月案は二

律背反の関係にはなかった。したがって、地域グループが事実上、姿を消し、反カルテル条項が共同体条約に盛り込まれることになっていた状況において、鉄鋼業界の代表は事実上、カルテルが例外的に容認されうることを規定し、鉄鋼業界の基本的な立場とも符合する反カルテル条項の 12 月案を受容した。

　第二は、カルテルが共同市場の主要な部分を占めないということが、満たされたかどうか最高機関によって判断されるカルテルの認可の条件の一つとなったことを受け、西ドイツにおけるカルテルの設置について、統一的なカルテルを分割するという方向、および、国家の関与を強化するという方向が示されたということである。前者の方向は、上記の条件を顧慮して、単体では共同市場の主要な部分を占めないような複数の個別的なカルテルを同時に設置することに対する認可を最高機関に申請し、最高機関の認可を得た上で複数の個別的なカルテルを並置するということを意味する。後者の方向は、国有産業におけるカルテルが実質的に無条件で容認されることを顧慮して、産業立法によって最高機関の監督のもと国家管理型の統一的なカルテルを設置するということを意味する。

　第三は、鉄鋼業界の代表が、連合国法令 27 号によって鉄鋼大企業の解体・分割措置を受けた後の西ドイツ鉄鋼業における企業集中が反企業集中条項によって認可されない可能性について注意を喚起したということである。すなわち、鉄鋼業界の代表は、企業集中の認可に関する最高機関の自由裁量によって、西ドイツ鉄鋼業における将来の企業集中が阻止されうるということを懸念していた。

　一連の専門家委員会の会議後、カルテル・企業集中問題に対する内閣委員会の立場が、代表団に対する指示（1951 年 1 月 13 日付の草稿）において明らかにされた。内閣委員会は前置きとして、反カルテル・反企業集中条項は、西ドイツに対するどのような「差別待遇」も排除されているよう、「将来のカルテルおよび結合」と同様に、「現に存在するカルテルおよび結合」にも適用されるようなものにされなければならないと強調した。

　その上で、内閣委員会は代表団に対して、輸出カルテルを適用除外とし、「専門化ならびに共同購入および共同販売」に関する「許可留保」をともな

うカルテルの「原則的な」禁止について規定する反カルテル条項に同意することを認めた。さらに、石炭販売については、「最高機関の監督下にある国家の販売制度による段階的な代替」に同意することもできるということが付け加えられた。また、内閣委員会は代表団に対して、「将来の結合」にも「現に存在する結合」にも最高機関が介入することを可能にする反企業集中条項に同意することを認めた[54]。

ここには明らかに、鉄鋼小委員会の場合と同様[55]、1950年12月7・8日に開かれた一連の専門家委員会の会議における議論が反映されていた。すなわち、内閣委員会の立場については、次の3つのことが重要である。第一は、内閣委員会が原則的に反カルテル条項の12月案に同意したということである。第二は、内閣委員会に、石炭販売への国家の関与を強化する用意があったということである。第三は、内閣委員会が、西ドイツにおける将来の企業集中にのみ反企業集中条項が実質的に適用されることによって、西ドイツに対する差別待遇がもたらされる可能性を排除するために、その他の共同体諸国における既存の大企業にも反企業集中条項が適用されることを明確にする必要があると認識していたということである。

このことからも、西ドイツ代表団は引き続きシューマン・プラン交渉において反企業集中条項に同意しなかった。また、反カルテル条項に対するベルギー代表団の態度は軟化していなかった[56]。その結果、フランス代表団は1951年2月9日から12日の交渉において反カルテル条項の12月案の修正について提案を行い、13・14日の交渉において反企業集中条項の12月案の修正について提案を行った。

3　フランスの修正提案

反カルテル条項の12月案の修正に関する提案については、第2項の冒頭部分の修正に関する提案が重要である。第2項の冒頭部分については、「<u>しかしながら、</u>〔下線は史料ママ、以下同〕」最高機関は、特定の条件が満たされたと判断した場合、一定の生産物について「専門化の協定または共同購入もしくは共同販売の協定、<u>厳密に類似した協定</u>」を「<u>認可する</u>」と修正され

ることが提案された[57]。すなわち、第2項の冒頭部分において、逆接の接続詞を挿入した上で、能力・可能性の助動詞を削除することが提案された。このことは、反カルテル条項を、最高機関は、特定の条件が満たされたと判断すれば、カルテルを認可する義務を負うと規定するものに修正することが提案されたということを意味する[58]。

また、3つの特定の条件のうち、第一の条件および第三の条件が修正されることも提案された。第一の条件については、「専門化または共同購入もしくは共同販売が当該生産物の生産あるいは分配の顕著な改善に寄与するということ」と修正されることが提案された[59]。第三の条件については、次の2つの修正案が示された。第一は、「それが関係企業に、当該生産物の相当な部分の価格を決定する力を与えることもできず、生産もしくは販路を統制し、または、制限する力を与えることもできず、一般に、共同市場内の有効な競争を妨げる力を与えることもできないということ」と修正されるというものである。第二は、「それが、共同市場内の当該生産物の相当な部分の価格を決定する力、生産もしくは販路を統制し、または、制限する力を関係企業に与えることによって関係企業を共同市場内の他の企業の有効な競争から免れさせることができない」ということと修正されるというものである[60]。最終的には、これら2つの修正案は折衷されることになる。

その後、第2項の冒頭部分の修正に関する提案は、1951年2月17日にフランス代表団によって提案された反カルテル条項の「改訂テキスト」にも組み込まれ、第2項の冒頭部分は、「しかしながら、」最高機関は、特定の条件が満たされたと判断した場合、一定の生産物について「専門化の協定または共同購入もしくは共同販売の協定」を「認可する」と表現された[61]。そのような表現はパリ条約の反カルテル条項（第65条）において確定された[62]。

他方、反企業集中条項の12月案の修正に関する提案については、第2項の修正に関する提案が重要である。第2項の冒頭部分については、最高機関は、特定の条件が満たされたと判断した「場合」、前項に明記される認可を「与える」と修正されることが提案された。

さらに、満たされたかどうか最高機関によって判断される企業集中の認可

の2つの条件が修正されることが提案された。第一のものについては、「計画された集中が、その管轄に属する当該生産物の一つ、あるいは、複数の市場の大部分にわたって関係企業に、価格を決定し、生産あるいは分配を統制し、もしくは、制限し、有効な競争の維持を妨げ、または、本条約の適用の結果として生じる競争規則を免れる力を与えないということ」と修正されることが提案された。第二のものについては、「それが、関係企業の競争力を改善することに寄与するということ」と修正されることが提案された。その上で、「最高機関は、この判断にあたり、第4条（b）に明記される無差別原則に従って、共同体の諸地域に存在する状況を考慮に入れる」ということが付け加えられることも提案された[63]。

　すなわち、反企業集中条項を、最高機関は競争力改善の観点からも共同体域内の既存の企業規模を基準に企業集中を認可すると規定するものに修正することが提案された。とりわけ共同体域内の既存の企業規模を基準に企業集中が容認されるという方向で反企業集中条項が修正されたことは、すべての共同体諸国における既存の大企業に対する反企業集中条項の適用の明確化、あるいは、最高機関の自由裁量の余地の縮小に通じ、西ドイツに対する差別待遇がもたらされる可能性、換言すれば、西ドイツ鉄鋼業における将来の企業集中が阻止される可能性を排除する効果を持ちうるものであった。その後、反企業集中条項には、さらなる修正が加えられたものの、競争力改善の観点からも共同体域内の既存の企業規模を基準に企業集中が容認されるという方向性自体はパリ条約の反企業集中条項（第66条）において確定された[64]。

4　両条項に関する西ドイツ鉄鋼業界の見解

　WVESI は、1951年12月11日付で連邦首相官房次官オットー・レンツ（Otto Lenz）に書簡を送付し、企業集中問題にも言及した。WVESI は、連合国法令27号をめぐる独米交渉の妥結の際、連合国側の機関が連合国法令27号に基づいて西ドイツ石炭・鉄鋼業の再編成を実施するものの、共同体の活動の開始にともなって最高機関が反企業集中条項に基づいて、それらの措置を一定程度、是正する可能性を持つことになるということが前提とされ

たと指摘した。さらに、WVESI は、反企業集中条項に基づいて共同体域内の「基準が有効になる」という見方を示した上で、シューマン・プラン交渉の期間中のフランス鉄鋼業における「周知の集中措置」を指摘すると強調した[65]。

ここから看取されることは、WVESI が、反企業集中条項に基づいて相対的に大規模なフランスの鉄鋼企業の規模が、最高機関による企業集中の認可の基準となり、連合国法令 27 号に基づく鉄鋼大企業の解体・分割措置が是正されると認識していたということである。このことは、WVESI が、フランス鉄鋼業と対等な競争力を維持するという観点から反企業集中条項を通じてフランスの鉄鋼大企業の規模を基準に、西ドイツ鉄鋼業における企業集中を推進することを意図していたということを意味する。

他方、WVESI は 1951 年 9 月 17 日付の見解において、最高機関は、カルテル問題に着手した場合、西ドイツにおいては、DKV を除き、「市場団体」が完全に解体され、その他の共同体諸国、とりわけフランスにおいては、非常に広範囲に及ぶ「市場組織」が存続しているという状況を把握することになると指摘した。その上で、WVESI は、「市場秩序問題の公正かつ実際的な取り扱い」が、「同等の権利」に対する西ドイツの要求を満たすことに寄与するという認識を示した[66]。

また、WVESI は、1951 年 12 月 11 日付でレンツに送付した書簡においてカルテル問題にも言及した。WVESI は、非カルテル化に関する連合国の権限（占領権限）は、反カルテル条項に明記される最高機関の権限と相容れないと強調した。その上で、WVESI は、連合国が、非カルテル化に関する権限を留保し、西ドイツ以外の共同体諸国が、そのような制約のもとにないことは「差別待遇」を意味するという認識を示した[67]。

さらに、WVESI は、1952 年 1 月 2 日付でハルシュタインに送付した書簡の写しを同日付でレンツにも送付し、1951 年 12 月 11 日付の書簡を補足した。WVESI は、1951 年 4 月 18 日付のシューマンの書簡において、遅くとも共同市場の開設にともなって、非カルテル化および石炭・鉄鋼業の再編成に関する連合国の権限が最高機関に委譲されることが示されたと指摘した。また、

WVESI は、この可能性は、特に入念に起草された反カルテル・反企業集中条項を共同体条約に組み込むことによってあらかじめ生み出されていたと指摘した。その上で、WVESI は、カルテルの存否に関する状況が共同体諸国間で異なっていることが、すべての共同体諸国に「同等の権利」をもたらすよう促し、それは、連合国の権限の実質的な消滅、換言すれば、最高機関への連合国の権限の移譲によって可能になるという認識を示した[68]。

　ここから看取されることは、主として連合国の権限が最高機関に委譲されることによってもたらされることになる共同体諸国間の「同等の権利」がWVESI にとって、カルテル問題の公正かつ実際的な取り扱いを通じて、フランスにカルテルが存在し、西ドイツにカルテルが存在しないという状況の是正を保証するものであったということである。このことは、WVESI にとって「同等の権利」が、反カルテル条項との関連では、フランス鉄鋼業におけるカルテルの存続を前提に反カルテル条項の公正かつ実際的な運用を通じて、西ドイツ鉄鋼業におけるカルテルの再現を保証するものであったということを意味する。

第4節　西ドイツ石炭・鉄鋼業のカルテルに対する認可の事例

　1950 年 12 月 7・8 日の西ドイツ国内の専門家委員会の会議における議論の重要な点のうちの一つは、カルテルが共同市場の主要な部分を占めないことがカルテルの認可の条件の一つとなったことを受け、西ドイツ石炭・鉄鋼業におけるカルテルの設置について、統一的なカルテルを分割するという方向、および、国家の関与を強化するという方向が示されたことである。前者の方向は、最高機関の認可を得た上で複数の個別的なカルテルを並置することを意味し、後者の方向は、産業立法によって最高機関の監督のもと国家管理型の統一的なカルテルを設置することを意味した[69]。西ドイツにおいては前者の方法によって鉄鋼業のカルテルが組織され、後者の方法によって石炭業のカルテルが組織されることになる。

　1960 年代に入り、石炭業が絶対的な需要減退に直面する中、最高機関は、

石炭業に対する国家的援助は、とりわけ合理化および社会保障に関する負担を補助するものである限り、パリ条約に違反しないという旨の決定を下し、その決定が1966年3月1日に発効した。さらに、西ドイツ政府は1968年4月に、国家が石炭業の統合の基礎を保障する「石炭鉱業および産炭地域の適応および健全化のための法律」を成立させた。この法律に基づいて、統合会社（持株会社）の設立に関する協定が政府および労使双方の代表によって締結され、1969年1月1日に、全国生産の約80％を占める22社によって「ルール炭鉱株式会社」が設立された。こうして、西ドイツ石炭業の重要な部分は、国家の関与の強化を通じて事実上、統合された[70]。

他方、西ドイツ鉄鋼業においては、企業集中が進展した（表4-1参照）。さらに、1960年代に不況期を迎え、西ドイツ鉄鋼業界は、特定の圧延製品について価格を維持し、生産および販売を合理化するために、1966年6月28・29日に、「西部」（West）、「ヴェストファーレン」（Westfalen）、「北部」（Nord）、「南部」（Süd）という4つの共同販売カルテルを並置することに対する認可を最高機関に申請し、11月末にかけて申請を訂正して関係資料を追加的に提出した（表4-2参照）。それに対して、最高機関は予備審査に基づいて1966年12月15日に、一定の条件を前提に、これらの共同販売カルテルに認可が与えられるという結論に達した[71]。

その後、最高機関は、「顧客による注文の簡略化」、「より低い貨物輸送費」、「より有効な生産力の利用」、「生産プログラムの合理化」、「圧延プログラムの調整」に着目して、カルテルが生産あるいは分配の改善に寄与するというパリ条約第65条第2項（a）の条件は満たされたと判断し、また、カルテルが必要以上に制限的なものではないというパリ条約第65条第2項（b）の条件も満たされたと判断した。さらに、最高機関は、各共同販売カルテルが独立しているとみなされ、また、それぞれの共同販売カルテルが共同市場において占める生産量の割合も「それらの市場における地位を違法にするだけのものではなかった」として、カルテルが共同市場の主要な部分を占めないというパリ条約第65条第2項（c）の条件は満たされたと判断した[72]。

そのため、最高機関はパリ条約第65条第2項に基づいて1967年4月21

第4章　シューマン・プランのカルテル・企業集中問題と西ドイツ　117

表4-1　西ドイツの主要鉄鋼企業の粗鋼生産量（1969年）

(単位：1,000トン)

アウグスト・テュッセン＝ヒュッテ（August Thyssen-Hütte）	12,233
ヘッシュ（Hoesch）	6,662
クルップ（Fried. Krupp）	4,399
マンネスマン（Mannesmann）	3,740
クレックナー（Klöckner）	3,376
ザルツギッター（Salzgitter）	2,310
レヒリング（Röchling）	1,800
ディリンガー製錬所（Dillinger Hüttenwerke）	1,643
イルゼーダー製錬所（Hüttenwerke Ilseder）	1,636
ラインシュタール製錬所（Rheinstahl Hüttenwerk）	1,389
西ドイツ合計	45,316

出所：鉄鋼統計委員会編『鉄鋼統計要覧 1970年版』日本鉄鋼連盟・鋼材倶楽部、1970年、93頁、鉄鋼統計委員会編『鉄鋼統計要覧 1971年版』日本鉄鋼連盟・鋼材倶楽部、1971年、57頁より作成

表4-2　西ドイツ鉄鋼業における4共同販売カルテルの実績（1965年）

	西部共販	東部共販	北部共販	南部共販
年間粗鋼生産量（万トン）	1,514	989	791	817
共同体シェア（%）	17.6	11.6	9.2	9.5

注：東部共販はヴェストファーレン共販を指す
出所：島田『欧州鉄鋼業の集中と独占［増補版］』、92頁より作成

日に、西ドイツ鉄鋼業における4つの共同販売カルテルに対して、一定の条件を付し、また、1971年6月30日を期限とした上で正式に認可を与えた[73]。こうして、西ドイツ鉄鋼業界は、パリ条約第65条第2項に基づく最高機関の認可を受けて「危機管理型合理化カルテル」を組織した。したがって、ECSCは、必要とあればカルテルへの道を開くことも本質とする制度に他ならなかった。

　　小　　括

　第二次世界大戦後、西ドイツ鉄鋼業界は、危機的状況においてこそ、鉄鋼業の合理化および保護を目的に生産・販売・価格を調整する業界の自治組織としてのカルテルを必要とし、原則禁止・例外容認という形の穏健なカルテ

ル規制を受容していた。したがって、西ドイツ鉄鋼業界は基本的に、いわば「危機管理型合理化カルテル」を志向し、必要とあればカルテルが例外的に容認されるべきであるとする立場を取っていた。とはいえ、西ドイツ鉄鋼業界は、原則禁止・例外容認という形の穏健なカルテル規制のもと必要に応じてカルテルを例外的に設置することを基本線としながら、シューマン・プランにおいて最高機関と個別企業を仲介することになっていた地域グループの実質的なカルテル化を通じてカルテルを常置することも追求した。

　さらに、西ドイツにおいては、シューマン・プラン交渉のための諮問委員会として公的に設置された国内の専門家委員会の一つであった鉄鋼小委員会に鉄鋼業界の代表が参画した。西ドイツ鉄鋼業界と鉄鋼小委員会は緊密に連携し、両者の立場が実質的に一体化した。その結果、鉄鋼小委員会を通じて、シューマン・プラン交渉に臨む西ドイツ政府・代表団に対する西ドイツ鉄鋼業界の影響力が強化され、西ドイツ鉄鋼業界の立場も西ドイツ政府・代表団の立場に反映された。すなわち、西ドイツ鉄鋼業界は、カルテルを擁護するという点でも西ドイツ政府・代表団に影響を与え、西ドイツ政府・代表団は可能な限りカルテルを擁護しようとし、地域グループの実質的なカルテル化も追求した。

　ところが、フランスが1950年10月にシューマン・プラン交渉において反カルテル・反企業集中の方向を打ち出した。そのため、地域グループが事実上、姿を消し、西ドイツ石炭・鉄鋼業の再編成について規定する連合国法令27号と密接に関連する反カルテル・反企業集中条項が条約に組み込まれることになった。

　フランスは1950年10月の段階で、カルテルを厳格に禁止することを提案した。しかし、ベルギー、ルクセンブルク、西ドイツがフランスに抵抗した。その結果、1950年12月の段階でフランスによって再び提案された反カルテル条項は、カルテルが禁止されることを規定しながらも、特定の条件が満たされたと最高機関が判断すれば、カルテルが容認されうることを新たに規定した。すなわち、反カルテル条項は、カルテルを厳格に禁止するものから、原則禁止・例外容認という形の穏健な規制のもと、必要とあればカルテルを

例外的に容認するものに明確に転換した。

西ドイツ政府は原則的に反カルテル条項の12月案に同意した。ここには、西ドイツ鉄鋼業界の代表が国内の専門家委員会において反カルテル条項の12月案に対して異議を申し立てず、事実上、12月案を受容したということも作用していた。すなわち、カルテルが例外的に容認されうるということが明文化され、必要とあればカルテルを容認するものに反カルテル条項が明確に転換したことが西ドイツにとってまずもって重要であった。こうして、カルテルの厳禁に反対し、カルテルの原則禁止・例外容認を支持する西ドイツの立場も反映された結果、パリ条約の反カルテル条項は、カルテルに対する西ドイツ鉄鋼業界の基本的な立場と整合し、西ドイツ鉄鋼業界にとって、必要に応じてカルテルを例外的に組織することを可能にするものとなった。

他方、フランスは、企業集中が反企業集中条項に基づいて原則的に最高機関の事前の認可を受けることを提案した。それに対して、西ドイツ鉄鋼業界の代表は1950年12月の段階で国内の専門家委員会において、連合国法令27号によって鉄鋼大企業の解体・分割措置を受けた西ドイツ鉄鋼業における将来の企業集中が反企業集中条項によって阻止される可能性について注意を喚起した。すなわち、西ドイツ鉄鋼業界の代表は、企業集中の認可に関する最高機関の自由裁量によって、西ドイツ鉄鋼業における将来の企業集中が阻止されうると懸念した。このことからも、西ドイツ政府は、西ドイツにおける将来の企業集中にのみ反企業集中条項が実質的に適用されることによって、西ドイツに対する差別待遇がもたらされる可能性を排除するために、その他の共同体諸国における既存の大企業にも反企業集中条項が適用されることを明確にする必要があると認識した。そのため、西ドイツ代表団は、フランスによって提案された反企業集中条項に同意しなかった。

その結果、フランスは1951年2月の段階で、反企業集中条項を、競争力改善の観点からも共同体域内の既存の企業規模を基準に企業集中が容認されると規定するものに修正することを提案した。そのような方向で反企業集中条項が修正されたことは、すべての共同体諸国における既存の大企業に対する反企業集中条項の適用の明確化、あるいは、最高機関の自由裁量の余地の

縮小に通じ、西ドイツに対する差別待遇がもたらされる可能性、換言すれば、西ドイツ鉄鋼業における将来の企業集中が阻止される可能性を排除する効果を持ちうるものであった。

そのため、西ドイツ政府は、1951年3月に、連合国法令27号の施行に関する西ドイツ政府案を連合国高等弁務官府に提出した際、連合国法令27号に基づく鉄鋼大企業の解体・分割措置が反企業集中条項を通じて是正されうるということを示した。さらに、西ドイツ鉄鋼業界は、とりわけフランス鉄鋼業と対等な競争力を維持するという観点から反企業集中条項を通じてフランスの鉄鋼大企業の規模を基準に、連合国法令27号に基づく鉄鋼大企業の解体・分割措置を是正し、ひいては、西ドイツ鉄鋼業における企業集中を推進することを意図した。したがって、西ドイツに対する差別待遇につながる反企業集中条項の恣意的な運用の可能性を排除するという西ドイツの立場が反映された方向で同条項が修正された結果、パリ条約の反企業集中条項は西ドイツ鉄鋼業界にとって、とりわけフランス鉄鋼業における集中化を前提に、西ドイツ鉄鋼業における企業集中を推進することを可能にするものとなった。

また、パリ条約の反カルテル条項においてはカルテルの認可の基準が明示されていなかったことから、西ドイツ鉄鋼業界にとって「同等の権利」が重要な意味合いを持った。すなわち、西ドイツ鉄鋼業界にとって「同等の権利」は、反カルテル条項との関連では、フランス鉄鋼業におけるカルテルの存続を前提に同条項の公正かつ実際的な運用を通じて、西ドイツ鉄鋼業におけるカルテルの再現を保証するものであった。

こうして、西ドイツ鉄鋼業界の視点から見た場合、パリ条約の反カルテル条項は、とりわけフランスとの「同等の権利」のもと、危機的状況において西ドイツ鉄鋼業を合理化し、かつ、保護するためにカルテルを例外的に組織することを可能にするものとなり、また、パリ条約の反企業集中条項は、西ドイツ鉄鋼業の競争力を維持するためにも企業集中を推進することを可能にするものとなった。したがって、ECSCは、カルテル・企業集中問題との関連では、企業集中を促進することばかりではなく、必要とあればカルテルを例外的に容認することも特質とする制度として成立した。

注

1) 本書第3章参照。

2) この評価については、柳澤治『資本主義史の連続と断絶——西欧的発展とドイツ』日本経済評論社、2006年、151-175頁、小島健『欧州建設とベルギー——統合の社会経済史的研究』日本経済評論社、2007年、175-219頁、石山幸彦『ヨーロッパ統合とフランス鉄鋼業』日本経済評論社、2009年、71-103頁参照。

3) アメリカの介入については、T. A. Schwartz, *America's Germany: John J. McCloy and the Federal Republic of Germany*, Harvard University Press, 1991; A. Diegmann, "American Deconcentration Policy in the Ruhr Coal Industry", in; J. M. Diefendorf, A. Frohn and H. -J. Rupieper (ed.), *American Policy and the Reconstruction of West Germany, 1945-1955*, Cambridge University Press, 1993 も参照。

4) V. R. Berghahn, *Unternehmer und Politik in der Bundesrepublik*, Frankfurt am Main, 1985, pp. 112-152.

5) Ibid., p. 143.

6) R. T. Griffiths, "The Schuman Plan Negotiations: The Economic Clauses", in; K. Schwabe (Hrsg.), *Die Anfänge des Schuman-Plans, 1950/51: Beiträge des Kolloquiums in Aachen, 28.-30. Mai 1986*, Baden-Baden, 1988, p. 65.

7) 島田悦子『欧州鉄鋼業の集中と独占［増補版］』新評論、1975年、91-93頁。

8) 石山は、ECSC が厳格な反カルテル体制として成立したにもかかわらず、運営の段階において ECSC のカルテル規制が形骸化し、フランス鉄鋼業においてカルテルが存続したと断言している。詳細については、石山『ヨーロッパ統合とフランス鉄鋼業』、105-140頁参照。

9) Berghahn, *Unternehmer und Politik in der Bundesrepublik*, p. 143.

10) 詳細については、J. Gillingham, "Solving the Ruhr Problem: German Heavy Industry and the Schuman Plan", in; Schwabe (Hrsg.), *Die Anfänge des Schuman-Plans, 1950/51*, pp. 422-432; J. Gillingham, *Coal, Steel, and the Rebirth of Europe, 1945-1955: The Germans and French from Ruhr Conflict to Economic Community*, Cambridge University Press, 1991, pp. 250-283; I. Warner, *Steel and Sovereignty: The Deconcentration of the West German Steel Industry, 1949-54*, Mainz, 1996, pp. 11-42 参照。

11) W. Bührer, *Ruhrstahl und Europa: Die Wirtschaftsvereinigung Eisen- und Stahlindustrie und die Anfänge der europäischen Integration 1945-1952*, München, 1986, pp. 165-215.

12) 本章において扱う「同等の権利」は広義の「同等の権利」である。広義の「同等の権利」の詳細については、本書第2章参照。

13) 英米統合占領地区の発足後も当面、政治的にはアメリカ軍政府とイギリス軍政府がそれぞれの占領地区を統治していた。そのため、アメリカ軍政府とイギリス軍政府は、それぞれの占領地区に対する法令を個別に公布した。

14) 鉄鋼業におけるカルテルは、この段階ですでに解体されていた。加藤浩平「欧

州統合と独仏の経済関係──ヨーロッパ石炭鉄鋼共同体の成立」専修大学社会科学研究所『社会科学年報』第 29 号、1995 年 3 月、112-113 頁。

15) 二国管理委員会は、英米統合占領地区における英米側の管理機関であり、経済評議会は、実質的に議会の機能を有するドイツ側の政治機関であった。

16) 高橋岩和『ドイツ競争制限禁止法の成立と構造』三省堂、1997 年、22-24、40-41、67-68、85-89 頁。

17) この点については、柳澤『資本主義史の連続と断絶』、159 頁参照。

18) 高橋『ドイツ競争制限禁止法の成立と構造』、98 頁。

19) Politisches Archiv des Auswärtigen Amts（以下 PAAA と略）, Sekretariat für Fragen des Schuman-Plans（B15）, Bd. 47, Schreiben der WVESI an Blankenhorn vom 27. 10. 1951, Anl., WVESI（Hrsg.）, *Untersuchungen zum Schuman-Plan*, Düsseldorf, 1951, "Einwirkungen des Schuman-Planes auf den deutschen Kartellgesetzentwurf", pp. 17-18. この『シューマン・プラン研究』は、WVESI が、西ドイツ政府・代表団への提出を前提に作成された文書や資料のうち、残されていたものを一つにまとめて 1951 年 10 月に刊行したものである。

20) 当初、生産の共同化、共同体域内における同一条件による鉄鋼の供給（鉄鋼価格の平準化）などもシューマン・プランの主な目的となっていた。

21) PAAA, B15, Bd. 47, WVESI（Hrsg.）, *Untersuchungen zum Schuman-Plan*, Düsseldorf, 1951, "Einwirkungen des Schuman-Planes auf den deutschen Kartellgesetzentwurf", pp. 17-18.

22) 連合国による西ドイツの鉄鋼生産の制限については、本書第 2 章第 1 節参照。

23) PAAA, B15, Bd. 47, WVESI（Hrsg.）, *Untersuchungen zum Schuman-Plan*, Düsseldorf, 1951, "Einwirkungen des Schuman-Planes auf den deutschen Kartellgesetzentwurf", p. 19. この点については、本書第 1 章第 3 節も参照。

24) PAAA, B15, Bd. 47, WVESI（Hrsg.）, *Untersuchungen zum Schuman-Plan*, Düsseldorf, 1951, "Zielsetzungen für eine Montanunion", pp. 26-27. ハバナ憲章第 55 条については、本書第 1 章第 3 節参照。

25) PAAA, B15, Bd. 47, WVESI（Hrsg.）, *Untersuchungen zum Schuman-Plan*, Düsseldorf, 1951, "Zielsetzungen für eine Montanunion", p. 27.

26) PAAA, B15, Bd. 47, WVESI（Hrsg.）, *Untersuchungen zum Schuman-Plan*, Düsseldorf, 1951, "Konkurrenzlage, Frachtbasen und Preisstellung in einer Union", pp. 30-31.

27) Berghahn, *Unternehmer und Politik in der Bundesrepublik*, p. 120; Bührer, *Ruhrstahl und Europa*, p. 180.

28) シューマン・プラン交渉のための西ドイツ国内の各種委員会の詳細については、本書第 1 章第 4 節参照。

29) PAAA, B15, Bd. 23, Sitzung des Unterausschusses Stahl und Eisen am 28. 6. 1950.

30) Institut für Zeitgeschichte（Hrsg.）, *Akten zur Auswärtigen Politik der Bundesrepublik Deutschland: 1949/50*, München, 1997, Dok. Nr. 79; Instruktion für

die Delegation bei der Konferenz über den Schuman-Plan, pp. 210-213.

31）この点については、本書第 1 章第 4 節も参照。

32）連合国法令 27 号の詳細については、STV（Hrsg.）, *Die Neuordnung der Eisen-und Stahlindustrie im Gebiet der Bundesrepublik Deutschland: Ein Bericht der Stahltreuhändervereinigung*, München und Berlin, 1954 も参照。

33）Griffiths, "The Schuman Plan Negotiations", pp. 46-47.

34）PAAA, B15, Bd. 78, Proposition de la Délégation française du 27 Octobre 1950（Deutsche Übersetzung）.

35）Ibid.

36）Ibid.

37）Griffiths, "The Schuman Plan Negotiations", pp. 62-63.

38）この過程の詳細については、本書第 3 章第 2 節参照。

39）PAAA, Abteilung 2（B10）, Bd. 1468, Schreiben Adenauers an den Vorsitzenden der Alliierten Hohen Kommission vom 14. 3. 1951.

40）Ibid.

41）中屋宏隆「シューマン・プラン交渉過程からみるヨーロッパ石炭鉄鋼共同体設立条約調印の意義（2）」京都大学経済学会『経済論叢』第 180 巻第 3 号、2007 年 9 月、24 頁。

42）PAAA, B15, Bd. 78, Réunion des Chefs de Délégation du 9 au 12 Février 1951. 反カルテル条項の 12 月案に関する史料を発見することはできなかった。しかし、上記の史料（1951 年 2 月 9-12 日の代表団首席代表会議に関する史料）に 1951 年 2 月の反カルテル条項の修正案とともに、修正される前の反カルテル条項案も記されている。反カルテル条項の 12 月案が 1951 年 2 月に修正されたことを考慮し、上記の史料に併記されている修正前の反カルテル条項案を反カルテル条項の 12 月案と判断した。

43）PAAA, B15, Bd. 78, Réunion des Chefs de Délégation du 9 au 12 Février 1951.

44）反カルテル条項に対するアメリカの立場について検討する際には、山本健「ヨーロッパ石炭鉄鋼共同体（ECSC）の成立をめぐる国際政治過程 1950-51 年——仏・米・西独関係を中心に」一橋大学大学院法学研究科『一橋法学』第 1 巻第 2 号、2002 年 6 月も参考にした。

45）反カルテル条項に関するフランスの立場の明確な転換の理由について検討する際には、廣田功「フランスの近代化政策とヨーロッパ統合」廣田功・森建資編『戦後再建期のヨーロッパ経済——復興から統合へ』日本経済評論社、1998 年、廣田愛理「仏独経済関係と欧州統合（1945 年 - 1955 年）」現代史研究会『現代史研究』49 号、2003 年 12 月を参考にした。

46）Griffiths, "The Schuman Plan Negotiations", pp. 62-63; 山本「ヨーロッパ石炭鉄鋼共同体（ECSC）の成立をめぐる国際政治過程 1950-51 年」、169-170 頁、中屋「シューマン・プラン交渉過程からみるヨーロッパ石炭鉄鋼共同体設立条約調印の意義（2）」、23 頁。

47）中屋「シューマン・プラン交渉過程からみるヨーロッパ石炭鉄鋼共同体設立条

約調印の意義（2）」、24頁。

48）PAAA, B15, Bd. 78, Réunion des Chefs de Délégation des 13 et 14 Février 1951. 反企業集中条項の 12 月案に関する史料を発見することはできなかった。上記の史料（1951 年 2 月 13・14 日の代表団首席代表会議に関する史料）に 1951 年 2 月の反企業集中条項の修正案とともに、修正される前の反企業集中条項案も記されている。反カルテル条項の場合と同様に、上記の史料に併記されている修正前の反企業集中条項案を反企業集中条項の 12 月案と判断した。

49）PAAA, B15, Bd. 78, Réunion des Chefs de Délégation des 13 et 14 Février 1951.

50）DKBL は、西ドイツ石炭業の再編成のための西ドイツ側の機関であった。

51）復興信用銀行はヨーロッパ復興援助計画（マーシャル・プラン）の資金を管理していた。

52）PAAA, B15, Bd. 5, Protokoll über die Sitzung des Koordinierungsausschusses am 7. 12. 1950.

53）PAAA, B15, Bd. 5, Protokoll über die gemeinsame Sitzung aller Sachverständigenausschüsse am 8. 12. 1950.

54）Institut für Zeitgeschichte（Hrsg.）, *Akten zur Auswärtigen Politik der Bundesrepublik Deutschland: 1951*, München, 1999, Dok. Nr. 9; Instruktionen für die Delegation bei der Konferenz über den Schuman-Plan in Paris（Entwurf）, pp. 40-42.

55）鉄鋼小委員会が内閣委員会に与えた影響については、本章第 1 節参照。また、本書第 1 章第 4 節も参照。

56）Griffiths, "The Schuman Plan Negotiations", p. 65.

57）PAAA, B15, Bd. 78, Réunion des Chefs de Délégation du 9 au 12 Février 1951.

58）この点については、Griffiths, "The Schuman Plan Negotiations", p. 65 も参照。

59）PAAA, B15, Bd. 78, Réunion des Chefs de Délégation du 9 au 12 Février 1951.

60）Ibid.

61）PAAA, B15, Bd. 78, Proposition de la Délégation française du 17 Février 1951.

62）パリ条約第 65 条については、金田近二編『国際経済条約集』ダイヤモンド社、1965 年、459-460 頁参照。

63）PAAA, B15, Bd. 78, Réunion des Chefs de Délégation des 13 et 14 Février 1951.

64）パリ条約第 66 条については、金田編『国際経済条約集』、460-462 頁参照。

65）Bundesarchiv Koblenz（以下 BA と略）, Bundeskanzleramt（B136）, Bd. 2477, Schreiben der WVESI an Lenz vom 11. 12. 1951. フランス鉄鋼業においては 1950 年 12 月に、鉄鉱石採掘から圧延まで一貫生産を可能にするシデロール（Sidélor）が設立され、また、ヴァンデル社（Société de Wendel et Cie）がヴァンデル孫会社（Les Petits-Fils de François de Wendel）の資産を自己資産に組み入れる形で両者が合併した。詳細については、島田『欧州鉄鋼業の集中と独占［増補版］』、143-145 頁参照。

第 4 章　シューマン・プランのカルテル・企業集中問題と西ドイツ　125

66）PAAA, B15, Bd. 47, WVESI（Hrsg.）, *Untersuchungen zum Schuman-Plan*, Düsseldorf, 1951, "Die alliierten Restriktionen für Kohle und Stahl", p. 51.

67）BA, B136, Bd. 2477, Schreiben der WVESI an Lenz vom 11. 12. 1951.

68）BA, B136, Bd. 2477, Schreiben der WVESI an Lenz vom 2. 1. 1952.

69）1950 年 12 月 7・8 日の西ドイツ国内の専門家委員会の会議における議論については、本章第 3 節参照。

70）島田『欧州鉄鋼業の集中と独占［増補版］』、105-106 頁。

71）European Coal and Steel Community, the High Authority, *15ʰ General Report on the Activities of the Community（February 1, 1966-January 31, 1967）*, Luxembourg, 1967, p. 154; European Coal and Steel Community, European Economic Community, European Atomic Energy Community, Commission, *First General Report on the Activities of the Communities 1967*, Brussels and Luxembourg, 1968, pp. 47-48.

72）European Coal and Steel Community, European Economic Community, European Atomic Energy Community, Commission, *First General Report on the Activities of the Communities 1967*, p. 48.

73）Ibid., p. 49.

第5章

ローマ条約成立過程と西ドイツ

はじめに

1957年3月25日にフランス、西ドイツ、ベネルクス三国（ベルギー、オランダ、ルクセンブルク）、イタリアによってヨーロッパ経済共同体設立条約（ローマ条約）が調印され、1958年1月1日にヨーロッパ経済共同体（European Economic Community: EEC）が創設された。EECの成立はヨーロッパ石炭鉄鋼共同体（European Coal and Steel Community: ECSC）の成立と並び、1950年代におけるヨーロッパ統合の制度化において決定的な意義を持った。

とはいえ、通説的には、EECによって主に「部門統合」から「全般的統合」へと統合路線が転換され、ヨーロッパ統合の「再出発」が果たされたという意味において、ひときわ大きな重要性がEECに認められている。このことも勘案しながら、本章は以下のことから、西ドイツ産業界の動向を軸に西ドイツがEECの成立過程にどのように対応したか明らかにすることを通じて、EECが、とりわけEECの根幹をなす共同市場との関連で、どのようなことを特質とする制度として成立したのかを明らかにすることを課題とする。

EECが、共同市場との関連で、どのような制度として成立したかという点については、ギリンガム（J. Gillingham）の議論が示唆に富む。ギリンガムは、ヨーロッパ統合を、政策・制度を援用して市場をコントロールする「積極的統合」と、生産要素の自由移動の障害を除去する「消極的統合」の2つに区分した上で、ヨーロッパ統合は前者において失敗し、後者において成功したと強調している[1]。さらに、ギリンガムはEECの基盤の一つとして、ヨーロッパ復興援助計画（マーシャル・プラン）を受けて1948年4月16日

に創設されたヨーロッパ経済協力機構（Organization for European Economic Cooperation: OEEC）を重視している[2]。

　これらの議論からは、最初の統合制度として成立した ECSC が専ら介入主義的な制度として失敗し、次いで成立した EEC が専ら自由主義的な制度として成功したというイメージが浮かび上がる。さらに、EEC が専ら自由主義的な制度として成立し、成功したというイメージは、EEC によってヨーロッパ統合の「再出発」が果たされたというイメージによって補強される。

　しかし、EEC が専ら自由主義的な制度として成立したというイメージは果たして妥当なものであろうか。ローマ条約は、「共同市場の設立」ばかりではなく、「加盟国の経済政策の漸進的接近」、端的には、経済政策の調整も謳っていた[3]。このことは、EEC が、経済政策の調整をともなわずに貿易の自由化を推進する OEEC とは異なる制度として成立したということを意味し、ひいては、EEC が必ずしも専ら自由主義的な制度として成立したわけではなかったということを含意する。

　ECSC に限れば、本書はすでに、西ドイツ鉄鋼業界の動向を軸に西ドイツが ECSC の成立過程にどのように対応したか明らかにし、それを通じて、ECSC が、とりわけ西ドイツ鉄鋼業界の視点から見た場合、上述のような二分法を超える複合的な制度として成功裏に成立したということを明らかにしている[4]。それだけになおさらのこと、EEC が、共同市場との関連で、どのようなことを特質とする制度として成立したかが問い直されなければならない。この問いを解くためには、ここでも同様に、西ドイツ産業界の動向を軸に西ドイツが共同市場構想を中心に EEC の成立過程にどのように対応したか明らかにすることが必要不可欠であろう。

　西ドイツが EEC の成立過程にどのように対応したかという点については、古内、ビューラー（W. Bührer）、レニッシュ（T. Rhenisch）の各研究が重要である[5]。古内は、1950 年代における西ドイツの貿易構造に着目し、西ドイツが能動的に ECSC 加盟 6 ヵ国の「小ヨーロッパ統合」（EEC）を選択したと強調している[6]。しかし、古内の研究は実証的なものではない。とりわけ西ドイツの能動的な EEC 選択に関する議論は根拠を欠き、議論に若干の飛

躍があることも否めない。

それに対して、ビューラーおよびレニッシュは、EEC の成立過程における西ドイツ産業界の動向について検討している。ビューラーは、西ドイツ産業界が貿易の自由化の必要性を十分に認識し、OEEC をヨーロッパ統合の最も適合的な基盤として非常に高く評価していたと指摘している[7]。その上で、ビューラーは、西ドイツ産業界が、共同市場構想（EEC 構想）が挫折した場合、その責任を転嫁されることがないよう共同市場構想も支持していたと強調している[8]。

表 5-1　西ドイツの輸出入（1950-57 年）

（単位：100万 DM）

	輸入		輸出	
	OEEC	全体	OEEC	全体
1950	5,711	11,356	5,685	8,318
1951	6,073	14,720	9,071	14,578
1952	7,343	16,203	10,622	16,909
1953	7,717	16,010	11,385	18,526
1954	9,112	19,337	13,495	22,035
1955	11,506	24,472	15,736	25,717
1956	12,693	27,964	18,596	30,861
1957	13,959	31,697	21,094	35,968

出所：C. Buchheim, *Die Wiedereingliederung Westdeutschlands in die Weltwirtschaft 1945-1958*, München, 1990, pp. 186-187 より作成

また、レニッシュも、西ドイツ産業界が、OEEC をヨーロッパ統合の基盤の一つとした場合、それよりもはるかに見劣りする共同市場構想を支持していたと指摘している。レニッシュは、その理由として、西ドイツ産業界が共同市場構想に若干の経済的利益を見出しつつ、西ドイツ首相コンラート・アデナウアー（Konrad Adenauer）のヨーロッパ政策を事実上、無条件に支持していたことも重視している[9]。その上で、レニッシュはコーポラティズム論に依拠し[10]、西ドイツのヨーロッパ政策における「政治的意思」と「経済的利害」の結合はコーポラティズム的協調の表れの一つであると強調している[11]。

確かに、EEC が成立するまで、1950 年代における西ドイツの貿易は OEEC を基盤として展開された（表 5-1 参照）。しかし、EEC の成立後、西ドイツにとって、一方で、EEC に加盟する主要貿易相手国との貿易が飛躍的に拡大し、他方で、EEC に加盟していない主要貿易相手国との貿易も順調に拡大した（表 5-2、表 5-3 参照）。したがって、EEC と OEEC の地理的な範囲の単純な比較によって、西ドイツ産業界にとって EEC が OEEC よりも劣っていたとする議論はあまりにも短絡なものであろう。

130

表 5-2　EEC 加盟の主要貿易相手国に対する西ドイツの輸出入（1950-69 年）

（単位：100万 DM）

	オランダ		ベルギー		イタリア		フランス	
	輸入	輸出	輸入	輸出	輸入	輸出	輸入	輸出
1950	1,246	1,164	405	677	507	486	690	612
1951	1,022	1,456	610	987	549	674	621	973
1952	1,170	1,345	943	1,196	643	632	606	1,077
1953	1,251	1,657	850	1,308	744	1,240	780	1,084
1954	1,526	2,059	867	1,580	843	1,341	965	1,194
1955	1,770	2,422	1,385	1,733	1,044	1,434	1,445	1,458
1956	2,002	2,876	1,343	2,106	1,223	1,656	1,345	1,947
1957	2,258	3,246	1,316	2,145	1,553	2,000	1,547	2,253
1958	2,500	2,995	1,409	2,453	1,698	1,853	1,595	2,164
1959	3,124	3,465	1,776	2,489	2,182	2,202	2,761	2,970
1960	3,638	4,210	2,441	2,890	2,631	2,847	3,998	4,202
1961	3,762	4,755	2,355	3,262	3,043	3,385	4,618	4,777
1962	4,196	4,883	2,765	3,583	3,735	4,106	5,270	5,440
1963	4,789	5,718	3,359	4,142	3,700	5,462	5,495	6,432
1964	5,350	6,736	4,305	4,879	4,468	4,593	6,270	7,424
1965	6,826	7,371	5,416	5,558	6,562	4,499	7,843	7,792
1966	6,870	7,988	5,607	6,421	6,680	5,657	8,617	9,216
1967	7,275	8,628	5,436	6,439	6,436	6,890	8,488	10,050
1968	8,810	10,114	6,799	7,444	8,066	7,568	9,778	12,242
1969	11,256	11,522	8,987	9,277	9,491	9,260	12,697	15,118

出所：B. R. Mitchell, *European Historical Statistics: 1750-1970*, London and Basingstoke, 1975, p. 528 より作成

　さらに、ビューラーの研究およびレニッシュの研究は、西ドイツ産業界がコーポラティズム的協調のもとアデナウアーのヨーロッパ政策を支持し、その代わりに、他の領域における経済的利益に対するアデナウアーの保証を得ようとしていたということも示唆している。したがって、両研究によれば、EEC の成立過程においては、アデナウアーばかりではなく、西ドイツ産業界も経済的利害を閑却していたということになる。

　しかし、ECSC の成立過程においては西ドイツ鉄鋼業界が経済的な観点から現実的かつ積極的に対応し、アデナウアーといえども決して国民経済的利益を軽視していなかったということを想起すれば[12]、経済的な観点から西ドイツがアデナウアー政権のもと共同市場構想を中心に EEC の成立過程にどのように関与したか[13]、また、共同市場に直接的な利害を有していた西ドイツ産業界が共同市場構想を中心に EEC の成立過程においてどのような

第5章 ローマ条約成立過程と西ドイツ　131

表 5-3　EEC 非加盟の主要貿易相手国に対する西ドイツの輸出入（1950-69 年）

(単位：100万 DM)

	オーストリア		スウェーデン		イギリス		アメリカ	
	輸入	輸出	輸入	輸出	輸入	輸出	輸入	輸出
1950	178	312	637	531	489	361	1,735	430
1951	237	500	803	974	498	878	2,722	989
1952	369	627	927	1,239	525	955	2,505	1,044
1953	407	668	811	1,173	645	788	1,655	1,243
1954	565	1,034	904	1,476	847	858	2,228	1,227
1955	697	1,359	1,103	1,779	866	1,026	3,202	1,611
1956	781	1,417	1,276	1,956	1,147	1,257	3,970	2,074
1957	902	1,761	1,486	2,169	1,135	1,407	5,629	2,494
1958	916	1,847	1,411	2,266	1,361	1,460	4,193	2,642
1959	998	1,960	1,533	2,285	1,630	1,661	4,576	3,776
1960	1,152	2,444	1,804	2,593	1,956	2,147	5,974	3,723
1961	1,247	2,686	1,930	2,614	1,965	2,122	6,097	3,454
1962	1,376	2,757	2,000	2,670	2,351	1,954	7,033	3,858
1963	1,369	2,938	2,014	2,981	2,472	2,212	7,942	4,195
1964	1,524	3,295	2,304	3,259	2,782	2,717	8,066	4,785
1965	1,712	3,798	2,742	3,573	3,141	2,804	9,196	5,741
1966	1,695	4,219	2,389	3,574	3,155	3,129	9,177	7,178
1967	1,477	4,097	2,167	3,534	2,932	3,472	8,556	7,859
1968	1,766	4,420	2,489	3,850	3,407	4,028	8,850	10,835
1969	2,190	4,857	2,897	4,369	3,913	4,591	10,253	10,633

出所：表 5-2 と同じ

　態度を取ったかが明らかにされなければならない。繰り返せば、それが、
EEC が、共同市場との関連で、どのようなことを特質とする制度として成
立したかという問いを解くために必要不可欠であろう。

第1節　全般的経済統合構想の展開

1　ベイエン・プランの発表

　1950 年 6 月 25 日に朝鮮戦争が勃発すると、西ドイツの再軍備に関する問
題が急浮上した。アメリカは、西ドイツの再軍備による西ヨーロッパ防衛へ
の西ドイツの軍事的貢献を要求した。それに対して、フランスは、西ドイツ
が独自の軍事力を保有することに強い危機感を抱いた。そのため、フランス
首相ルネ・プレヴァン（René Pleven）が 1950 年 10 月 24 日に、超国家機関

によって管理されるヨーロッパ軍を創設し、それに西ドイツの軍事力も編入するという計画（「プレヴァン・プラン」）を発表した。プレヴァン・プランはアメリカにも支持され、プレヴァン・プラン交渉が開始された。その結果、「ヨーロッパ防衛共同体」（European Defence Community: EDC）の創設に向けた動きが本格化し、1952年5月27日にはシューマン・プラン6ヵ国（ECSC加盟6ヵ国）によって「ヨーロッパ防衛共同体設立条約」（EDC設立条約）が調印された。

EDC設立条約第38条は、超国家的なヨーロッパ軍を民主的に管理する必要があることから、ECSCとEDCを管理する政治機関を創設するための研究を行うよう要請していた。そのため、「ヨーロッパ政治共同体」（European Political Community: EPC）も創設されることになり、「ヨーロッパ政治共同体設立条約」（EPC設立条約）を起草する作業が開始されることになった。

1952年9月10日にはECSCの閣僚理事会がECSCの共同総会に対して、EDC設立条約第38条に基づいて「ヨーロッパ政治共同体設立条約草案」を6ヵ月以内に作成するよう要請する決議（「ルクセンブルク決議」）を行った。経済発展のための共通基盤の確立と加盟国の基本的な利益の融合にも触れたルクセンブルク決議は、それ以降、共同市場構想の根拠とされることになった。

共同総会は1952年9月13日にルクセンブルク決議を採択した。さらに、共同総会は、EPC設立条約の起草作業を行うために一時的に「特別総会」（Ad Hoc Assembly）に切り替わり、元ベルギー首相ポール＝アンリ・スパーク（Paul-Henri Spaak）が特別総会議長に選出された。また、「ヨーロッパ政治共同体設立条約起草委員会」（EPC設立条約起草委員会）がEPC設立条約の具体的な起草作業を行うことも決定され、「キリスト教民主同盟」（Christrisch-Demokratische Union: CDU）所属連邦議会議員ハインリヒ・フォン・ブレンターノ（Heinrich von Brentano）がEPC設立条約起草委員会議長に選出された。EPC設立条約起草委員会は「作業計画」を採択し、EPC設立条約起草委員会の作業が進められていった[14]。

そのような状況の中、オランダ外相ヨハン・ウィレム・ベイエン（Johan

Willem Beyen）が 1952 年 12 月 11 日に他の ECSC 加盟国に対して「オラン
ダ政府覚書」を送付し、域内の関税を撤廃して対外共通関税を設定する関税
同盟に基礎を置く全般的経済統合を EPC において推進するという計画（「ベ
イエン・プラン」）を発表した[15]。ベイエン・プランの発表以降、EPC 設立
条約起草委員会の草案に、関税同盟に基礎を置く全般的経済統合の方針も組
み込まれていった[16]。

　最終的に、EPC 設立条約起草委員会は 1953 年 2 月 26 日に「ヨーロッパ
共同体規約に関する条約草案」を採択した。この条約草案は特別総会に提出
され、同年 3 月 10 日に特別総会において採択された。条約草案の名称が、
ヨーロッパ政治共同体規約に関する条約草案ではなく、ヨーロッパ共同体規
約に関する条約草案となっていることは、単なる政治統合ではなく、経済統
合も含むヨーロッパ統合を目指す姿勢を示すものであった。さらに、同条約
草案は全般的経済統合について、商品および資本の自由移動ならびに個人の
居住の自由に基づく共同市場の漸進的な実現を共同体の目的とした。他にも、
同条約草案は、共同市場を実現するために加盟国間の通貨政策・信用政策・
財政政策が調和され、共同市場の実現によって存続が困難となる企業、およ
び、その労働者を支援するための再適応基金が設置されるということを規定
した。

　その後、EPC 設立に関する政府間交渉が ECSC 加盟国外相会議を中心に
本格的に開始された。ところが、フランスが他の 5 ヵ国に対して、経済に関
する共同体の権限の範囲を制限すべきであるとする立場を崩さなかったため、
EPC 設立交渉が合意に至ることはなかった。さらに、フランスにおいては、
西ドイツの再軍備自体に対する懸念、EDC の超国家的性格に対する懸念な
どから、EDC に反対する勢力も強く、フランス国民議会が 1954 年 8 月 30
日に EDC 設立条約の批准を拒否した。そのため、EDC 設立条約は挫折した。
それにともなって EPC 構想も挫折することになった[17]。

2　西ドイツ産業界のヨーロッパ統合構想

EPC 構想は挫折したとはいえ、ベイエン・プランの発表を契機に全般的

経済統合構想が現実味を帯びたこともまた事実である。しかし、全般的経済統合構想自体はベイエン・プランの発表以前からすでに登場し、ドイツ産業連邦連盟（Bundesverband der Deutschen Industrie: BDI）も全般的経済統合構想の担い手として重要な役割を果たした。

　西ドイツ産業界における最高団体の一つであったBDIは階層制的な組織構造の形態を取り、各会員団体（各産業部門）に対する統率力を保持した。そのため、西ドイツ産業界におけるBDIの代表性は群を抜いて高かった。さらに、BDIは、とりわけアデナウアーに対する影響力も保持した。この点については、経済相ルートヴィヒ・エアハルト（Ludwig Erhard）が問題視していた。エアハルトは1950年代半ばにも、BDIによって支持されたアデナウアーの拡張的景気政策路線とともに、アデナウアーに対するBDIの影響力を批判し、経済相および財務相と対等な地位がBDI会長に認められていることに苦言を呈した。それに対して、アデナウアーは、BDIへのCDUの財政的な依存を考慮に入れ、BDIの立場を尊重する姿勢を崩さなかった[18]。したがって、CDUへのBDIの財政援助も、とりわけアデナウアーに対するBDIの影響力を保証するものであった。

　西ドイツ産業界全体に対する統率力ばかりではなく、西ドイツ政府に対する影響力も保持したBDIは1950年には、BDI会長フリッツ・ベルク（Fritz Berg）をはじめとするBDIの幹部を中心にヨーロッパ統合について本格的に検討を開始した[19]。その際、BDIはOEECの役割を特に重視した。さらに、BDIは、関税同盟を目標とする関税の漸進的かつ包括的な引き下げに関する計画（『オリーン・プラン』）について検討した「ヨーロッパ審議会」（Council of Europe: CE）の役割も「関税および貿易に関する一般協定」（General Agreement on Tariffs and Trade: GATT）の役割も重視した[20]。ここから、BDIが包括的な貿易の自由化を自らのヨーロッパ統合構想の基本線としたことが浮き彫りになる。

　そもそも、BDIは、ドイツの東西分断によって東ドイツの農業地帯と分離し、工業国としての性格を強く帯びるようになった西ドイツが、石炭とカリウムを除いて資源に乏しく、工業生産のための原料の大量輸入を必要とし

たことからも、工業製品の輸出の拡大が西ドイツの生命線であると認識としていた[21]。さらに、BDI は、西ドイツ市場の消費力（吸収力）による他国の工業製品の輸入の促進の対価として、西ドイツの工業製品の輸出の促進がもたらされるということを考慮に入れ、重要産業の諸部門の分離が西ドイツの貿易政策上の前提を崩しうると懸念していた[22]。すなわち、BDI は、西ドイツ市場を基軸とする域内の水平貿易の拡大（工業製品の輸入と輸出の好循環）が西ドイツの工業製品の輸出の拡大につながると認識した上で、諸産業部門を包摂して域内の水平貿易を促進することにつながりうる「全般的統合」・「水平統合」を支持し、諸産業部門を部門ごとに分離して域内の水平貿易を阻害することにつながりうる「部門統合」・「垂直統合」に反対していた。

　その後、BDI は、ヨーロッパ統合に関する見解について決議（「ケーニヒシュタイン決議」）を行った。さらに、BDI 事務局長ヴィルヘルム・ボイトラー（Wilhelm Beutler）が BDI の名のもと 1952 年 3 月 26 日付でアデナウアーに宛てて書簡を送付し、ケーニヒシュタイン決議を同封した。ケーニヒシュタイン決議は、副首相兼マーシャル・プラン相フランツ・ブリュッヒャー（Franz Blücher）、エアハルト、財務相フリッツ・シェーファー（Fritz Schäffer）、食糧・農林相ヴィルヘルム・ニクラス（Wilhelm Niklas）、外務次官ヴァルター・ハルシュタイン（Walter Hallstein）、ドイツ・レンダー・バンク理事会議長ヴィルヘルム・フォッケ（Wilhelm Vocke）にも送付された[23]。こうして、ヨーロッパ統合に関する BDI の公式見解が、西ドイツのヨーロッパ統合政策にかかわりうる閣僚級の要人に伝達された。このことを考慮すれば、ヨーロッパ統合に関する BDI の公式見解が打ち出されたケーニヒシュタイン決議について吟味する必要があろう。

　BDI は、「ヨーロッパ経済統合という目標に近付いていくために適合的であるあらゆる努力を支持する」と強調し、「ヨーロッパ共同市場の創出が、ヨーロッパの生産を増大させ、ひいては、全体の豊かさを向上させ、また、社会的平和を確固としたものにするであろう」という確信を示した。その上で、BDI は、「この目標はむしろ、OEEC の活動を継続して完全なものにしていくことを通じて、とりわけ自由化政策を徹底して発展させていくことを

通じてヨーロッパの国民経済を統一するという方法によって達成されうる」という認識を示した。さらに、BDI は「関税障壁の漸進的な撤廃」を支持し、CE あるいは GATT において検討された「包括的関税引き下げ措置」が西ドイツ政府によって推進されなければならないと指摘した[24]。すなわち、BDI は、包括的な貿易の自由化によって共同市場を創出することが自らのヨーロッパ統合構想の基本線であることをよりいっそう明確にした。

　しかし、同時に、BDI は、「ヨーロッパ域内における通貨・財政・信用政策の調整を通じて、生産・販売・投資のための同等の前提条件が創出されることについて準備が整えられなければならない」という認識も示した[25]。ここから看取されることは、BDI が共同市場を、政策調整による統一的な政策のもと一国の国内と同様に非差別的かつ安定的な企業活動を可能にする市場と捉えていたということである。したがって、BDI のヨーロッパ統合構想は、包括的な貿易の自由化によって共同市場を創出することばかりではなく、主として財政・通貨・信用の領域における政策調整によって共同市場の統一性・安定性を維持することも志向するものであった。

　1952 年 12 月 11 日にベイエン・プランが発表されると、BDI は原則的にベイエン・プランを支持した[26]。さらに、BDI は引き続き政策調整も共同市場の要件とした[27]。また、EDC 設立条約が挫折した際には、BDI は、ヨーロッパ統合に対する意思は総じて EDC 反対派にも共有され、「方法と速度」に関する見解の相違のみが存在すると認識した[28]。

3　ベネルクス覚書の発表

　EDC 設立条約の挫折後、ヨーロッパ統合の危機を克服するために、ベネルクスが共同でイニシアティヴを発揮した。その際、ベルギー外相となっていたスパークとベイエンが中心的な役割を担った。スパークは、ECSC の最高機関（High Authority）議長ジャン・モネ（Jean Monnet）との合意に基づいて、部門統合をエネルギー部門および運輸部門に拡大するという提案を行った。それに対して、ベイエンは、ベイエン・プランと同様の趣旨の提案を行った。両者の提案はベネルクス共同の覚書に包摂され、「ベネルクス

覚書」が 1955 年 5 月 18 日に他の ECSC 加盟国に送付された[29]。

ベネルクス覚書は経済統合の推進について次の 3 つのことを柱とした。第一は、運輸、エネルギー、原子力の平和利用という三部門への部門統合の拡大、第二は、全般的経済統合、第三は、社会の領域における漸進的な調和である。ベイエン・プランを実質的に引き継いだ全般的経済統合においては、所定の目的を達成するために必要な権限が与えられる共同の機関の設置が前提とされ、次の 4 つの点に関する合意の必要性が指摘された。第一は、貿易障壁を撤廃する手続きおよび速度、第二は、加盟国の財政・経済・社会政策の調和のための手段、第三は、セーフガード措置、第四は、再適応基金の設置および運用である[30]。

第 2 節　共同市場構想と西ドイツ

1　メッシーナ会議の開催

1955 年 6 月 1・2 日にはメッシーナにおいて ECSC 加盟国外相会議（「メッシーナ会議」）が開催された。メッシーナ会議はヨーロッパ統合を議題の一つとし、それとの関連で、「イタリア政府覚書」、「西ドイツ政府覚書」も提出された[31]。

西ドイツ覚書は、外務省と経済省の協議において作成されたものであった。この協議は 1955 年 5 月 22 日に開かれ、主な出席者は、1955 年 6 月 7 日に外相に就任するフォン・ブレンターノ、エアハルト、経済省第 I 総局（基本政策総局）総局長アルフレート・ミュラー＝アルマック（Alfred Müller-Armack）、経済省第 III 総局（鉱業・エネルギー水利経済・鉄鋼・ヨーロッパ石炭鉄鋼共同体総局）総局長ヨーゼフ・ルスト（Josef Rust）、外務省在ベルギー大使カール＝フリードリヒ・オプヒュールス（Carl-Friedrich Ophüls）、経済省第 III 総局 III D 局（ヨーロッパ石炭鉄鋼共同体局）局長ハンス・フォン・デア・グレーベン（Hans von der Groeben）であった。さらに、最高機関副議長フランツ・エッツェル（Franz Etzel）も協議に出席した[32]。また、この協議においては、フォン・デア・グレーベンを中心とする経済省第 III 総局 III

D局によって事前に準備されていた共同市場案が叩き台となった[33]。

　そのような協議において作成された西ドイツ覚書は、原則的にベネルクス覚書を支持し、全般的経済統合の実現を目指すという見解も共有すると表明した。続けて、西ドイツ覚書はOEECおよびGATTの取り組みを支持した上で、次の6つの措置を通じてECSC加盟国間に「自由な共同市場」が創出されるという認識を示した。第一は、「商品取引の漸進的な自由化」、第二は、「関税の漸進的な撤廃」、第三は、「資本取引の漸進的な自由化」、第四は、「サービス取引の漸進的な自由化」、第五は、「移住の自由の漸進的な確立」、第六は、「とりわけ国籍による差別を排除する歪みのない競争に関する規則の制定」である。また、西ドイツ覚書は、長期にわたる深刻な障害を回避するための「経過・適応措置」の他に、域内の深刻な地域間格差の平準化に寄与する「生産的な投資」を促進するための「投資基金の共同設置」が必要であるという認識も示した[34]。

　したがって、西ドイツ覚書は、共同市場との関連では、共同市場の実現のための新たな要素も追加してベネルクス覚書を補完するものであった。事実、外相を兼任していたアデナウアーに代わってメッシーナ会議に参加したハルシュタインは同会議において、西ドイツ覚書は、ベネルクス覚書を部分的に拡張し、より明確にしたものであると説明した。さらに、ハルシュタインは、とりわけ「信用基金」が重要であると強調した。その上で、ハルシュタインは、西ドイツ覚書において示された基金は、「生産的な投資」のための長期信用を供与すると指摘し、そのような基金は「介入形態」として、単なる「適応基金」よりも「実際的かつ効果的」であるという見方を示した[35]。すなわち、西ドイツ覚書は、セーフガード措置ばかりではなく、主として財政の領域における政策調整も含むベネルクス覚書を支持した上で、域内の深刻な地域間格差の是正に寄与する投資を促進するための長期信用を供与する共同投資基金を重要な追加要素の一つとするものであった。

　この共同投資基金の設置は、信用の領域における政策調整も意味する。したがって、西ドイツ覚書は、主として財政・通貨・信用の領域における政策調整によって共同市場の統一性・安定性を維持することも志向するBDIの

ヨーロッパ統合構想と親和的なものであった。

メッシーナ会議における議論は長引き、6月3日になってようやく全会一致で最終決議（「メッシーナ決議」）が行われた[36]。メッシーナ決議は、ベネルクス覚書、イタリア覚書、西ドイツ覚書のヴィジョンを集約したものであり[37]、ECSC加盟6ヵ国の正式な合意のもと共同市場の方向性を規定するものでもあった。このことを考慮すれば、メッシーナ決議の主な内容について確認する必要があろう。

メッシーナ決議は、ECSC加盟6ヵ国政府が、平和利用のための原子力開発を含む部門統合、ならびに、全般的経済統合に合意し、全般的経済統合について、関税・数量制限の撤廃によるヨーロッパ共同市場の段階的な創出を目標とすることを了承したと表明した。その上で、メッシーナ決議は次のことを、検討を必要とする問題として列挙した。

（a）加盟国間の貿易障壁を段階的に除去する方法および速度、ならびに、非加盟国に対する関税制度の漸進的な統一
（b）財政・経済・社会の領域における加盟国の全般的な政策を調整するために取る手段
（c）加盟国の通貨政策の十分な調整を保障する方法の採用
（d）セーフガード措置
（e）再適応基金の設置および運用
（f）労働力の自由移動の段階的な実現
（g）とりわけ国籍による差別を排除し、共同市場における競争を保障する規則の制定
（h）共同市場の実現および運営に適合的な機関

続けて、メッシーナ決議は、ヨーロッパ投資基金の設置について検討する必要性を指摘した。さらに、メッシーナ決議は、社会の領域における規則の漸進的な調和について検討する必要性も指摘した[38]。

また、メッシーナ決議は、各国の代表および専門家が政府間協議において

部門統合および全般的経済統合（共同市場）について検討することを定めた[39]。そのため、スパークを議長として各国代表団首席代表によって構成される「首席代表委員会」（スパーク委員会）をはじめとする5つの委員会、4つの小委員会が設置されることになった[40]。さらに、イギリス代表、オブザーバーとして最高機関の代表なども参加することになった。こうして、1955年7月9日にブリュッセルにおいて検討が本格的に開始された[41]。

2　メッシーナ会議後における西ドイツの基本的な立場

1955年6月25日に西ドイツ外務省において、ブリュッセル協議に関する部局協議が開かれ、西ドイツ代表団首席代表を務めることになるオプヒュールスが議事を進行した。その中で、共同市場に関する西ドイツ代表団の基本方針も議題となった。

まず、西ドイツ代表団副代表を務めることになるフォン・デア・グレーベンが、メッシーナ会議に提出された西ドイツ覚書の基礎に置かれた見解について報告し、「機能的」かつ「水平的」な経済統合の推進が望まれたと指摘した。その上で、フォン・デア・グレーベンは、共同市場は関税・数量制限の撤廃ならびに資本および労働力の移動の自由を通じて「一国の国内市場に準じる状態」をもたらすという認識を示した。さらに、フォン・デア・グレーベンは、共同市場は「制度的」な保障、換言すれば、「共同機関」による保障を通じても維持されなければならないと付け加えた。

続けて、オプヒュールスが、ブリュッセル協議に関する次の3つの視点を列挙した。第一は、共同市場に関する6ヵ国の「肯定的な基本決定」がもたらされることである。第二は、EDC設立条約の挫折を戒めとし、同時に、形式的な妥協を回避するという意味において、「過多」と「過少」の間の「中庸」が守られることである。第三は、「制度的」な側面も顧慮し、明確な路線も必要であることである。この点について、オプヒュールスは、「ヨーロッパ機関」も長期的には不可欠であると付け加えた[42]。

こうして、首席代表オプヒュールスと副代表フォン・デア・グレーベンの主導のもと、共同市場に関する西ドイツ代表団の基本方針が固められた。す

なわち、オプヒュールスとフォン・デア・グレーベンに率いられた西ドイツ代表団は、ブリュッセル協議において、西ドイツ覚書を下敷きに、一国の国内市場に準じる共同市場を「機能的」に創出し、「制度的」に維持するという方向で建設的に検討を進めることを基本方針とした。

1955年10月までは、ブリュッセル協議は順調に進んだ。ところが、イギリスが11月に、共同市場への不参加を表明し、スパーク委員会から撤退した。それに対して、ハルシュタインは12月22日に次官協議において、イギリスの離脱によって6ヵ国の決意が揺らぐことはなかったと指摘し、その理由の一つとして、大陸ヨーロッパとイギリスの関係が6ヵ国間の関係と「質的」にも異なることを挙げた[43]。

もっとも、西ドイツ政府内においても見解の不一致が生じていた。とりわけエアハルトが、閉ざされた貿易圏は地域的な保護主義を助長すると認識し、6ヵ国の共同市場を公然と批判するようになっていた[44]。

そのような状況において、アデナウアーは1956年1月19日付で閣僚に対して文書を送付し、安全保障およびドイツ再統一に関するソ連との交渉のためにも、フランスとの関係の「恒久秩序」のためにも、ヨーロッパ統合を成功に導くことが必要不可欠であるという認識を示した。その上で、アデナウアーは、首相の権限に基づいてメッシーナ決議を遂行することを施政方針とすると表明した。続けて、アデナウアーは、メッシーナ決議の遂行において有用でありうることを列挙した。第一は、6ヵ国の統合を「全般的な(水平的な)統合」においても「適合的な(垂直的な)部門統合」においても推進することである。第二は、「適合的な共通制度」を創出することである。第三は、「ヨーロッパ共同市場」、すなわち、「一国の国内市場に準じる市場」に関する協議を成功裏に終了させ、決定権を持つ「ヨーロッパ機関」を設置することである。第四は、運輸部門、とりわけ空輸部門においても6ヵ国の統合を推進することである。第五は、エネルギー部門、とりわけ原子力部門においても同様に6ヵ国の統合を推進することである[45]。

アデナウアーによって列挙された要点のうち、共同市場との関連では、第三点目が特に重要である。それは、アデナウアーが、政策調整を要件の一つ

142

として一国の国内市場に準じる共同市場の実現も重視し、共同市場に関する西ドイツ代表団の基本方針を公的に追認したということを意味する。

　他方、BDI は、OEEC の活動を通じてヨーロッパ域内の貿易の拡大がもたらされたということを考慮に入れ、とりわけ OEEC の自由化政策を称賛していた。しかし、BDI は、OEEC の自由化政策の限界も認識していた。さらに、BDI は、「一国の国内市場に準じる性格を持つヨーロッパ経済圏の樹立という意味における真の経済統合」は、OEEC の自由化政策の主な内容である「輸入制限の撤廃」ばかりではなく、「関税の撤廃」、「経済・財政・社会政策の調整」も要件とすると認識し、主として財政・通貨の領域における政策調整および共同投資基金の設置（信用の領域における政策調整）も要件とするメッシーナ決議を同様の認識に基づくものとして高く評価した[46]。したがって、BDI は、政策調整を要件の一つとして一国の国内市場に準じる共同市場の実現を追求するという点においてアデナウアーおよび西ドイツ代表団と軌を一にしていた[47]。

　さらに、BDI は、ブリュッセル協議に関する情報が常に提供され、ブリュッセル協議において取り扱われた問題に対して見解を表明する機会も提供されたことに対して一定程度の満足を示すことになる[48]。事実、BDI は、とりわけフォン・デア・グレーベンとの良好な関係も維持していた[49]。

　また、BDI は、共同市場が域外に対して吸収力を発揮し、ひいては、域内から域外への輸出を促進しうるということも重視した[50]。ここから看取されることは、BDI が、共同市場は、西ドイツ市場を基軸とする域内の水平貿易の拡大、ひいては、域内諸国と域外諸国の水平貿易の拡大をもたらし、域外諸国への西ドイツの工業製品の輸出を促進する追加的な効果も有すると認識していたということである。したがって、BDI は現実的に、政策調整を要件の一つとして一国の国内市場に準じ、OEEC および GATT と並置可能な共同市場の実現を優先することを基本的な立場とした。

3　スパーク報告とヴェネツィア会議

　1955 年 10 月までブリュッセル協議が順調に進んだとはいえ、政府間交渉

第 5 章　ローマ条約成立過程と西ドイツ　143

のための基盤が形成されたわけではなかった。そのため、スパークがイニシアティヴを発揮し、ブリュッセル協議は 11 月以降、スパークの指導のもと、各国代表団首席代表ならびに最高機関経済総局総局長ピエール・ユリ（Pierre Uri）およびフォン・デア・グレーベンによって進められることになった[51]。さらに、スパークはユリとフォン・デア・グレーベンに、最終報告書の草案を作成するよう要請し、1956 年 2 月から 4 月にかけて最終報告書作成作業が行われた。こうして、1956 年 4 月 21 日にスパークによって「外相に対する代表団首席代表報告」（スパーク報告）が提出された[52]。

　実質的にユリとフォン・デア・グレーベンによって作成されたスパーク報告は、メッシーナ決議と並ぶ重要文書である。そのため、スパーク報告の主な内容について確認する必要もあろう。共同市場との関連では、第 1 部「共同市場」の「序言」が特に重要である。

　スパーク報告は第 1 部「共同市場」の「序言」において、共同市場の目的は、力強い生産単位を組織し、持続的な発展と生活水準の速やかな向上を可能にするとともに、加盟国間の調和のある関係を増進させるような広域共同経済政策圏を創設することにあると謳った。続けて、スパーク報告は次の 3 つのことも重視した。第一は、必要な措置を講じるために若干の期間が準備され、共同行動が取られることである。第二は、生産者間の競争を歪曲するような措置が停止されることである。第三は、通貨の安定、経済の拡大、社会の進歩を確保するために国家間の協力が行われることである。その上で、スパーク報告は、共同市場が、相互に近接した諸国に限定された地域的なものにならざるをえないと認めた。しかし、スパーク報告は、共同市場は域内諸国に対して、一国単独では不可能であるような域外諸国との間の緊密な関係の樹立を可能にする力を与えると強調した[53]。

　西ドイツ政府は 1956 年 5 月 9 日の閣議において、スパーク報告の次の 4 つの主要点を支持することを決定した。第一は、「不可逆的に段階を経る関税同盟」、第二は、「競争原則、国際収支調整政策、共通経済・貿易政策に関する取り決め」、第三は、「投資基金および適応基金の設置」、第四は、「原子力共同体の結成」である[54]。したがって、西ドイツ政府は、共同市場との

関連では、関税同盟を共同市場の基礎に置き、セーフガード措置を含む国際収支不均衡是正政策、政策調整・共同投資基金も共同市場の要件とすることを主な内容とするスパーク報告を支持した。

1956年5月29・30日にはヴェネツィアにおいてECSC加盟国外相会議（「ヴェネツィア会議」）が開催され、スパーク報告に対する各国政府の立場が説明された。ヴェネツィア会議に参加したハルシュタインは1956年5月9日の閣議決定に基づいて、スパーク報告の主要点を支持することを表明した。その上で、ハルシュタインは、スパーク報告を基盤として条約交渉を開始することを了承した。フランス外相クリスチャン・ピノー（Christian Pineau）も原則的に、スパーク報告を基盤として条約交渉を開始することを了承した。その結果、1956年6月26日にブリュッセルにおいて引き続きスパークを議長とし、経済共同体条約および原子力共同体条約に関する政府間交渉が開始されることが決定された[55]。

スパークは、ブリュッセルにおける政府間条約交渉に臨む各国代表団の編成を可能な限り変更しないよう要請した。それを受け、西ドイツ外務省は、オプヒュールスを首席代表に、フォン・デア・グレーベンを実務的な重職に再任することを提案した。この外務省案はエッツェルにも支持された。さらに、エッツェルはフォン・ブレンターノに、とりわけ経済省の反対を押し切って外務省案を固守するよう要請した[56]。

事実、西ドイツ経済省は、共同市場構想を徹底的に忌避するエアハルトのもと第I総局を中心に、外務省から主導権を奪取し、スパーク報告を放棄することを画策していた[57]。そのため、経済省においては、スパーク報告の作成に直接かかわったオプヒュールスおよびフォン・デア・グレーベンの評価が急落し、とりわけエアハルトとフォン・デア・グレーベンの間の溝が深まっていた。そのような状況の中、エアハルトは、ミュラー＝アルマックを首席代表に任命することも提案した[58]。

その後、外務省とのみ協議を行ったアデナウアーによってオプヒュールスが首席代表に再任され、フォン・デア・グレーベンを引き続き自身の協力者とするというスパークの要請も原則的に受け入れられた[59]。したがって、西

ドイツにおいてはアデナウアーの指導力のもと、エッツェルによってエアハルトに掣肘も加えられ、外務省が経済省第 III 総局 III D 局とともに主導権を保持した。

第3節　ローマ条約と西ドイツ

1　フランスの要求への西ドイツの対応

　ブリュッセル交渉においては、フランスが共同市場を受諾するかどうかにかかわる問題も浮上した。フランスは、自国の経済的安全を確保するために、一連の措置を要求した。それらの中には、「社会的負担の調和」、フランスの「特別制度」の維持も含まれていた。前者については、フランスは、労働条件を西ドイツの水準よりも高いフランスの水準に合わせて平準化することによって産業の競争条件を平準化すること、換言すれば、フランス産業の競争上の不利を除去することを考慮に入れ、とりわけ男女賃金、時間外労働、有給休暇に関する規定の平準化を要求した。後者については、フランスは、他の OEEC 加盟国からの輸入の自由化措置を緩和するために一時的に導入された輸入特別税の維持、輸出業者に「社会的負担」を払い戻して価格差を防止するために導入された輸出奨励金の維持を要求した[60]。

　西ドイツ政府は 1956 年 10 月 5 日の閣議において、フランスの一連の要求への対応を決定した。「社会的負担の調和」については、西ドイツ政府は、一方で、男女賃金規定および休暇規定（有給休暇規定）の平準化にかかわるフランスの要求に譲歩し、他方で、週労働時間・時間外労働手当規定（時間外労働規定）の平準化にかかわるフランスの要求を拒否することを決定した。さらに、西ドイツ政府は、賃金および社会保障制度の平準化にかかわるフランスの全般的な要求を拒否することも決定した。また、フランスの輸入特別税・輸出奨励金の維持については、西ドイツ政府は、条件を付けてフランスの要求を受け入れることを決定し、共同体域内外のすべての諸国を等しく処遇することを条件の一つとした[61]。

　1956 年 10 月 20・21 日にはパリにおいて ECSC 加盟国外相会議（「パリ会

議」）が開催され、懸案事項について協議が行われた。パリ会議においては、とりわけ時間外労働規定の平準化をめぐって独仏の対立が激化し、アデナウアーの訪仏時に問題全体について改めて検討が行われることになった。そのため、パリ会議に参加した外務省第2総局21局（ヨーロッパ問題局）局長カール・カルステンス（Karl Carstens）はハルシュタインに会議の失敗を報告することになった。しかし、カルステンスは、各国に交渉継続の意思があると指摘した上で、すべての未解決の問題において妥協が可能であるという見方も示した[62]。

2 独仏の妥協

アデナウアーは1956年11月6日にフランスを訪問し、フランス首相ギ・モレ（Guy Mollet）と会談を行った。それと並行して、共同市場問題・原子力問題に関する独仏間の協議が「独仏専門家作業グループ」において行われ、カルステンスが西ドイツを代表して協議に参加した。協議の結果、合意が形成され、独仏専門家作業グループの提案が示された[63]。

全般的な社会問題については、加盟国は、労働者の生活条件および労働条件を向上させながら平準化することができるよう、それらの条件の改善を促進する必要性について合意するという趣旨の文言が条約に組み込まれることが提案された。さらに、加盟国は、そのような発展が、社会制度の調和を促進する共同市場自体の作用と同様に、条約によって定められた手続き、および、各国の立法の接近からも生じるものと考えるという趣旨の文言も条約に組み込まれることが提案された[64]。この提案は、社会問題全体の調和のための介入を必要とするフランスの立場と、社会問題全体の調和を共同市場の作用の結果とする西ドイツの立場を折衷したものであった[65]。

また、時間外労働については、加盟国は、共同市場開設の第一段階の終了時に、時間外労働手当が支払われる労働時間、および、産業における時間外労働手当の平均的な水準がフランスの現状に一致する状況がもたらされると考えるという趣旨の文言が取り入れられることが提案された。さらに、「ヨーロッパ委員会」（European Commission）は、そのような状況がもたらされな

かった場合、時間外労働手当に関する不均衡によって損失を被ったフランスの産業部門にセーフガード措置の適用を認めるという趣旨の文言が取り入れられることも提案された。ただし、他の加盟国の同様の産業部門における同時期の賃金水準の平均的な上昇率が、フランスの産業部門における上昇率よりも、「閣僚理事会」（Council of Ministers）の同意のもとヨーロッパ委員会によって定められる上昇率を超えて高い場合、セーフガード措置は適用除外とされるという趣旨の文言を付け加えることが提案された[66]。

すなわち、時間外労働規定の相違によって生じることになるフランスの不利をめぐっては、セーフガード措置の適用によってフランスの産業部門が保護されるという方向で妥協案が示された[67]。セーフガード措置の適用という方法は、フランスの輸入特別税・輸出奨励金の維持に関する妥協案にも用いられた。

フランスの輸入特別税・輸出奨励金の維持について、独仏専門家作業グループは、その維持のための一連の条件を提案した。それらの中の一つは、閣僚理事会は、ヨーロッパ委員会の提案に基づいて、輸入特別税・輸出奨励金の統一の欠如が他の加盟国の産業部門に不利益をもたらすと判断した場合、特定多数決によって、統一のための措置をフランス政府に要求することができ、フランス政府が措置を講じない場合には、閣僚理事会は特定多数決によって他の加盟国にセーフガード措置の適用を認めることができるというものであった[68]。この条件は、すべての諸国が等しく処遇されることを、フランスの輸入特別税・輸出奨励金の維持のための条件の一つとした西ドイツにとって特に重要なものであったであろう。

3　ローマ条約の規定

1957年2月には、その他の懸案事項についても合意が形成された[69]。その結果、1957年3月25日にECSC加盟6ヵ国によってローマ条約が調印された。

ローマ条約は第2条において、共同体の使命は、共同市場の設立および加盟国の経済政策の漸進的接近によって、共同体全体の経済活動の調和した発

展、持続的かつ均衡的な拡大、安定強化、生活水準のいっそう速やかな向上、加盟国間の関係の緊密化を促進することであると規定した。さらに、ローマ条約は第3条において、前条に定められる目的を達成するために次の措置を講じると規定した[70]。

（a）加盟国間の貨物の輸入および輸出に関する関税・数量制限、ならびに、それらと同等の効果を有する他のすべての措置の撤廃
（b）第三国に対する共通関税率および共通通商政策の設定
（c）加盟国間の人・サービス・資本の自由移動に対する障害の除去
（d）農業分野における共通政策の樹立
（e）運輸分野における共通政策の樹立
（f）共同市場内において競争が歪められないことを保障する制度の確立
（g）加盟国の経済政策を調整し、国際収支の不均衡を是正するための手続きの実施
（h）共同市場の運営に必要な限りにおける各国の法制の接近
（i）労働者の雇用の機会を改善し、その生活水準の向上に寄与するためのヨーロッパ社会基金の設置
（j）新たな財源の創設によって共同体の経済的拡大を容易にするためのヨーロッパ投資銀行の設置
（k）貿易を拡大し、経済的かつ社会的な発展を共同で推進することを目的とする海外の諸国および諸領域との連合

また、ローマ条約の規定という点においては、ここまで進めてきた議論に即して、政策にかかわる主な条項について確認しておくことも必要であろう。ローマ条約は第103条第1項において、加盟国は景気政策を共通の利益とみなし、当面の事態に鑑みて、講じるべき措置について相互間で協議し、また、ヨーロッパ委員会と協議すると規定した[71]。この条項は、景気政策の調整、換言すれば、財政政策の調整について規定するものであったであろう。

さらに、ローマ条約は第104条において、各加盟国は、高水準の雇用および価格水準の安定を確保することに十分に留意しながら、国際収支の均衡を確保し、自国通貨の信用を維持するために必要な経済政策を実施すると規定した上で、第105条第1項において、第104条に掲げる目的の達成を容易にするために、加盟国は経済政策を調整すると規定した。続けて、ローマ条約は第105条第2項において、共同市場の運営に必要な範囲において加盟国の通貨政策の調整を促進するために、諮問機関として通貨評議会を設置すると規定した[72]。こうして、政策調整がローマ条約において明文化された。

他には、セーフガード措置がローマ条約に組み込まれた。ローマ条約は第109条第1項において、国際収支が急激に悪化し、また、第108条第2項に定められるように、他の加盟国からの信用の供与などの相互援助(相互協力)に関する閣僚理事会の特定多数決による決定が直ちに行われない場合[73]、加盟国は保全措置として必要な保護措置を講じることができると規定した[74]。

共同投資基金もローマ条約に組み込まれた。ローマ条約は第129条において、加盟国によって構成され、法人格を有するヨーロッパ投資銀行を設置すると規定した。続けて、ローマ条約は第130条において、ヨーロッパ投資銀行は、共同市場の均衡の取れた円滑な発展に寄与するために、金融市場および自己資本に依拠し、貸付および保証供与によって、低開発地域の開発に関する計画、企業の近代化ないし転換に関する計画、2ヵ国以上の加盟国の共通利益に関する計画などに対する融資を容易にすると規定した[75]。

他方、1956年11月6日における独仏専門家作業グループの提案の一部は「ヨーロッパ経済共同体設立条約付属議定書」の「フランスにかかわる若干の規定に関する議定書」に明記された[76]。フランスに関する付属議定書には、フランスの輸入特別税・輸出奨励金の維持に関する一連の規定も含まれていた。それらの中の一つは、フランスの輸入特別税・輸出奨励金の不統一な運用が他の加盟国の特定の産業部門に損失をもたらす恐れがあり、フランス政府が是正措置を講じない場合には、損失を受ける他の加盟国に保護措置の適用が認められうるというものであった[77]。したがって、西ドイツにとって

特に重要な条件も明文化された。

4 ローマ条約に関する西ドイツ産業界の見解

BDI は、ローマ条約への調印を、第二次世界大戦後のヨーロッパ統合政策における最も重要な出来事と捉え、関税・数量制限の撤廃を特に高く評価した。ただし、BDI は、共同市場への西ドイツの適応過程において、特定の産業部門に困難がもたらされうると懸念した。その上で、BDI は、そのような困難の克服のために、セーフガード措置の適用も考慮に入れた[78]。セーフガード措置の適用に関する規定上の根拠は、ローマ条約第 109 条第 1 項、場合によっては、フランスに関する付属議定書であった。

共同市場の創出によって困難に陥ると懸念された西ドイツの産業部門の典型的な例は繊維産業であった[79]。西ドイツ繊維産業は、輸出を志向する産業部門ではなく、1957 年の生産に占める輸出の割合はおよそ 7.7% であり、西ドイツ産業全体の平均を下回っていた。さらに、西ドイツにおける繊維部門の輸入は輸出を大きく上回り、その輸入の大部分が共同市場参加諸国からの輸入によって占められていた。また、西ドイツ繊維産業の中でも羊毛産業が突出して、共同市場参加諸国との貿易において輸入超過に陥っていた[80]。したがって、西ドイツ繊維産業ないし西ドイツ羊毛産業が、共同市場参加諸国との競争にさらされ、それらの輸入超過状態がますます悪化するということも懸念されていたであろう[81]。

また、BDI は「さらなる景気拡大」を「共同市場の実現のための前提条件」とした。その上で、BDI は、景気の停滞ないし後退が共同市場を危険にさらすため、「あらゆる手段」を用いて「6 ヵ国経済のさらなる拡大」を保障しなければならないと認識した[82]。この場合、BDI にとって、共同市場における景気拡大のための方法として有用なものは、景気政策の調整・発動、あるいは、共同投資基金の活用であったであろう。前者に関する規定上の根拠はローマ条約第 103 条第 1 項であり、後者に関する規定上の根拠はローマ条約第 129 条および第 130 条であった。主として財政・通貨・信用の領域における政策調整によって共同市場の統一性・安定性を維持することも

志向する BDI のヨーロッパ統合構想を想起すれば、BDI が、共同市場の実現のために、ローマ条約の規定を根拠として、景気政策の調整・発動、あるいは、共同投資基金の活用、換言すれば、財政政策の調整・発動、あるいは、信用政策の調整・発動を考慮に入れていたということは想像に難くないであろう。

　もっとも、BDI は、「経済への国家的な介入の調和」をもたらす措置がローマ条約において具体的に定められていないと認識し、経済政策の調整に対する義務が不十分であることを批判的に捉えた。さらに、BDI は、とりわけ通貨政策に関する同様の義務がローマ条約において定められていないと認識し、6ヵ国相互の「通貨関係の処理」を「共同市場の機能のための前提条件」とした[83]。BDI にとって、とりわけローマ条約第 105 条第 1 項および第 2 項の規定は、具体性に欠けるものであったであろう。

　しかし、BDI は、「それぞれに異なる多様な経済制度および経済状況を持つ独立した多数の国民国家の統一経済圏への統合」が初発から、すべての問題を完璧な解決に導くことはありえないということも自明視した。その上で、BDI は、諸問題の解決はローマ条約の運用次第であるということを考慮に入れてローマ条約の弾力性を重視し、それが「実り多い協力と経済共同体の持続的な発展」の余地を広げていると認識した[84]。

小　括

　EDC 設立条約への調印後、ECSC ならびに EDC を管理する EPC を設立するための条約を起草する作業が開始されると、関税同盟に基礎を置く全般的経済統合を EPC において推進することを提唱するベイエン・プランが発表され、EPC 構想に経済統合の方針も組み込まれていった。ところが、EDC 設立条約が挫折し、それにともなって EPC 構想も挫折した。

　他方、西ドイツ産業界はベイエン・プランの発表以前から、全般的経済統合構想としてのヨーロッパ統合構想を有していた。西ドイツ産業界は、西ドイツが工業国として原料の大量輸入を必要とするという事実からも、工業製

品の輸出の拡大が西ドイツの生命線であると認識した上で、西ドイツ市場を基軸とする域内の水平貿易の拡大（工業製品の輸入と輸出の好循環）による西ドイツの工業製品の輸出の拡大を意図していた。そのため、西ドイツ産業界は、包括的な貿易の自由化によって共同市場を創出することを志向していた。しかし、同時に、西ドイツ産業界は、主として通貨・財政・信用の領域における政策調整によって共同市場の統一性・安定性を維持することも志向していた。したがって、西ドイツ産業界のヨーロッパ統合構想は、包括的な貿易の自由化によって共同市場を創出し、主として財政・通貨・信用の領域における政策調整によって共同市場の統一性・安定性を維持することを志向するものであった。

EDC設立条約の挫折後には、ヨーロッパ統合の危機を克服するために、ベネルクス覚書が発表された。ベイエン・プランも実質的に引き継いだベネルクス覚書は、貿易障壁の撤廃ばかりではなく、主として財政の領域における政策調整およびセーフガード措置もともなう全般的経済統合を柱の一つとするものであった。

1955年6月1・2日にはECSC加盟6ヵ国によって、ヨーロッパ統合を議題の一つとするメッシーナ会議が開催され、西ドイツ政府も覚書を提出した。経済省（第III総局III D局）のフォン・デア・グレーベンが中心的な役割を担って準備されていた共同市場案を叩き台とした西ドイツ覚書は、原則的にベネルクス覚書を支持した上で、域内の深刻な地域間格差の是正に寄与する投資を促進するための長期信用を供与する共同投資基金（信用の領域における政策調整）を重要な要素の一つとして追加してベネルクス覚書を補完するものであった。したがって、西ドイツ覚書は、西ドイツ産業界のヨーロッパ統合構想と親和的なものでもあった。

メッシーナ会議においては、6月3日になって全会一致で最終決議（メッシーナ決議）が行われた。この決議は、各国のヴィジョンを集約したものであり、全般的経済統合については、共同市場の創出を了承事項とするとともに、主として財政・通貨の領域における政策調整、セーフガード措置、共同投資基金にかかわる問題も検討事項とした。そのため、ブリュッセルにおい

第5章　ローマ条約成立過程と西ドイツ　153

て政府間協議が開催され、スパーク委員会を中心に検討が行われることになった。

　西ドイツ代表団は、首席代表を務めた外務省のオプヒュールス、および、副代表を務めたフォン・デア・グレーベンに率いられ、共同市場との関連では、西ドイツ覚書を下敷きに、一国の国内市場に準じる共同市場を「機能的」に創出し、「制度的」に維持するという方向で建設的に検討を進めることを基本方針とした。さらに、アデナウアーは、メッシーナ決議を遂行することを施政方針とした上で、政策調整を要件の一つとして一国の国内市場に準じる共同市場の実現も重視し、共同市場に関する西ドイツ代表団の基本方針を公的に追認した。

　また、西ドイツ産業界は、主として財政・通貨の領域における政策調整および共同投資基金の設置も要件とするメッシーナ決議を高く評価し、政策調整を要件の一つとして一国の国内市場に準じる共同市場の実現を追求するという点においてアデナウアーおよび西ドイツ代表団と軌を一にした。さらに、西ドイツ産業界は、共同市場は、西ドイツ市場を基軸とする域内の水平貿易の拡大、ひいては、域内諸国と域外諸国の水平貿易の拡大をもたらし、域外諸国への西ドイツの工業製品の輸出を促進する追加的な効果も有すると認識した。したがって、西ドイツ産業界は現実的に、政策調整を要件の一つとして一国の国内市場に準じ、OEEC および GATT と並置可能な共同市場の実現を優先することを基本的な立場とした。スパーク報告の表現を用いれば、西ドイツ産業界は、域内諸国に「一国単独では不可能であるような域外諸国との間の緊密な関係の樹立を可能にする力」も付与しうる「広域共同経済政策圏」の創設に道筋を付けることになる共同市場の実現を優先的に追求した。

　そのスパーク報告は、実質的に ECSC（最高機関経済総局）のユリおよびフォン・デア・グレーベンによって作成され、1956 年 4 月 21 日に提出された。それを受け、西ドイツ政府は、共同市場との関連では、関税同盟に共同市場の基礎を置き、セーフガード措置を含む国際収支不均衡是正政策、政策調整・共同投資基金も共同市場の要件とすることを主な内容とするスパーク報告を支持した。1956 年 5 月 29・30 日に開催されたヴェネツィア会議にお

いては、スパーク報告を基盤として条約交渉を開始することが了承された。その結果、ブリュッセルにおいて政府間条約交渉が開始され、オプヒュールスとフォン・デア・グレーベンも再び重責を担った。

交渉においては、フランスが自国の輸入特別税・輸出奨励金の維持も要求した。それに対して、西ドイツ政府は、輸入特別税・輸出奨励金の維持に関するフランスの要求を条件付きで受け入れることを決定し、諸国が等しく処遇されることを、フランスの輸入特別税・輸出奨励金の維持のための条件の一つとした。その後、外務省のカルステンスが西ドイツを代表して参加した独仏専門家作業グループの協議において、フランスの輸入特別税・輸出奨励金の不統一な運用によって損失を受ける他の加盟国にセーフガード措置の適用が認められうることも、フランスの輸入特別税・輸出奨励金の維持のための条件の一つとすることについて合意が形成された。

さらに、その他の問題についても合意が形成された。その結果、政策調整、セーフガード措置、共同投資基金も組み込まれたローマ条約が 1957 年 3 月 25 日に ECSC 加盟 6 ヵ国によって調印された。また、独仏専門家作業グループの協議における合意に基づいて、フランスの輸入特別税・輸出奨励金の維持に関する一連の規定も、フランスに関する付属議定書に組み込まれた。

西ドイツ産業界はローマ条約について、共同市場との関連では、関税・数量制限の撤廃を特に高く評価した。ただし、西ドイツ産業界は、共同市場において西ドイツの特定の産業部門が困難に陥ると懸念し、そのような困難を克服するために、ローマ条約の規定などを根拠にセーフガード措置の適用を視野に入れた。さらに、西ドイツ産業界は、共同市場の実現のために、同様にローマ条約の規定を根拠に、景気政策の調整・発動（財政政策の調整・発動）あるいは共同投資基金の活用（信用政策の調整・発動）も視野に入れた。もっとも、西ドイツ産業界は、とりわけ通貨の領域における政策調整に対する義務が不十分であることを批判的に捉えた。しかし、それは建設的な批判であり、西ドイツ産業界はローマ条約の弾力的な運用を念頭に、通貨の領域も含め、共同市場の発展と調和を展望した。

こうして、政策調整を要件の一つとして一国の国内市場に準じる市場とい

う西ドイツ政府・代表団と西ドイツ産業界によって共有された共同市場像も
メッシーナ決議・スパーク報告・ローマ条約に投影され、また、フランスの
輸入特別税・輸出奨励金の維持に関する独仏交渉を通じてセーフガード措置
の重要性が独仏間において再認識された結果、関税同盟に基礎を置き、政策
調整、共同投資基金、セーフガード措置も要件とする共同市場への道が開か
れた。したがって、西ドイツ産業界の視点から見た場合、EEC は、包括的
な貿易の自由化に基礎を置いて共同市場を創出することばかりではなく、必
要とあれば、主として財政・通貨・信用政策の調整・発動によって共同市場
の調和を維持し、セーフガード措置の適用によって共同市場内の各国の産業
を保護することを可能にすることも特質とする制度として成立した。

注

1) J. Gillingham, *European Integration, 1950-2003: Superstate or New Market Economy?*, Cambridge University Press, 2003.
2) J. Gillingham, "The European Coal and Steel Community: An Object Lesson?", in; B. Eichengreen (ed.), *Europe's Post-War Recovery*, Cambridge University Press, 1995.
3) 高野雄一・小原喜雄編『国際経済条約集』有斐閣、1983 年、249 頁。
4) とりわけ本書第 1 章および第 4 章参照。
5) 古内博行『現代ドイツ経済の歴史』東京大学出版会、2007 年、85-115 頁、W. Bührer, "German Industry and European Integration in the 1950s", in; C. Wurm (ed.), *Western Europe and Germany: The Beginnings of European Integration 1945-1960*, Oxford and Washington, 1995; T. Rhenisch, *Europäische Integration und industrielles Interesse: Die deutsche Industrie und die Gründung der Europäischen Wirtschaftsgemeinschaft*, Stuttgart, 1999.
6) 古内『現代ドイツ経済の歴史』、85-115 頁。
7) 貿易の自由化については、W. Bührer, "Erzwungene oder freiwillige Liberalisierung?: Die USA, die OEEC und die westdeutsche Außenhandelspolitik 1949-1952", in; L. Herbst, W. Bührer und H. Sowade (Hrsg.), *Vom Marshallplan zur EWG: Die Eingliederung der Bundesrepublik Deutschland in die westliche Welt*, München, 1990 参照。OEEC については、W. Bührer, *Westdeutschland in der OEEC: Eingliederung, Krise, Bewährung, 1947-1961*, München, 1997 参照。
8) Bührer, "German Industry and European Integration in the 1950s".
9) アデナウアーのヨーロッパ政策ないし外交政策については、H. J. Küsters, "The Federal Republic of Germany and the EEC-Treaty", in; E. Serra (a cura di), *Il*

rilancio dell'Europa e i trattati di Roma: Atti del colloquio di Roma 25-28 mar-
zo 1987, Bruxelles, 1989; H. J. Küsters, "West Germany's Foreign Policy in Wes-
tern Europe, 1949-58: The Art of the Possible", in; Wurm (ed.), *Western Europe*
and Germany; R. Neebe, "Optionen westdeutscher Außenwirtschaftspolitik
1949-1953", in; Herbst, Bührer und Sowade (Hrsg.), *Vom Marshallplan zur*
EWG; G. Niedhart, "Außenpolitik in der Ära Adenauer", in; A. Schildt und A.
Sywottek (Hrsg.), *Modernisierung im Wiederaufbau: Die westdeutsche Gesell-*
schaft der 50er Jahre, Bonn, 1993 参照。

10) コーポラティズム論については、G. Lehmbruch and P. C. Schmitter (ed.),
Patterns of Corporatist Policy-Making, London, 1982; G. Lehmbruch, "Concerta-
tion and the Structure of Corporatist Networks", in; J. H. Goldthorpe (ed.), *Or-*
der and Conflict in Contemporary Capitalism, Oxford University Press, 1984 参照。

11) Rhenisch, *Europäische Integration und industrielles Interesse.*

12) とりわけ本書第 1 章および第 4 章参照。

13) フランスの視点から見た場合の EEC（共同市場）の経済的意義について論じた
研究としては、廣田愛理「フランスのローマ条約受諾——対独競争の視点から」
『歴史と経済』第 177 号、2002 年 10 月、廣田愛理「EEC 成立期における自由貿
易圏構想へのフランスの対応」『社会経済史学』第 70 巻第 1 号、2004 年 5 月があ
る。イギリスの動向については、W. Kaiser, *Using Europe, Abusing the Europe-*
ans: Britain and European Integration, 1945-63, Basingstoke, 1996; J. Ellison,
Threatening Europe: Britain and the Creation of the European Community,
1955-58, Basingstoke and New York, 2000 参照。

14) 小島健『欧州建設とベルギー——統合の社会経済史的研究』日本経済評論社、
2007 年、259-263 頁。

15) 遠藤乾編『原典 ヨーロッパ統合史——史料と解説』名古屋大学出版会、2008 年、
「オランダ政府覚書」、278-281 頁。

16) 小島『欧州建設とベルギー』、263-265 頁。

17) 同上、265-277 頁。

18) Rhenisch, *Europäische Integration und industrielles Interesse*, pp. 126-127,
133-137.

19) BDI (Hrsg.), *Geschäftsbericht des Bundesverbandes der Deutschen Industrie:*
1. April 1950-31. Mai 1951, Bergisch Gladbach, 1951, p. 12.

20) BDI (Hrsg.), *Jahresbericht des Bundesverbandes der Deutschen Industrie: 1.*
Juni 1951-30. April 1952, Bergisch Gladbach, 1952, pp. 14-15, 42-43.

21) BDI (Hrsg.), *Fünf Jahre BDI: Aufbau und Arbeitsziele des industriellen Spit-*
zenverbandes, Bergisch Gladbach, 1954, p. 150.

22) BDI (Hrsg.), *Jahresbericht des Bundesverbandes der Deutschen Industrie: 1.*
Juni 1951-30. April 1952, p. 43.

23) Bundesarchiv Koblenz（以下 BA と略）, Bundeskanzleramt (B136), Bd. 3956,
Schreiben des BDI an Adenauer vom 26. 3. 1952, Anl., Entschliessung des Bun-

第5章　ローマ条約成立過程と西ドイツ　157

desverbandes der Deutschen Industrie zur Frage weiterer wirtschaftlicher Teilunionen.

24）Ibid.

25）Ibid.

26）BDI（Hrsg.）, *Jahresbericht des Bundesverbandes der Deutschen Industrie: 1. Mai 1952-30. April 1953*, Bergisch Gladbach, 1953, p. 80.

27）BDI（Hrsg.）, *Jahresbericht des Bundesverbandes der Deutschen Industrie: 1. Mai 1953-30. April 1954*, Bergisch Gladbach, 1954, p. 25.

28）BDI（Hrsg.）, *Jahresbericht des Bundesverbandes der Deutschen Industrie: 1. Mai 1954-30. April 1955*, Bergisch Gladbach, 1955, p. 23.

29）H. J. Küsters, "The Origins of the EEC Treaty", in; Serra（a cura di）, *Il rilancio dell'Europa e i trattati di Roma*, pp. 214-215; 小島『欧州建設とベルギー』、292-295 頁。

30）遠藤編『原典 ヨーロッパ統合史』、「ベネルクス覚書」、281-284 頁、小島『欧州建設とベルギー』、295-297 頁。

31）小島『欧州建設とベルギー』、297 頁。

32）H. Möller und K. Hildebrand（Hrsg.）, *Die Bundesrepublik Deutschland und Frankreich: Dokumente 1949-1963: Bd. 1: Außenpolitik und Diplomatie*（以下 BDFD1 と略）, München, 1997, Nr. 178; Auswärtiges Amt, Ressortbesprechung vom 25. 6. 1955, pp. 589-591.

33）Küsters, "The Origins of the EEC Treaty", p. 216; Küsters, "The Federal Republic of Germany and the EEC-Treaty", p. 497.

34）H. Möller und K. Hildebrand（Hrsg.）, *Die Bundesrepublik Deutschland und Frankreich: Dokumente 1949-1963: Bd. 2: Wirtschaft*（以下 BDFD2 と略）, München, 1997, Nr. 215; Regierung der Bundesrepublik Deutschland, Memorandom, 1. 6. 1955, pp. 749-751.

35）BDFD2, Nr. 216; Tagung der Außenminister der Mitgliedstaaten der EGKS in Messina am 1./2. 6. 1955, Entwurf des Protokolls（Auszug: Eingangsstatements von Staatssekretär Hallstein und Außenminister Pinay）, pp. 752-757.

36）小島『欧州建設とベルギー』、299 頁。

37）Küsters, "The Federal Republic of Germany and the EEC-Treaty", p. 498.

38）遠藤編『原典 ヨーロッパ統合史』、「メッシーナ決議」、292-293 頁、小島『欧州建設とベルギー』、300-301 頁。

39）同上。

40）首席代表委員会の他には、「共同市場・投資・社会問題委員会」、「原子力委員会」、「旧エネルギー委員会」、「運輸・公共事業委員会」が設置され、共同市場・投資・社会問題委員会の小委員会として、「投資小委員会」、「社会問題小委員会」、運輸・公共事業委員会の小委員会として、「空輸小委員会」、「郵便・電気通信小委員会」が設置された。廣田「フランスのローマ条約受諾」、12 頁。

41）Küsters, "The Origins of the EEC Treaty", pp. 218-219; 小島『欧州建設とベ

ルギー』、301-302 頁。

42）BDFD1, Nr. 178; Auswärtiges Amt, Ressortbesprechung vom 25. 6. 1955, pp. 589-591.

43）BA, B136, Bd. 1310, Staatssekretärbesprechung am 22. 12. 1955.

44）Küsters, "The Origins of the EEC Treaty", pp. 216, 221-222; Küsters, "The Federal Republic of Germany and the EEC-Treaty", pp. 497-500.

45）Auswärtiges Amt（Hrsg.）, *Die Auswärtige Politik der Bundesrepublik Deutschland*（以下 APBD と略）, Köln, 1972, Nr. 78; Europäische Integration als Richtlinie deutscher Politik/Schreiben des Bundeskanzlers Dr. Konrad Adenauer an die Bundesminister vom 19. Januar 1956, pp. 317-318.

46）BDI（Hrsg.）, *Jahresbericht des Bundesverbandes der Deutschen Industrie: 1. Mai 1955-30. April 1956*, Bergisch Gladbach, 1956, pp. 98-99.

47）ベルクは 1956 年 2 月 4 日付でアデナウアーに書簡を送付し、西ドイツ産業界の重大な懸念も伝えた。その懸念は、フランスが原子力問題を重視し、共同市場に対して消極的な態度を取っていることから、原子力に関する条約が先行して成立した場合、共同市場に関する条約が挫折しうるというものであった。ベルクは、メッシーナ決議が統一体として取り扱われなければならないと指摘した上で、共同市場問題と原子力問題を分離し、原子力問題を優先することが提案された場合には、西ドイツ政府が、それに反対するよう要請した。BA, B136, Bd. 1310, Schreiben Bergs an Adenauer vom 4. 2. 1956.

48）BDI（Hrsg.）, *Jahresbericht des Bundesverbandes der Deutschen Industrie: 1. Mai 1955-30. April 1956*, p. 25.

49）Rhenisch, *Europäische Integration und industrielles Interesse*, pp. 103-126.

50）ただし、BDI は、共同市場参加国によって域外に対して、「自由主義的共通輸入政策」、具体的には、「穏当かつ中間的な関税水準」が選択されることを共同市場の対外的な吸収力の発揮の条件とした。BDI（Hrsg.）, *Jahresbericht des Bundesverbandes der Deutschen Industrie: 1. Mai 1955-30. April 1956*, p. 99.

51）Küsters, "The Origins of the EEC Treaty", p. 219.

52）小島『欧州建設とベルギー』、303-304 頁。

53）日本関税協会『共同市場と国際貿易』日本関税協会、1957 年、片山謙二・北原道彦訳「スパーク報告『欧州共同市場計画』（全文）」、190-192 頁。

54）BDFD1, Nr. 182; Staatssekretär des Auswärtigen Amtes Hallstein an Auswärtiges Amt, Telegramm, 30. 5. 1956, pp. 601-602.

55）Ibid.

56）Rhenisch, *Europäische Integration und industrielles Interesse*, pp. 143-145.

57）エアハルトおよびミュラー＝アルマックなどによる共同市場構想批判については、G. Curzon, "International Economic Order: Contribution of Ordo-Liberals", in; A. Peacock and H. Willgerodt（ed.）, *German Neo-Liberals and the Social Market Economy*, London, 1989; K. Dyson, "German Economic Policy after Fifty Years", in; P. H. Merkl（ed.）, *The Federal Republic of Germany at Fifty: The*

第5章 ローマ条約成立過程と西ドイツ 159

End of a Century of Turmoil, London, 1999 参照。

58）Rhenisch, *Europäische Integration und industrielles Interesse*, pp. 141-145.

59）Ibid., pp. 143-145.

60）廣田「フランスのローマ条約受諾」、7-9 頁。

61）BDFD1, Nr. 186; Auswärtiges Amt, Aufzeichnung, 19. 10. 1956, pp. 610-612.

62）BDFD1, Nr. 187; Ministerialdirigent im Auswärtigen Amt Carstens an Staatssekretär Hallstein, Telegramm, 22. 10. 1956, pp. 612-613.

63）BDFD1, Nr. 188; Arbeitsgruppe deutscher und französischer Sacherverständiger zu EURATOM und dem Gemeinsamen Markt, Aufzeichnung, 6. 11. 1956, pp. 614-616.

64）Ibid.

65）廣田「フランスのローマ条約受諾」、11 頁。

66）BDFD1, Nr. 188; Arbeitsgruppe deutscher und französischer Sacherverständiger zu EURATOM und dem Gemeinsamen Markt, Aufzeichnung, 6. 11. 1956, pp. 614-616.

67）廣田「フランスのローマ条約受諾」、11 頁。

68）BDFD1, Nr. 188; Arbeitsgruppe deutscher und französischer Sacherverständiger zu EURATOM und dem Gemeinsamen Markt, Aufzeichnung, 6. 11. 1956, pp. 614-616.

69）BDFD1, Nr. 195; Ministerialdirigent im Auswärtigen Amt Carstens an Diplomatische Vertretungen, Fernschreiben, 7. 2. 1957, pp. 631-632; BDFD1, Nr. 196; Ministerialdirigent im Auswärtigen Amt Carstens an Diplomatische Vertretungen, Telegramm, 20. 2. 1957, pp. 632-633; 小島『欧州建設とベルギー』、307-308 頁。

70）APBD, Nr. 94; Die Europäische Wirtschaftsgemeinschaft/Verträge zur Gründung der Europäischen Wirtschaftsgemeinschaft vom 25. März 1957（Auszug）, pp. 355-358; 高野・小原編『国際経済条約集』、249 頁。

71）高野・小原編『国際経済条約集』、260 頁。

72）同上、260-261 頁。

73）ローマ条約第 108 条第 2 項については、高野・小原編『国際経済条約集』、261 頁参照。

74）高野・小原編『国際経済条約集』、261 頁。

75）同上、263 頁。

76）1956 年 11 月 6 日における独仏専門家作業グループの提案については、BDFD1, Nr. 188; Arbeitsgruppe deutscher und französischer Sacherverständiger zu EURATOM und dem Gemeinsamen Markt, Aufzeichnung, 6. 11. 1956, pp. 614-616 参照。

77）日本関税協会『共同市場と国際貿易』、大蔵省税関部訳「欧州経済共同体を設立する条約の付属議定書」、「フランスに関する若干の規定についての議定書」、323-325 頁。

78）BDI（Hrsg.), *Jahresbericht des Bundesverbandes der Deutschen Industrie: 1.*

Mai 1956-30. April 1957, Bergisch Gladbach, 1957, pp. 33, 35.

79) 西ドイツ繊維産業は1957年に年間売上高において、機械工業、鉄鋼業、化学工業に次ぐ規模を誇った。Rhenisch, *Europäische Integration und industrielles Interesse*, p. 188.

80) Rhenisch, *Europäische Integration und industrielles Interesse*, pp. 188-189.

81) 他に、困難に陥ると懸念された西ドイツの産業部門は、紙・パルプ（繊維素）産業、中でも藁紙・藁パルプ産業であった。西ドイツ藁紙・藁パルプ産業は、とりわけオランダとの競争によって危険にさらされるということが懸念されていた。また、同様に困難に陥ると懸念された西ドイツの産業部門の特殊な例が航空機産業・航空機関連産業であった。第二次世界大戦後、禁止されていた西ドイツの大型航空機生産の再開、換言すれば、西ドイツ航空機産業の再建が将来にわたって、フランスとの競争によって不可能になるということが懸念されていた。Rhenisch, *Europäische Integration und industrielles Interesse*, pp. 193-195.

82) BDI（Hrsg.）, *Jahresbericht des Bundesverbandes der Deutschen Industrie: 1. Mai 1956-30. April 1957*, pp. 34-35.

83) Ibid., p. 34.

84) Ibid., pp. 41-42.

161

終章

1950 年代におけるヨーロッパ統合の経済史的意義

第 1 節　ヨーロッパ石炭鉄鋼共同体の制度的特質

　1950 年 5 月 9 日にフランスによってシューマン・プランが発表された。シューマン・プランは、とりわけ鉄鋼の領域において生産の共同化および価格の平準化を実現することを主な目的の一つとしていた。

　それを受け、西ドイツ鉄鋼業界はシューマン・プランにカルテル的共同調整の実現の可能性を見出した。しかし、西ドイツ鉄鋼業界は、戦間期の国際鉄鋼カルテルによる恒常的な生産調整がドイツにとって、需要の拡大に応じた生産の拡大を阻む桎梏となったという苦い経験も考慮に入れ、共同体レベルの危機的状況における必要に応じたカルテル的共同調整を志向した。また、西ドイツ鉄鋼業界は、鉄鋼価格を可能な限り低く抑えることによって西ドイツ鉄鋼加工業の競争力を支えることも意図し、西ドイツ国内の鉄鋼価格の上昇、ひいては、西ドイツ鉄鋼加工業の競争力の低下につながる価格の平準化を拒否した。したがって、西ドイツ鉄鋼業界はシューマン・プランの発表後、カルテル的共同調整が共同体レベルの危機的状況に限定され、生産・投資・価格に関する自由が大幅に保障されることを追求した。

　さらに、西ドイツ鉄鋼業界は、シューマン・プラン交渉に臨む西ドイツ政府・代表団に対して影響を与えた。その結果、西ドイツ政府・代表団は、介入を必要最小限にとどめることを交渉上の基本方針の一つとした。

　この西ドイツの立場もシューマン・プラン交渉を通じて、生産・投資・価格問題に関する合意に反映され、1951 年 4 月 18 日にヨーロッパ石炭鉄鋼共同体設立条約（パリ条約）が調印された。生産・投資・価格問題に関するパリ条約の条項によって、具体的には、第一に、供給不足時に供給割当が実施

され、また、過剰生産時に生産割当が実施されることになった。第二に、他人資金による投資が審査され、パリ条約に違反すると判断されたものが抑制されるとともに、自己資金による投資は抑制されないことになった。第三に、供給不足時に最高価格が決定され、また、過剰生産時に最低価格が決定されることになった。

こうして、とりわけ西ドイツ鉄鋼業界の視点から見た場合、生産・投資・価格問題に関するパリ条約の条項は、カルテル的共同調整を共同体レベルの危機的状況に限定して共同体域内の企業に自由を大幅に保障するものとなった。したがって、ヨーロッパ石炭鉄鋼共同体（European Coal and Steel Community: ECSC）は、生産・投資・価格問題との関連では、経営の自由を大幅に保障し、共同体全域に及ぶ危機的状況において必要とあればカルテル的共同介入を発動することを特質とする制度として成立した。

もっとも、西ドイツ鉄鋼業に対する連合国の占領が終了しなければ、西ドイツ鉄鋼業界にとって、ECSC による経営の自由の大幅な保障の意味は失われることになったであろう。そのため、「平等参加」を謳うシューマン・プランは西ドイツ鉄鋼業界にとって、西ドイツ鉄鋼業に対する連合国の直接的な占領政策（一方的な制約）の終了に道筋を付けるという点でも重要であった。すなわち、西ドイツ鉄鋼業界は、とりわけ鉄鋼生産および鉄鋼生産力の制限、ルール国際機関によるルールの生産物の分配という西ドイツ鉄鋼業に対する一方的な制約である連合国の占領体制からの脱却（脱占領）、換言すれば、「同等の権利」の獲得も根拠にシューマン・プランに同意した。

しかし、西ドイツ鉄鋼業界にとって「同等の権利」は、脱占領にのみかかわるものではなかった。パリ条約によって、自己資金による投資は抑制されないものの、他人資金による投資は審査され、同条約に違反すると判断されたものが抑制されることになったため、西ドイツ鉄鋼業界にとって「同等の権利」は、フランスをはじめとする他の共同体諸国における他人資金による投資の実施を前提に、共同体域内の投資調整における差別待遇の排除を通じて、西ドイツにおける他人資金による投資の実施を保証するものであった。

したがって、「同等の権利」は狭義のものと広義のものに区分される。す

なわち、西ドイツ鉄鋼業界にとって狭義の「同等の権利」は、明瞭な占領体制からの解放、ひいては、ECSC によって保障される大幅な経営の自由の享受に資するものであり、広義の「同等の権利」は、ECSC の相対的に強力な介入における差別待遇の排除に資するものであった。

ところが、シューマン・プラン交渉は、シューマン・プランの発表直後の1950 年 5 月 16 日に公布された連合国法令 27 号に基づく連合国の西ドイツ石炭・鉄鋼業再編成政策と連動するようにもなっていた。とりわけ西ドイツ鉄鋼業の非集中化に関する問題の解決、厳密には、鉄鋼大企業の解体・分割による個別の鉄鋼企業の新設、鉄鋼企業・工場による炭鉱の所有の禁止ないし制限を内容とする西ドイツ鉄鋼業の非集中化に関する具体案の策定がシューマン・プランの実現の前提となっていった。

西ドイツ鉄鋼業の非集中化をめぐる西ドイツと連合国の対立が深刻化したものの、最終的には、独米交渉を通じて、西ドイツ鉄鋼業の非集中化に関する具体案が策定され、西ドイツ政府が 1951 年 3 月 14 日に、西ドイツ鉄鋼業の非集中化も含む連合国法令 27 号の施行に関する具体案を連合国に示した。ただし、この独米交渉の過程において、西ドイツは安易に妥協せず、シューマン・プランの実現を先送りした上で、西ドイツ鉄鋼業の非集中化に関する譲歩を連合国から引き出すためにシューマン・プランを逆用した。したがって、シューマン・プランは西ドイツにとって、西ドイツ鉄鋼業の非集中化に関する問題の解決の過程においては、連合国から譲歩を引き出すための手段となるものであった。

西ドイツと連合国の双方の譲歩による連合国法令 27 号問題の解決は、パリ条約への調印に向けて最後の障害を除去した。しかし、連合国法令 27 号問題と密接に関連する反カルテル・反企業集中条項問題も、シューマン・プランにおけるカルテル・企業集中問題を構成し、パリ条約に反カルテル・反企業集中条項が組み込まれることになった。

そもそも、西ドイツ鉄鋼業界は、危機的状況においてこそ、鉄鋼業の合理化および保護を目的に生産・販売・価格を調整する業界の自治組織としてのカルテルを必要としていた。すなわち、西ドイツ鉄鋼業界は「危機管理型合

理化カルテル」を志向し、原則禁止・例外容認という形の穏健なカルテル規制のもと必要とあればカルテルが例外的に容認されるべきであるとする立場を基本としていた。さらに、西ドイツ鉄鋼業界は、この点についても、シューマン・プラン交渉に臨む西ドイツ政府・代表団に対して影響を与え、西ドイツ政府・代表団は、可能な限りカルテルを擁護することも追求した。

　そのため、フランスが、反カルテル条項を導入し、カルテルを厳格に禁止することを提案すると、西ドイツはカルテルの厳格な禁止に抵抗した。その後、フランスによって再び提案された反カルテル条項は、カルテルが禁止されることを規定しながらも、特定の条件が満たされたと判断されれば、カルテルが容認されうることを新たに規定した。すなわち、反カルテル条項は、カルテルを厳格に禁止するものから、必要とあればカルテルを例外的に容認するものに明確に転換した。こうして、カルテルの厳禁に反対し、カルテルの原則禁止・例外容認を支持する西ドイツの立場も反映された結果、パリ条約の反カルテル条項は、カルテルに対する西ドイツ鉄鋼業界の基本的な立場と整合し、西ドイツ鉄鋼業界にとって、必要に応じてカルテルを例外的に組織することを可能にするものとなった。

　また、フランスが、反企業集中条項を導入し、企業集中が事前の認可を受けることを提案すると、西ドイツ鉄鋼業界は、連合国法令27号によって鉄鋼大企業の解体・分割措置を受けた西ドイツ鉄鋼業における将来の企業集中が、企業集中の認可に関する共同体の自由裁量によって阻止されうると懸念した。それを受け、西ドイツ政府は、西ドイツにおける将来の企業集中にのみ反企業集中条項が実質的に適用されることによって、西ドイツに対する差別待遇がもたらされる可能性を排除するために、その他の共同体諸国における既存の大企業にも反企業集中条項が適用されることを明確にする必要があると認識した。そのため、西ドイツ代表団は、フランスによって提案された反企業集中条項に同意しなかった。

　その後、フランスは、反企業集中条項を、競争力改善の観点からも共同体域内の既存の企業規模を基準に企業集中が容認されると規定するものに修正することを提案した。それを受け、西ドイツ鉄鋼業界は、フランスをはじめ

終章　1950年代におけるヨーロッパ統合の経済史的意義　165

とする他の共同体諸国と対等な競争力を維持するという観点からも反企業集中条項を通じて他の共同体諸国の鉄鋼大企業の規模を基準に、連合国法令27号に基づく鉄鋼大企業の解体・分割措置を是正し、ひいては、西ドイツ鉄鋼業における企業集中を推進することを意図した。したがって、西ドイツに対する差別待遇につながる反企業集中条項の恣意的な運用の可能性を排除するという西ドイツの立場が反映された方向で同条項が修正された結果、パリ条約の反企業集中条項は西ドイツ鉄鋼業界にとって、他の共同体諸国の鉄鋼業における集中化を前提に、西ドイツ鉄鋼業における企業集中を推進することを可能にするものとなった。

　こうして、とりわけ西ドイツ鉄鋼業界の視点から見た場合、パリ条約の反カルテル条項は、危機的状況において西ドイツ鉄鋼業を合理化し、かつ、保護するためにカルテルを例外的に組織することを可能にするものとなり、また、パリ条約の反企業集中条項は、西ドイツ鉄鋼業の競争力を維持するためにも企業集中を推進することを可能にするものとなった。したがって、ECSC は、カルテル・企業集中問題との関連では、企業集中を促進することばかりではなく、必要とあればカルテルを例外的に容認することも特質とする制度として成立した。

第2節　ヨーロッパ経済共同体の制度的特質

　他方、西ドイツ産業界は ECSC の成立以前から、全般的経済統合構想としてのヨーロッパ統合構想を有していた。西ドイツ産業界は、西ドイツが工業国として原料の大量輸入を必要とするという事実からも、工業製品の輸出の拡大が西ドイツの生命線であると認識した上で、西ドイツ市場を基軸とする域内の水平貿易の拡大による西ドイツの工業製品の輸出の拡大を意図していた。そのため、西ドイツ産業界は、包括的な貿易の自由化によって共同市場を創出することを志向していた。しかし、同時に、西ドイツ産業界は、主として通貨・財政・信用の領域における政策調整によって共同市場の統一性・安定性を維持することも志向していた。したがって、西ドイツ産業界の

ヨーロッパ統合構想は、包括的な貿易の自由化によって共同市場を創出し、政策調整によって共同市場の統一性・安定性を維持することを志向するものであった。

ECSC の成立後、貿易障壁の撤廃ばかりではなく、主として財政の領域における政策調整およびセーフガード措置もともなう全般的経済統合を柱の一つとするベネルクス覚書が発表され、1955 年 6 月 1・2 日にメッシーナにおいて、ヨーロッパ統合を議題の一つとする ECSC 加盟国外相会議（メッシーナ会議）が開催されると、西ドイツ政府も覚書を提出した。経済省 ECSC 担当局局長が中心的な役割を担って準備されていた共同市場案を叩き台とした西ドイツ覚書は、原則的にベネルクス覚書を支持した上で、域内の深刻な地域間格差の是正に寄与する投資を促進するための長期信用を供与する共同投資基金（信用の領域における政策調整）を重要な要素の一つとして追加してベネルクス覚書を補完するものであった。したがって、西ドイツ覚書は、西ドイツ産業界のヨーロッパ統合構想と親和的なものでもあった。

メッシーナ会議においては、6 月 3 日になってようやく全会一致で最終決議（メッシーナ決議）が行われた。この決議は、各国のヴィジョンを集約したものであり、全般的経済統合については、共同市場の創出を了承事項とするとともに、主として財政・通貨の領域における政策調整、セーフガード措置、共同投資基金にかかわる問題も検討事項とした。そのため、ブリュッセルにおいて政府間協議が開催され、首席代表委員会（スパーク委員会）を中心に検討が行われることになった。

西ドイツ代表団は、共同市場との関連では、西ドイツ覚書を下敷きに、一国の国内市場に準じる共同市場を「機能的」に創出し、「制度的」に維持するという方向で建設的に検討を進めることを基本方針とした。さらに、西ドイツ政府は、メッシーナ決議を遂行することを施政方針とした上で、政策調整を要件の一つとして一国の国内市場に準じる共同市場の実現も重視し、共同市場に関する西ドイツ代表団の基本方針を公的に追認した。また、西ドイツ産業界はメッシーナ決議を高く評価し、政策調整を要件の一つとして一国の国内市場に準じる共同市場の実現を追求するという点において西ドイツ政

終章　1950年代におけるヨーロッパ統合の経済史的意義　167

府・代表団と軌を一にした。

　ブリュッセル協議においては、外相に対する代表団首席代表報告（スパーク報告）が実質的にECSCの経済総局総局長および西ドイツの経済省ECSC担当局局長によって作成され、スパーク報告は1956年4月21日に提出された。それを受け、西ドイツ政府は、共同市場との関連では、域内関税を撤廃して対外共通関税を設定する関税同盟に共同市場の基礎を置き、政策調整、セーフガード措置を含む国際収支不均衡是正政策、共同投資基金も共同市場の要件とすることを主な内容とするスパーク報告を支持した。1956年5月29・30日にはヴェネツィアにおいてECSC加盟国外相会議（ヴェネツィア会議）が開催され、スパーク報告を基盤として条約交渉を開始することが了承された。

　交渉においては、フランスが自国の輸入特別税・輸出奨励金の維持も要求した。それに対して、西ドイツ政府は、輸入特別税・輸出奨励金の維持に関するフランスの要求を条件付きで受け入れることを決定し、諸国が等しく処遇されることを、フランスの輸入特別税・輸出奨励金の維持のための条件の一つとした。その後、独仏専門家作業グループの協議において、フランスの輸入特別税・輸出奨励金の不統一な運用によって損失を受ける他の加盟国にセーフガード措置の適用が認められうることも、フランスの輸入特別税・輸出奨励金の維持のための条件の一つとすることについて合意が形成された。

　その他の問題についても合意が形成された結果、政策調整、セーフガード措置、共同投資基金も組み込まれたヨーロッパ経済共同体設立条約（ローマ条約）が1957年3月25日にECSC加盟国によって調印された。また、独仏専門家作業グループの協議における合意に基づいて、フランスの輸入特別税・輸出奨励金の維持に関する一連の規定も、フランスに関する付属議定書に組み込まれた。

　西ドイツ産業界はローマ条約について、共同市場との関連では、関税・数量制限の撤廃を特に高く評価した。ただし、西ドイツ産業界は、共同市場において西ドイツの特定の産業部門が困難に陥ると懸念し、そのような困難を克服するためにセーフガード措置の適用を視野に入れた。さらに、西ドイツ

産業界は、共同市場の実現のために景気政策の調整・発動（財政政策の調整・発動）あるいは共同投資基金の活用（信用政策の調整・発動）も視野に入れた。もっとも、西ドイツ産業界は、とりわけ通貨の領域における政策調整に対する義務が不十分であることを批判的に捉えた。しかし、それは建設的な批判であり、西ドイツ産業界はローマ条約の弾力的な運用を念頭に、通貨の領域も含め、共同市場の発展と調和を展望した。

　こうして、政策調整を要件の一つとして一国の国内市場に準じる市場という西ドイツ政府・代表団と西ドイツ産業界によって共有された共同市場像もメッシーナ決議・スパーク報告・ローマ条約に投影され、また、フランスの輸入特別税・輸出奨励金の維持に関する独仏交渉を通じてセーフガード措置の重要性が独仏間において再認識された結果、関税同盟に基礎を置き、政策調整、共同投資基金、セーフガード措置も要件とする共同市場への道が開かれた。したがって、とりわけ西ドイツ産業界の視点から見た場合、ヨーロッパ経済共同体（European Economic Community: EEC）は、包括的な貿易の自由化に基礎を置いて共同市場を創出することばかりではなく、必要とあれば、主として財政・通貨・信用政策の調整・発動によって共同市場の調和を維持し、セーフガード措置の適用によって共同市場内の各国の産業を保護することを可能にすることも特質とする制度として成立した。

第3節　新たな歴史像の提示

　西ドイツの視点から見た場合、一方で ECSC は、西ドイツ鉄鋼業に対する占領政策の緩和・終了をともなう加盟国間の対等処遇を保証した上で、経営の自由の大幅な保障、企業集中の促進および必要に応じたカルテルの例外的な容認、共同体全域に及ぶ危機的状況における必要に応じたカルテル的共同介入の発動を特質とする制度として成立した。同様に西ドイツの視点から見た場合、他方で EEC は、包括的な貿易の自由化、財政・通貨・信用の領域における必要に応じた政策の調整・発動、同様に必要に応じたセーフガード措置の適用を特質とする制度として成立した。

終章　1950年代におけるヨーロッパ統合の経済史的意義　169

　ECSCとEECの制度的特質を比較した場合、両者は、市場への介入の形態という点において異なっている。一方でECSCは、必要に応じたカルテルの例外的な容認、共同体全域に及ぶ危機的状況における必要に応じたカルテル的共同介入の発動を制度的特質とした。他方でEECは、財政・通貨・信用の領域における必要に応じた政策の調整・発動、同様に必要に応じたセーフガード措置の適用を制度的特質とした。すなわち、ECSCは、カルテル的介入という形態を取り、EECは、政策的介入という形態を取った。このことは、西ドイツ鉄鋼業界と西ドイツ産業界の志向が異なり、前者の志向がECSCの成立過程に、また、後者の志向がEECの成立過程に作用した結果でもあった。

　西ドイツ鉄鋼業界は、「危機管理型合理化カルテル」、共同体レベルの危機的状況における必要に応じたカルテル的共同調整を志向した。他方、西ドイツ産業界は、通貨・財政・信用の領域における必要に応じた政策調整、共同市場において困難に陥った西ドイツの特定の産業に対するセーフガード措置を志向した。すなわち、西ドイツ鉄鋼業界はカルテル的介入を志向し、西ドイツ産業界は政策的介入を志向した。さらに、前者の志向がECSCの成立過程に、また、後者の志向がEECの成立過程に作用した。したがって、西ドイツ鉄鋼業界と西ドイツ産業界の相違する志向がそれぞれECSCとEECの成立過程に作用した結果、ECSCとEECは、市場への介入の形態という点において、それぞれ固有の意義を有する経済統合制度として成立し、成功裏に並存した。

　端的には、ECSCとEECの制度的特質を比較した場合、両者は、市場への介入の形態という点において断絶性を示す。しかし、市場への介入の目的という点も含め、両者の制度的特質に関する比較をさらに推し進めていけば、両者の間に存在する連続性も照らし出されうるであろう。以下では、この点について論じる。

　まず、西ドイツの視点から見た場合、一方でECSCは、経営の自由の大幅な保障によって西ドイツ鉄鋼業の発展も保障することを制度的特質とした。同様に西ドイツの視点から見た場合、他方でEECは、包括的な貿易の自由

化によって西ドイツ産業の発展も保障することを制度的特質とした。すなわち、ECSCとEECはともに、産業の発展のために自由を大幅に保障することを制度的特質とした。これは、西ドイツ鉄鋼業界と西ドイツ産業界の志向が符合し、前者の志向がECSCの成立過程に、また、後者の志向がEECの成立過程に作用した結果でもあった。

西ドイツ鉄鋼業界は、鉄鋼生産の拡大とともに、鉄鋼価格の可能な限りの低廉化を意図し、自由の大幅な保障を志向した。換言すれば、西ドイツ鉄鋼業界は、西ドイツ鉄鋼加工業への低廉な鉄鋼の大量供給による西ドイツ鉄鋼加工業の国際競争力（価格競争力）の強化、ひいては、鉄鋼の間接輸出の拡大を意図し、自由の大幅な保障を志向した。他方、西ドイツ産業界は、水平貿易の拡大による西ドイツの工業製品の輸出の拡大を意図し、自由の大幅な保障を志向した。すなわち、自由の大幅な保障という点において、西ドイツ鉄鋼業界と西ドイツ産業界の志向は符合していた。さらに、前者の志向がECSCの成立過程に、また、後者の志向がEECの成立過程に作用した。したがって、第一に、西ドイツ鉄鋼業界と西ドイツ産業界の符合する志向がそれぞれECSCとEECの成立過程に作用した結果、ECSCとEECはともに、自由の大幅な保障を標榜することを制度的特質として成立した。

次に、西ドイツの視点から見た場合、一方でECSCは、とりわけ必要に応じたカルテルの例外的な容認によって西ドイツ鉄鋼業を合理化し、かつ、保護することを制度的特質とした。同様に西ドイツの視点から見た場合、他方でEECは、財政・通貨・信用の領域における必要に応じた政策の調整・発動によって共同市場の調和を維持することを制度的特質とした。ここでも同様にECSCの制度的特質とEECの制度的特質の間に共通性があったと判断することができるであろうか。

その際、西ドイツ鉄鋼業界のカルテル観が鍵を握るであろう。西ドイツ鉄鋼業界のカルテル観によれば、カルテルによる生産および販売の合理化は、とりわけ危機的状況において生産を優秀設備に集中し、それにともなって操業が停止される設備に対して補償も行うようなモデレートなものであった。また、カルテルによる価格の維持は、同様に危機的状況において、西ドイツ

終章　1950年代におけるヨーロッパ統合の経済史的意義　171

鉄鋼加工業の価格競争力を維持し、操業費用の高い設備に対して補助も行うことができるような水準に価格を維持することであった。これらのことは、西ドイツ鉄鋼業界が、必要に応じて「危機管理型合理化カルテル」によって西ドイツ鉄鋼業の合理化と保護を同時に実現することを意図し、西ドイツ鉄鋼業の全体的な安定を維持することを志向したということを意味する。敷衍すれば、西イツ鉄鋼業界は、必要に応じて西ドイツ鉄鋼業の調和を維持することを志向した。

　他方、西ドイツ産業界は、通貨・財政・信用の領域における政策調整によって共同市場の統一性・安定性を維持することを志向した。すなわち、必要に応じた調和の維持という点において、西ドイツ鉄鋼業界と西ドイツ産業界の志向は符合していた。さらに、前者の志向がECSCの成立過程に作用した結果、ECSCは、とりわけ必要に応じたカルテルの例外的な容認によって西ドイツ鉄鋼業を合理化し、かつ、保護すること、ひいては、西ドイツ鉄鋼業の調和を維持することを制度的特質とした。このことは、ECSCが、同様に共同体域内の各国の鉄鋼業を合理化し、かつ、保護すること、ひいては、共同体域内の各国の鉄鋼業の調和を維持することを制度的特質としたということを含意する。また、後者の志向がEECの成立過程に作用した結果、EECは、財政・通貨・信用の領域における必要に応じた政策の調整・発動によって共同市場の調和を維持することを制度的特質とした。これらのことから、必要に応じた調和の維持という点においてもECSCの制度的特質とEECの制度的特質の間に共通性があったと判断することができるであろう。したがって、第二に、西ドイツ鉄鋼業界と西ドイツ産業界の符合する志向がそれぞれECSCとEECの成立過程に作用した結果、ECSCとEECはともに、必要に応じた調和の維持を標榜することを制度的特質として成立した。

　また、西ドイツの視点から見た場合、一方でECSCは、カルテル的共同介入の発動によって、危機的状況に陥った共同体域内の鉄鋼業全体を保護することを制度的特質とした。同様に西ドイツの視点から見た場合、他方でEECは、セーフガード措置の適用によって、共同市場において困難に陥った西ドイツの特定の産業も保護することを制度的特質とした。すなわち、

ECSC と EEC はともに、緊急事態に陥った特定の産業を保護することを制度的特質とした。このことが、緊急事態における保護の遂行という点において、西ドイツ鉄鋼業界と西ドイツ産業界の志向が符合し、前者の志向がECSC の成立過程に、また、後者の志向が EEC の成立過程に作用した結果でもあったということは論を俟たないであろう。したがって、第三に、西ドイツ鉄鋼業界と西ドイツ産業界の符合する志向がそれぞれ ECSC と EEC の成立過程に作用した結果、ECSC と EEC はともに、緊急事態における保護の遂行を標榜することを制度的特質として成立した。

　以上のことを踏まえ、本書の結論を提示する。西ドイツの視点から見た場合、ECSC と EEC は、とりわけ市場への介入の形態という点において、それぞれ固有の意義を有する経済統合制度として成立し、成功裏に並存した。しかし、同様に西ドイツの視点から見た場合、ECSC と EEC は、自由・調和・保護を標榜する経済統合制度として成立し、通底していたと論究することもできる。したがって、西ドイツ鉄鋼業界と西ドイツ産業界を軸とする西ドイツの理念も、1950 年代におけるヨーロッパ統合の制度化の過程に作用し、ECSC ならびに EEC が成立した結果、自由・調和・保護の柔軟な組み合わせを可能にする経済体系がヨーロッパにおいて形成された。

　この経済体系こそが、19 世紀末以来のヨーロッパ統合によって追い求められてきたヨーロッパ独自の自律的広域経済圏における体系の原型である。それは、独仏を中軸とする大陸ヨーロッパ型の経済体系であり、アングロ・サクソン型の経済体系と異なるであろう。ヨーロッパ統合へのイギリスの参加が遅れ、後にイギリスが最初の EU 離脱国となったことは、このこととも無関係ではない。確かに、イギリスの EU 離脱を意味する「ブレグジット」（Brexit）の衝撃は甚大なものであった。しかし、それは、独仏中軸のヨーロッパ統合の「深化」の帰結の一つであったと解釈することもできる。

　もっとも、大陸ヨーロッパ型の経済体系がアングロ・サクソン型の経済体系（アングロ・サクソン型ネオ・リベラリズム）に対して優位に立っているわけではない。しかし、経済・金融危機の頻発がアングロ・サクソン型ネオ・リベラリズムの行き詰まりも示している。大陸ヨーロッパ型の経済体系は有

終章　1950年代におけるヨーロッパ統合の経済史的意義　173

力なオルタナティヴの一つであろう。

　さらに、ブレグジットとほとんど同じ時期に限っても、例えば、2009年から2012年にかけて続発した「ユーロ危機」（2008年に勃発した世界金融危機の影響を受けて進行したユーロ崩壊の危機）においては、ユーロ制度改革が進展し、また、とりわけ2020年から2023年にかけて世界を覆い、深刻な経済危機ももたらした「コロナ危機」（新型コロナウイルス感染症危機）においては、「復興基金」が設置され、初の債務共通化によって「EU共同債」が発行された。敷衍すれば、ヨーロッパ統合は、危機の時代に次代の発展が胚胎し、飛躍的発展が遂げられるという一面も有する。

　したがって、ヨーロッパ統合はこれからも、幾多の困難と挫折をともないながら、1950年代における制度化の過程を通じて原型が創り上げられた経済体系、ひいては、ヨーロッパ独自の自律的広域経済圏のアップグレードを繰り返していくであろう。それとともに、ヨーロッパ統合の可能性と限界をめぐるヨーロッパの歴史的経験が蓄積されていくに違いない。そのようなヨーロッパの歴史的経験は、アジア・世界の中における日本の未来も照らす知見をもたらすことであろう。

あとがき

　本書は、東京大学大学院経済学研究科に提出された博士学位請求論文（博士論文）『第二次世界大戦後ヨーロッパ鉄鋼業における市場秩序の形成——ヨーロッパ石炭鉄鋼共同体の成立と西ドイツ鉄鋼業』の本論に補筆・修正を施し、未発表部分を論文として発表した上で、書き下ろし論文も加えて再び一つにまとめたものである。本書各章の初出は以下の通りである。

　第1章第1節、第3節、第4節：「シューマン・プランと西ドイツ鉄鋼業界——生産・投資・価格へのヨーロッパ石炭鉄鋼共同体の介入をめぐって」『歴史と経済』第236号、2017年7月
　第1章第2節、第5節：「ヨーロッパ石炭鉄鋼共同体は失敗だったのか？——1950年代前半における西ドイツ鉄鋼業界のヴィジョンに着目して」帝京大学経済学会『帝京経済学研究』第55巻第2号、2022年3月
　第2章：「シューマン・プランにおける対等処遇と西ドイツ鉄鋼業界——『同等の権利』の射程」帝京大学経済学会『帝京経済学研究』第53巻第2号、2020年3月
　第3章：「第二次世界大戦後西ドイツにおける連合国の占領政策とシューマン・プラン——鉄鋼業の非集中化を中心に」帝京大学経済学会『帝京経済学研究』第52巻第2号、2019年3月
　第4章：「ヨーロッパ石炭鉄鋼共同体成立過程と西ドイツ鉄鋼業界——カルテル・企業集中問題を中心に」『歴史と経済』第229号、2015年10月
　第5章：書き下ろし

　私は大学に入学するまで、自分自身が歴史学者になるとは夢にも考えてい

なかった。何らかの形で企業に就職するものと漠然と考えていた。ところが、大学入学後、「商学部」の本流の必修科目・専門科目に馴染めなかった。そのような中、私は「経済史」に関心を持ち、歴史学者を志すようになった。その際、日本に関する研究を念頭に置いていた。しかし、逡巡した。日本を冷静に観察して客観的に評価することについて自信がなかった。私の逡巡は最終的に、日本以外の国・地域の歴史について学び、日本の現在と未来について考えるというところに落ち着いた。こうして、私は、「西洋経済史」を専攻することを決意した。

　ここから研究テーマを絞り込む際にも、紆余曲折があった。研究対象国・研究対象領域を決めることができなかった。私が大学に在籍している時期、ヨーロッパにおいては単一通貨「ユーロ」が導入され、ユーロ現金の流通が間近に迫っていた。そのため、一旦「ヨーロッパ統合史」を研究対象領域とし、とりわけユーロ導入の歴史について研究すると自分自身を納得させ、研究に取り組んだ。ユーロ導入の歴史に関する研究は卒業論文に結実し、それとともに終了した。当然である。しかし、ヨーロッパ統合史は私の研究対象領域であり続けることになる。さらに、大学院進学のための準備を行う段階になって研究対象国の選択を迫られた。そのため、ドイツ（西ドイツ）が第二次世界大戦の敗戦国であるということのみを理由に西ドイツを研究対象国として選択した。こうして、私は、戦後西ドイツ史・ヨーロッパ統合史を専門とする西洋経済史研究者として学問の道を歩み始めた。

　ところが、修士課程を修了し、博士課程に進学した後、まったくうだつが上がらなかった。論文を執筆し、学会誌に投稿するところまで漕ぎ着けたものの、審査結果は「Ｄ判定」であった。振り返ってみれば、それはまったく大した問題ではなく、今となっては笑い種になっているとはいえ、当時の私は、ご指導いただいた先生方に対して心の底から申し訳なく思い、無力な自分自身を呪った。しかし、この出来事は結果的に自分自身の心を奮い立たせることとなった。研究者として生きていくという覚悟のようなものが固まったのかもしれない。それ以降、相変わらず順調ではなかったものの、研究を続けることができた。その間、ようやく学会誌に論文を発表することができ、

博士学位請求論文を提出して博士号を取得することができた。また、帝京大学経済学部に職を得ることもでき、大学教員となった。そうした中、これまでの自分自身の研究成果を一つにまとめた本書を出版する運びとなった。

　本書の瑕疵が私に帰せられることは当然としても、本書の出版は、周囲の人々に恵まれるという幸運によってもたらされた。私は自分自身の意思のもと歩んでいるとはいえ、多くの先生方に導いていただき、また、多くの学兄、同僚（元同僚）、学友の方々に支えていただいた。ここでは、ごく一部の方々のお名前しか挙げることができない。ご理解いただければ幸いである。

　故・原輝史先生は、経済史・西洋経済史への門を開いてくださった。私が経済史に関心を持った最初のきっかけは、原先生の講義を拝聴したことである。さらに、原先生の学部演習（ゼミ）への参加を認めていただいたことが、私が西洋経済史を専攻する決め手となった。また、私が 2006 年に初めて学会報告を行った際には、原先生は病を押してわざわざ会場まで私の拙い報告を聞きに来てくださった。私は今一度、原先生に対する感謝の念を新たにする次第である。

　廣田功先生は私を文字通り温かく教え導いてくださった。「何かを明らかにしてもイメージを変えることができなければ意味がない」という廣田先生の教えは今もこの胸に刻み込まれている。帝京大学への入職の段階において私が体調不良に襲われた際には、廣田先生が救いの手を差し伸べてくださった。廣田先生は、経済学部長・経済学科長の要職に就いておられたにもかかわらず、私の業務の一部まで受け持ってくださった。学部長・学科長退任後、学術顧問として大学運営に携わっておられる廣田先生からは大学教員としても多くを学ばせていただいている。廣田先生との出会いがなければ、研究者・大学教員としての私は存在しなかったであろう。

　博士学位請求論文の審査においては、主査を務めていただいた小野塚知二先生をはじめとして、廣田先生の他に審査の労をお取りいただいた馬場哲先生、石原俊時先生、中村尚史先生から多くの貴重なご意見をいただいた。ドイツ経済史・ヨーロッパ統合史については、工藤章先生、故・田野慶子先生、小島健先生からも多くを教えていただいた。

また、竹田泉さん、廣田愛理さん、日臺健雄さん、故・枡田大知彦さんには、優しく接していただき、陰に陽に支えていただいた。野澤丈二さん、湯川志保さんには、帝京大学に入職したばかりで何もわからない私の相談に乗っていただき、多くのアドバイスもいただいた。同世代の学友である渡辺千尋さん、四谷英理子さん、齋藤翔太朗さんとの交流は特別なものであり、私にとって大きな励みとなった。

本書の出版については、日本経済評論社代表取締役社長の柿﨑均さんをはじめとして、同出版部の新井由紀子さん、宮川英一さんに大変お世話になった。不慣れな私のために懇切丁寧に編集・出版作業を進めてくださったことに心より感謝を申し上げたい。

最後に、私の我が儘をお許しいただきたい。物心両面から支援を常に惜しまずにいてくれた父・法男、母・淑子、弟・資浩に「ありがとう」と伝えたい。私を信じ続けてくれた最愛の家族に本書を捧げる。

2025年仲春

田中　延幸

ヨーロッパ統合史・西ドイツ史略年表（1945-58年）

年 月 日	事 項
1945年　5月7-9日	ドイツの無条件降伏
1946年　3月　5日	チャーチルの「鉄のカーテン」演説
1947年　1月22日	モネ・プランの実施（フランス）
6月　5日	マーシャル・プランの発表
1948年　4月16日	OEEC の創設
1949年　5月23日	基本法の公布（西ドイツ）
8月14日	第1回連邦議会選挙（西ドイツ）
9月15日	連邦首相へのアデナウアーの選出（西ドイツ）
9月20日	アデナウアー内閣の発足
10月　7日	東ドイツの成立
1950年　5月　9日	シューマン・プランの発表
6月20日	シューマン・プラン交渉の開始
6月25日	朝鮮戦争の勃発
9月12日	EPU の創設
10月24日	プレヴァン・プランの発表
1951年　2月15日	プレヴァン・プラン交渉の開始
4月18日	ECSC 設立条約（パリ条約）への調印
1952年　5月27日	EDC 設立条約への調印
7月23日	パリ条約の発効、ECSC の創設
8月10日	最高機関の始動
12月11日	ECSC 加盟国へのオランダ覚書の送付（ベイエン・プランの発表）
1953年　2月10日	石炭・鉄鉱石・屑鉄共同市場の開設
5月　1日	鉄鋼共同市場の開設
7月27日	朝鮮戦争休戦協定への調印
1954年　8月30日	国民議会による EDC 設立条約の批准否決（フランス）
10月23日	パリ協定への調印
1955年　5月　5日	パリ協定の発効、西ドイツの主権回復
5月18日	ECSC 加盟国へのベネルクス覚書の送付
6月1-3日	メッシーナ会議の開催、メッシーナ決議の採択

年 月 日	事 項
7月 9日	スパーク委員会の始動
10月 27日	ザール住民投票による「ヨーロッパ的地位」の否決
1956年 4月 21日	ECSC 加盟国外相へのスパーク報告の提出
5月29・30日	ヴェネツィア会議の開催
6月 26日	EEC・EURATOM 設立条約交渉（ヴァル・ドゥシェス交渉）の開始
1957年 1月 1日	西ドイツへのザールの編入
3月 25日	EEC 設立条約・EURATOM 設立条約（ローマ条約）への調印
1958年 1月 1日	ローマ条約の発効、EEC・EURATOM の創設

注：1) チャーチルは元イギリス首相ウィンストン・チャーチル（Winston Churchill）である
　　2) ヴァル・ドゥシェスはブリュッセルのヴァル・ドゥシェス城のことを指す
出所：遠藤乾編『原典 ヨーロッパ統合史——史料と解説』名古屋大学出版会、2008 年、717-720 頁より作成

参考文献

一次史料

公文書館

Bundesarchiv Koblenz（連邦公文書館）
　　Stahltreuhändervereinigung（B109）
　　　Bd. 129
　　Bundeskanzleramt（B136）
　　　Bd. 1310, 2474, 2477, 3956, 8357
Politisches Archiv des Auswärtigen Amts（外務省外交史料館）
　　Abteilung 2（B10）
　　　Bd. 1299, 1468
　　Sekretariat für Fragen des Schuman-Plans（B15）
　　　Bd. 5, 23, 47, 78

公刊史料集

Auswärtiges Amt（Hrsg.）, *Die Auswärtige Politik der Bundesrepublik Deutschland*, Köln, 1972.

Institut für Zeitgeschichte（Hrsg.）, *Akten zur Auswärtigen Politik der Bundesrepublik Deutschland: 1949/50*, München, 1997.

Institut für Zeitgeschichte（Hrsg.）, *Akten zur Auswärtigen Politik der Bundesrepublik Deutschland: 1951*, München, 1999.

Möller, H. und Hildebrand, K.（Hrsg.）, *Die Bundesrepublik Deutschland und Frankreich: Dokumente 1949–1963: Bd. 1: Außenpolitik und Diplomatie*, München, 1997.

Möller, H. und Hildebrand, K.（Hrsg.）, *Die Bundesrepublik Deutschland und Frankreich: Dokumente 1949–1963: Bd. 2: Wirtschaft*, München, 1997.

Schwarz, H. -P.（Hrsg.）, *Akten zur Auswärtigen Politik der Bundesrepublik Deutschland: Bd. 1: Adenauer und die Hohen Kommissare: 1949–1951*, München, 1989.

遠藤乾編『原典 ヨーロッパ統合史──史料と解説』名古屋大学出版会、2008 年。

各種団体刊行物・統計資料

Bundesverband der Deutschen Industrie（Hrsg.）, *Geschäftsbericht des Bundesver-*

bandes der Deutschen Industrie: 1. April 1950-31. Mai 1951, Bergisch Gladbach, 1951.

Bundesverband der Deutschen Industrie (Hrsg.), *Jahresbericht des Bundesverbandes der Deutschen Industrie: 1. Juni 1951-30. April 1952*, Bergisch Gladbach, 1952.

Bundesverband der Deutschen Industrie (Hrsg.), *Jahresbericht des Bundesverbandes der Deutschen Industrie: 1. Mai 1952-30. April 1953*, Bergisch Gladbach, 1953.

Bundesverband der Deutschen Industrie (Hrsg.), *Fünf Jahre BDI: Aufbau und Arbeitsziele des industriellen Spitzenverbandes*, Bergisch Gladbach, 1954.

Bundesverband der Deutschen Industrie (Hrsg.), *Jahresbericht des Bundesverbandes der Deutschen Industrie: 1. Mai 1953-30. April 1954*, Bergisch Gladbach, 1954.

Bundesverband der Deutschen Industrie (Hrsg.), *Jahresbericht des Bundesverbandes der Deutschen Industrie: 1. Mai 1954-30. April 1955*, Bergisch Gladbach, 1955.

Bundesverband der Deutschen Industrie (Hrsg.), *Jahresbericht des Bundesverbandes der Deutschen Industrie: 1. Mai 1955-30. April 1956*, Bergisch Gladbach, 1956.

Bundesverband der Deutschen Industrie (Hrsg.), *Jahresbericht des Bundesverbandes der Deutschen Industrie: 1. Mai 1956-30. April 1957*, Bergisch Gladbach, 1957.

European Coal and Steel Community, the High Authority, *15th General Report on the Activities of the Community (February 1, 1966-January 31, 1967)*, Luxembourg, 1967.

European Coal and Steel Community, European Economic Community, European Atomic Energy Community, Commission, *First General Report on the Activities of the Communities 1967*, Brussels and Luxembourg, 1968.

Organaization for European Economic Cooperation, *OEEC Statistical Bulletins: Industrial Statistics: 1900-1959: Production-Consumption-Imports-Exports*, Paris, 1960.

Mitchell, B. R., *European Historical Statistics: 1750-1970*, London and Basingstoke, 1975.

Stahltreuhändervereinigung (Hrsg.), *Die Neuordnung der Eisen- und Stahlindustrie im Gebiet der Bundesrepublik Deutschland: Ein Bericht der Stahltreuhändervereinigung*, München und Berlin, 1954.

鉄鋼統計委員会編『鉄鋼統計要覧 1970 年版』日本鉄鋼連盟・鋼材倶楽部、1970 年。

鉄鋼統計委員会編『鉄鋼統計要覧 1971 年版』日本鉄鋼連盟・鋼材倶楽部、1971 年。

参考文献　183

研究書・研究論文

欧文文献

Amable, B., *The Diversity of Modern Capitalism*, Oxford University Press, 2003.

Becker, J. and Knipping, F. (ed.), *Power in Europe?: Great Britain, France, Italy, and Germany in a Postwar World, 1945-1950*, Berlin and New York, 1986.

Berghahn, V. R., *Unternehmer und Politik in der Bundesrepublik*, Frankfurt am Main, 1985.

Berghahn, V. R., *The Americanisation of West German Industry, 1945-1973*, Leamington Spa and New York, 1986.

Berend, I. T., *The History of European Integration: A New Perspective*, London and New York, 2016.

Bossuat, G. (dir.), *Inventer l'Europe: Histoire nouvelle des groupes d'influence et des acteurs de l'unité européenne*, Bruxelles, 2003.

Buchheim, C., *Die Wiedereingliederung Westdeutschlands in die Weltwirtschaft 1945-1958*, München, 1990.

Bührer, W., *Ruhrstahl und Europa: Die Wirtschaftsvereinigung Eisen- und Stahlindustrie und die Anfänge der europäischen Integration 1945-1952*, München, 1986.

Bührer, W., "Erzwungene oder freiwillige Liberalisierung?: Die USA, die OEEC und die westdeutsche Außenhandelspolitik 1949-1952", in; Herbst, L., Bührer, W. und Sowade, H. (Hrsg.), *Vom Marshallplan zur EWG: Die Eingliederung der Bundesrepublik Deutschland in die westliche Welt*, München, 1990.

Bührer, W., "Die Montanunion-Ein Fehlschlag?: Deutsche Lehren aus der EGKS und die Gründung der EWG", in; Trausch, G. (Hrsg.), *Die Europäische Integration vom Schuman-Plan bis zu den Verträgen von Rom: Pläne und Initiativen, Enttäuschungen und Mißerfolge: Beiträge des Kolloquiums in Luxemburg, 17.-19. Mai 1989*, Baden-Baden, Milano, Paris und Bruxelles, 1993.

Bührer, W., "German Industry and European Integration in the 1950s", in; Wurm, C. (ed.), *Western Europe and Germany: The Beginnings of European Integration 1945-1960*, Oxford and Washington, 1995.

Bührer, W., *Westdeutschland in der OEEC: Eingliederung, Krise, Bewährung, 1947-1961*, München, 1997.

Curzon, G., "International Economic Order: Contribution of Ordo-Liberals", in; Peacock, A. and Willgerodt, H. (ed.), *German Neo-Liberals and the Social Market Economy*, London, 1989.

Diebold Jr., W., *The Schuman Plan: A Study in Economic Cooperation, 1950-1959*, New York, 1959.

Diefendorf, J. M., Frohn, A. and Rupieper, H. -J. (ed.), *American Policy and the Reconstruction of West Germany, 1945-1955*, Cambridge University Press, 1993.

Diegmann, A., "American Deconcentration Policy in the Ruhr Coal Industry", in; Diefendorf, J. M., Frohn, A. and Rupieper, H. -J. (ed.), *American Policy and the Reconstruction of West Germany, 1945-1955*, Cambridge University Press, 1993.

Dinan, D., *Europe Recast: A History of European Union*, 2nd ed., Basingstoke, 2014.

Dinan, D. (ed.), *Origins and Evolution of the European Union*, 2nd ed., Oxford University Press, 2014.

Dumoulin, M. (dir.), *Plans des temps de guerre pour l'Europe d'après-guerre, 1940-1947: Actes du colloque de Bruxelles 12-14 mai 1993*, Bruxelles, Milano, Paris et Baden-Baden, 1995.

Dumoulin, M. (dir.), *Réseaux économiques et construction européenne*, Bruxelles et New York, 2004.

Dyson, K., "German Economic Policy after Fifty Years", in; Merkl, P. H. (ed.), *The Federal Republic of Germany at Fifty: The End of a Century of Turmoil*, London, 1999.

Eichengreen, B. (ed.), *Europe's Post-War Recovery*, Cambridge University Press, 1995.

Ellison, J., *Threatening Europe: Britain and the Creation of the European Community, 1955-58*, Basingstoke and New York, 2000.

Gillingham, J., "Solving the Ruhr Problem: German Heavy Industry and the Schuman Plan", in; Schwabe, K. (Hrsg.), *Die Anfänge des Schuman-Plans, 1950/51: Beiträge des Kolloquiums in Aachen, 28.-30. Mai 1986*, Baden-Baden, 1988.

Gillingham, J., *Coal, Steel, and the Rebirth of Europe, 1945-1955: The Germans and French from Ruhr Conflict to Economic Community*, Cambridge University Press, 1991.

Gillingham, J., "The European Coal and Steel Community: An Object Lesson?", in; Eichengreen, B. (ed.), *Europe's Post-War Recovery*, Cambridge University Press, 1995.

Gillingham, J., *European Integration, 1950-2003: Superstate or New Market Economy?*, Cambridge University Press, 2003.

Goldthorpe, J. H. (ed.), *Order and Conflict in Contemporary Capitalism*, Oxford University Press, 1984.

Griffiths, R. T., "The Schuman Plan Negotiations: The Economic Clauses", in; Schwabe, K. (Hrsg.), *Die Anfänge des Schuman-Plans, 1950/51: Beiträge des Kolloquiums in Aachen, 28.-30. Mai 1986*, Baden-Baden, 1988.

Haas, E. B., *The Uniting of Europe: Political, Social, and Economic Forces, 1950-1957*, New ed., Stanford University Press, 1968.

Hall, P. A. and Soskice, D. (ed.), *Varieties of Capitalism: The Institutional Founda-*

tions of Comparative Advantage, Oxford University Press, 2001.

Herbst, L., Bührer, W. und Sowade, H. (Hrsg.), *Vom Marshallplan zur EWG: Die Eingliederung der Bundesrepublik Deutschland in die westliche Welt*, München, 1990.

Kaiser, W., *Using Europe, Abusing the Europeans: Britain and European Integration, 1945-63*, Basingstoke and New York, 1996.

Kaiser, W., Leucht, B. and Rasmussen, M. (ed.), *The History of the European Union: Origins of a Trans- and Supranational Polity 1950-72*, Abingdon, 2009.

Kipping, M., *Zwischen Kartellen und Konkurrenz: Der Schuman-Plan und die Ursprünge der europäischen Einigung 1944-1952*, Berlin, 1996.

Küsters, H. J., *Die Gründung der Europäischen Wirtschaftsgemeinschaft*, Baden-Baden, 1982.

Küsters, H. J., "The Origins of the EEC Treaty", in; Serra, E. (a cura di), *Il rilancio dell' Europa e i trattati di Roma: Atti del colloquio di Roma 25-28 marzo 1987*, Bruxelles, 1989.

Küsters, H. J., "The Federal Republic of Germany and the EEC-Treaty", in; Serra, E. (a cura di), *Il rilancio dell' Europa e i trattati di Roma: Atti del colloquio di Roma 25-28 marzo 1987*, Bruxelles, 1989.

Küsters, H. J., "West Germany's Foreign Policy in Western Europe, 1949-58: The Art of the Possible", in; Wurm, C. (ed.), *Western Europe and Germany: The Beginnings of European Integration 1945-1960*, Oxford and Washington, 1995.

Lehmbruch, G. and Schmitter, P. C. (ed.), *Patterns of Corporatist Policy-Making*, London and Beverly Hills, 1982.

Lehmbruch, G., "Concertation and the Structure of Corporatist Networks", in; Goldthorpe, J. H. (ed.), *Order and Conflict in Contemporary Capitalism*, Oxford University Press, 1984.

Lister, L., *Europe's Coal and Steel Community: An Experiment in Economic Union*, New York, 1960.

Loth, W., *Building Europe: A History of European Unification*, Berlin, 2015.

Mason, H. L., *The European Coal and Steel Community: Experiment in Supranationalism*, The Hague, 1955.

Merkl, P. H. (ed.), *The Federal Republic of Germany at Fifty: The End of a Century of Turmoil*, London, 1999.

Milward, A. S., *The Reconstruction of Western Europe, 1945-51*, University of California Press, 1984.

Milward, A. S., *The European Rescue of the Nation-State*, 2nd ed., London, 2000.

Neebe, R., "Optionen westdeutscher Außenwirtschaftspolitik 1949-1953", in; Herbst, L., Bührer, W. und Sowade, H. (Hrsg.), *Vom Marshallplan zur EWG: Die Eingliederung der Bundesrepublik Deutschland in die westliche Welt*, München, 1990.

Niedhart, G., "Außenpolitik in der Ära Adenauer", in; Schildt, A. und Sywottek, A. (Hrsg.), *Modernisierung im Wiederaufbau: Die westdeutsche Gesellschaft der 50er Jahre*, Bonn, 1993.

Patel, K. K., *Projekt Europa: Eine kritische Geschichte*, München, 2018.

Peacock, A. and Willgerodt, H. (ed.), *German Neo-Liberals and the Social Market Economy*, London, 1989.

Poidevin, R. (dir.), *Histoire des débuts de la construction européenne (mars 1948-mai 1950): Actes du colloque de Strasbourg 28-30 novembre 1984*, Bruxelles, Milano, Paris et Baden-Baden, 1986.

Pollard, S., *European Economic Integration, 1815-1970*, London, 1974.

Pollard, S., *The Integration of the European Economy since 1815*, London, 1981.

Rhenisch, T., *Europäische Integration und industrielles Interesse: Die deutsche Industrie und die Gründung der Europäischen Wirtschaftsgemeinschaft*, Stuttgart, 1999.

Sannwald, R. und Stohler, J., *Wirtschaftliche Integration: Theoretische Voraussetzungen und Folgen eines europäischen Zusammenschlusses*, 2., durchgesehene Aufl., Basel, 1961.

Schildt, A. und Sywottek, A. (Hrsg.), *Modernisierung im Wiederaufbau: Die westdeutsche Gesellschaft der 50er Jahre*, Bonn, 1993.

Schwabe, K. (Hrsg.), *Die Anfänge des Schuman-Plans, 1950/51: Beiträge des Kolloquiums in Aachen, 28.-30. Mai 1986*, Baden-Baden, 1988.

Schwartz, T. A., *America's Germany: John J. McCloy and the Federal Republic of Germany*, Harvard University Press, 1991.

Serra, E. (a cura di), *Il rilancio dell' Europa e i trattati di Roma: Atti del colloquio di Roma 25-28 marzo 1987*, Bruxelles, 1989.

Spierenburg, D. and Poidevin, R., *The History of the High Authority of the European Coal and Steel Community: Supranationality in Operation*, London, 1994.

Stirk, P. M. R., *A History of European Integration since 1914*, New York, 1996.

Tinbergen, J., *International Economic Integration*, 2nd, rev. ed., Amsterdam, 1965.

Trausch, G., (Hrsg.), *Die Europäische Integration vom Schuman-Plan bis zu den Verträgen von Rom: Pläne und Initiativen, Enttäuschungen und Mißerfolge: Beiträge des Kolloquiums in Luxemburg, 17.-19. Mai 1989*, Baden-Baden, Milano, Paris und Bruxelles, 1993.

Urwin, D. W., *The Community of Europe: A History of European Integration since 1945*, 2nd ed., London, 1995.

Warlouzet, L., *Histoire de la construction européenne depuis 1945*, Paris, 2022.

Warner, I., *Steel and Sovereignty: The Deconcentration of the West German Steel Industry, 1949-54*, Mainz, 1996.

Willis, F. R., *France, Germany and the New Europe, 1945-1963*, Stanford University Press and Oxford University Press, 1965.

Wurm, C. (ed.), *Western Europe and Germany: The Beginnings of European Integration 1945-1960*, Oxford and Washington, 1995.

和文文献

石山幸彦『ヨーロッパ統合とフランス鉄鋼業』日本経済評論社、2009 年。

市川文彦・奥野良知・中垣勝臣・乗川聡・田中延幸・金子真奈・定藤博子・井上紗由里『フランス経済社会の近現代――その史的探訪（K. G. りぶれっと No. 24）』関西学院大学出版会、2009 年。

上原良子「フランスのドイツ政策――ドイツ弱体化政策から独仏和解へ」油井大三郎・中村政則・豊下楢彦編『占領改革の国際比較――日本・アジア・ヨーロッパ』三省堂、1994 年。

遠藤乾編『ヨーロッパ統合史［第 2 版］』名古屋大学出版会、2024 年。

遠藤乾・板橋拓己編『複数のヨーロッパ――欧州統合史のフロンティア』北海道大学出版会、2011 年。

大西健夫・岸上慎太郎編『EU――統合の系譜』早稲田大学出版部、1995 年。

加藤浩平「欧州統合と独仏の経済関係――ヨーロッパ石炭鉄鋼共同体の成立」専修大学社会科学研究所『社会科学年報』第 29 号、1995 年 3 月。

金田近二編『国際経済条約集』ダイヤモンド社、1965 年。

工藤章『20 世紀ドイツ資本主義――国際定位と大企業体制』東京大学出版会、1999 年。

ケルブレ、ハルトムート〔永岑三千輝監訳、滝川貴利・赤松廉史・清水雅大訳〕『冷戦と福祉国家――ヨーロッパ 1945-89 年』日本経済評論社、2014 年。

小島健『欧州建設とベルギー――統合の社会経済史的研究』日本経済評論社、2007 年。

小島健「欧州統合運動とハーグ会議」東京経済大学経済学会『東京経大学会誌（経済学）』第 262 号、2009 年 3 月。

小島健「1949 年の欧州統合構想――ウェストミンスター経済会議決議の分析」東京経済大学経済学会『東京経大学会誌（経済学）』第 277 号、2013 年 2 月。

小島健「欧州統合と社会的ヨーロッパ」東京経済大学経済学会『東京経大学会誌（経済学）』第 289 号、2016 年 2 月。

佐々木建『現代ヨーロッパ資本主義論――経済統合政策を基軸とする構造』有斐閣、1975 年。

島田悦子『欧州鉄鋼業の集中と独占［増補版］』新評論、1975 年。

島田悦子「欧州石炭鉄鋼共同体」大西健夫・岸上慎太郎編『EU――統合の系譜』早稲田大学出版部、1995 年。

高野雄一・小原喜雄編『国際経済条約集』有斐閣、1983 年。

高橋岩和『ドイツ競争制限禁止法の成立と構造』三省堂、1997 年。

田中延幸「戦後の独仏経済関係――シューマン・プランからローマ条約へ」市川文彦・奥野良知・中垣勝臣・乗川聡・田中延幸・金子真奈・定藤博子・井上紗由里『フランス経済社会の近現代――その史的探訪（K. G. りぶれっと No. 24）』関西学院大学出版会、2009 年。

田中延幸「経営者のヨーロッパ統合――1950 年代前半における西ドイツの事例から」

遠藤乾・板橋拓己編『複数のヨーロッパ——欧州統合史のフロンティア』北海道大学出版会、2011 年。

田中延幸「ヨーロッパ石炭鉄鋼共同体成立過程と西ドイツ鉄鋼業界——カルテル・企業集中問題を中心に」『歴史と経済』第 229 号、2015 年 10 月。

田中延幸「シューマン・プランと西ドイツ鉄鋼業界——生産・投資・価格へのヨーロッパ石炭鉄鋼共同体の介入をめぐって」『歴史と経済』第 236 号、2017 年 7 月。

田中延幸「第二次世界大戦後西ドイツにおける連合国の占領政策とシューマン・プラン——鉄鋼業の非集中化を中心に」帝京大学経済学会『帝京経済学研究』第 52 巻第 2 号、2019 年 3 月。

田中延幸「シューマン・プランにおける対等処遇と西ドイツ鉄鋼業界——『同等の権利』の射程」帝京大学経済学会『帝京経済学研究』第 53 巻第 2 号、2020 年 3 月。

田中延幸「ヨーロッパ石炭鉄鋼共同体は失敗だったのか？——1950 年代前半における西ドイツ鉄鋼業界のヴィジョンに着目して」帝京大学経済学会『帝京経済学研究』第 55 巻第 2 号、2022 年 3 月。

東京大学社会科学研究所戦後改革研究会編『戦後改革 2 国際環境』東京大学出版会、1974 年。

戸原四郎「西ドイツにおける戦後改革」東京大学社会科学研究所戦後改革研究会編『戦後改革 2 国際環境』東京大学出版会、1974 年。

中垣勝臣「戦間期フランス鉄鋼業の組織化と経営者活動」早稲田商学同攻会『早稲田商学』第 386 号、2000 年 9 月。

永岑三千輝・廣田功編『ヨーロッパ統合の社会史——背景・論理・展望』日本経済評論社、2004 年。

中屋宏隆「ルール国際機関の設立——設立交渉における米仏の石炭鉱業管理をめぐる対立と妥協を中心に」京都大学経済学会『経済論叢』第 177 巻第 5・6 号、2006 年 6 月。

中屋宏隆「シューマン・プラン交渉過程からみるヨーロッパ石炭鉄鋼共同体設立条約調印の意義（1）」京都大学経済学会『経済論叢』第 179 巻第 5・6 号、2007 年 6 月。

中屋宏隆「シューマン・プラン交渉過程からみるヨーロッパ石炭鉄鋼共同体設立条約調印の意義（2）」京都大学経済学会『経済論叢』第 180 巻第 3 号、2007 年 9 月。

中屋宏隆「『ヨーロッパ統合史』研究の確立」愛知県立大学外国語学部編『愛知県立大学外国語学部紀要 地域研究・国際学編』第 43 号、2011 年 3 月。

日本関税協会『共同市場と国際貿易』日本関税協会、1957 年。

能勢和宏『初期欧州統合 1945-1963——国際貿易秩序と「6 か国のヨーロッパ」』京都大学学術出版会、2021 年。

ビューラー、ヴェルナー〔田中延幸訳〕「ドイツ産業界の最高団体と 1945 年以降のヨーロッパ統合——動機・構想・政策」廣田功編『欧州統合の半世紀と東アジア共同体』日本経済評論社、2009 年。

廣田功『現代フランスの史的形成——両大戦間期の経済と社会』東京大学出版会、1994 年。

廣田功「ヨーロッパ戦後再建期研究の現状と課題」廣田功・森建資編『戦後再建期の
　　ヨーロッパ経済——復興から統合へ』日本経済評論社、1998 年。
廣田功「フランスの近代化政策とヨーロッパ統合」廣田功・森建資編『戦後再建期の
　　ヨーロッパ経済——復興から統合へ』日本経済評論社、1998 年。
廣田功「フランスから見た仏独和解の歴史と論理——国家と社会の相互作用」永岑三
　　千輝・廣田功編『ヨーロッパ統合の社会史——背景・論理・展望』日本経済評論
　　社、2004 年。
廣田功編『現代ヨーロッパの社会経済政策——その形成と展開』日本経済評論社、
　　2006 年。
廣田功「ヨーロッパ統合構想の展開とフランス経済学（1920-40 年代）」廣田功編『現
　　代ヨーロッパの社会経済政策——その形成と展開』日本経済評論社、2006 年。
廣田功編『欧州統合の半世紀と東アジア共同体』日本経済評論社、2009 年。
廣田功「戦前の欧州統合の系譜 II——経済的構想（19 世紀末 – 第二次世界大戦）」吉
　　田徹編『ヨーロッパ統合とフランス——偉大さを求めた 1 世紀』法律文化社、
　　2012 年。
廣田功・森建資編『戦後再建期のヨーロッパ経済——復興から統合へ』日本経済評論
　　社、1998 年。
廣田愛理「フランスのローマ条約受諾——対独競争の視点から」『歴史と経済』第
　　177 号、2002 年 10 月。
廣田愛理「仏独経済関係と欧州統合（1945 年 – 1955 年）」現代史研究会『現代史研
　　究』49 号、2003 年 12 月。
廣田愛理「EEC 成立期における自由貿易圏構想へのフランスの対応」『社会経済史
　　学』第 70 巻第 1 号、2004 年 5 月。
廣田愛理「欧州統合の具体化——転換期におけるフランスの統合政策の進展（1950-
　　1958 年）吉田徹編『ヨーロッパ統合とフランス——偉大さを求めた 1 世紀』法
　　律文化社、2012 年。
古内博行『現代ドイツ経済の歴史』東京大学出版会、2007 年。
益田実・山本健編『欧州統合史——二つの世界大戦からブレグジットまで』ミネルヴ
　　ァ書房、2019 年。
柳澤治『資本主義史の連続と断絶——西欧的発展とドイツ』日本経済評論社、2006 年。
山本健「ヨーロッパ石炭鉄鋼共同体（ECSC）の成立をめぐる国際政治過程 1950-51
　　年——仏・米・西独関係を中心に」一橋大学大学院法学研究科『一橋法学』第 1
　　巻第 2 号、2002 年 6 月。
油井大三郎・中村政則・豊下楢彦編『占領改革の国際比較——日本・アジア・ヨーロ
　　ッパ』三省堂、1994 年。
吉田徹編『ヨーロッパ統合とフランス——偉大さを求めた 1 世紀』法律文化社、2012
　　年。

索　引

人名

アデナウアー、コンラート
（Adenauer, Konrad）　9, 33-34, 57,
71, 78, 80-83, 85-86, 99, 103-104, 134,
141, 144-146, 153

アプス、ヘルマン・ヨーゼフ
（Abs, Hermann Josef）　108

イルシュ、エティエンヌ
（Hirsch, Étienne）　37, 38

エアハルト、ルートヴィヒ
（Erhard, Ludwig）　34, 78-79, 94,
134-135, 137, 141, 144

エッツェル、フランツ（Etzel, Franz）
137, 144-145

オプフュールス、カール＝フリードリヒ
（Ophüls, Carl-Friedrich）　137, 140-
141, 144, 153-154

カルステンス、カール（Carstens, Karl）
146, 154

グローセ、フランツ（Grosse, Franz）
108-109

コスト、ハインリヒ（Kost Heinrich）
108-109

ザレフスキ、ヴィルヘルム
（Salewski, Wilhelm）　34

シェーファー、フリッツ（Schäffer, Fritz）
34, 135

シューマン、ロベール
（Schuman, Robert）　24-25, 56-57, 60,
95

スパーク、ポール＝アンリ
（Spaak, Paul-Henri）　132, 136, 140,

143-144

ゾール、ハンス＝ギュンター
（Sohl, Hans-Günther）　34, 40-41, 57,
100, 108

ハイネマン、グスタフ・ヴァルター
（Heinemann, Gustav Walter）　59

ハルシュタイン、ヴァルター
（Hallstein, Walter）　33, 35, 58, 77-79,
107-109, 135, 138, 141, 144

ビドー、ジョルジュ＝オーギュスタン
（Bidault, Georges-Augustin）　24, 40

ピノー、クリスチャン
（Pineau, Christian）　144

フィリップ、アンドレ（Philip, André）
26

フークマン、ブルーノ
（Fugmann, Bruno）　34, 38, 57, 100,
107-108

フォン・デア・グレーベン、ハンス
（von der Groeben, Hans）　137,
140-141, 143-144, 152-154

フォン・デヴァル、ハンス＝ヴェルナー
（von Dewall, Hans-Werner）　109

フォン・ブレンターノ、ハインリヒ
（von Brentano, Heinrich）　132, 137

ブランケナーゲル、カール
（Blankenagel, Karl）　34

ブランケンホルン、ヘルベルト
（Blankenhorn, Herbert）　33-34

ブリュッヒャー、フランツ
（Blücher, Franz）　34, 135

プレヴァン、ルネ（Pleven, René） 42,
　131
ベイエン、ヨハン・ウィレム
　（Beyen, Johan Willem） 43, 132-133,
　136
ベルク、フリッツ（Berg, Fritz） 134
ヘンレ、ギュンター（Henle, Günter） 34,
　57-58, 100, 107-108
ボイトラー、ヴィルヘルム
　（Beutler, Wilhelm） 135
マーシャル、ジョージ・キャトレット
　（Marshall, George Catlett） 23
マックロイ、ジョン・ジェイ
　（McCloy, John Jay） 79-82
ミュラー、マックス・カール
　（Müller, Max Carl） 37-38
ミュラー＝アルマック、アルフレート

　（Müller-Armack, Alfred） 137
モネ、ジャン（Monnet, Jean） 7, 20, 22,
　24-25, 33, 35, 39, 99, 101, 105-106, 136
モレ、ギ（Mollet, Guy） 146
ユリ、ピエール（Uri, Pierre） 143, 153
ヨーステン、パウル（Josten, Paul） 94
ランゲ、カール（Lange, Karl） 108
リカール、ピエール（Ricard, Pierre）
　39-40
ルスト、ヨーゼフ（Rust, Josef） 137
レーア、ロベルト（Lehr, Robert） 59
レンツ、オットー（Lenz, Otto） 113
ロイシュ、ヘルマン（Reusch, Hermann）
　58-59
ニクラス、ヴィルヘルム
　（Niklas, Wilhelm） 135

事項

欧文

BDI（ドイツ産業連邦連盟）　9, 12, 134-136,142, 150-151

CCCG（合同石炭管理グループ）　73

CDU（キリスト教民主同盟）　58-59, 132, 134

CE（ヨーロッパ審議会）　134, 136

CSG（合同鉄鋼グループ）　73, 74, 80, 84-85

DKBL（ドイツ石炭鉱業管理部）　73-74, 77-78, 108

DKV（ドイツ石炭販売）　74, 101

EC（ヨーロッパ共同体）　6

ECB（ヨーロッパ中央銀行）　1

ECSC（ヨーロッパ石炭鉄鋼共同体）　2, 5-8, 12-13, 19-20, 28, 44, 46, 53-55, 65-67, 71, 91-93, 117, 120, 127-128, 162-163, 165, 169, 170-172

EDC（ヨーロッパ防衛共同体）　42, 132

EEC（ヨーロッパ経済共同体）　2, 5-6, 8, 13, 43-44, 127-129, 131, 155, 168-172

EPC（ヨーロッパ政治共同体）　43, 132, 151

EPU（ヨーロッパ決済同盟）　2

EU（ヨーロッパ連合）　1, 3

EURATOM（ヨーロッパ原子力共同体）　2, 5-6

GATT（関税および貿易に関する一般協定）　134, 136, 138, 142, 153

IREG（国際粗鋼輸出共同体）　28

IRG（国際粗鋼共同体）　28, 30

OEEC（ヨーロッパ経済協力機構）　2, 8, 128-129, 134-135, 138, 142, 153

STV（鉄鋼受託者団）　73-74, 78

WVESI（鉄鋼業経済連合）　9-10, 27-34, 37, 57, 59-64, 95-101, 113-115

和文

［あ行］

アウグスト・テュッセン＝ヒュッテ　34, 57, 85, 100

イギリス鉄鋼連盟　96

イルゼーデ＝パイネ製錬所　85

ヴィッテン鋳鋼　84-85

ヴェストファーレン・ウニオン　83-84

ヴェストファーレン（ヴェストファーレン共販）　116

ヴェネツィア会議（ECSC加盟国外相会議）　144, 153, 167

オスナブリュック製鋼　80

［か行］

閣僚理事会（ECSC）　27-28, 43, 132

閣僚理事会（EEC）　147, 149

関税および貿易に関する一般協定　→GATT

共同総会（ECSC）　28, 43, 132

キリスト教民主同盟　→CDU

グーテホフヌングスヒュッテ　58

クルップ　58, 73

クレックナー　34, 57-58, 100

経済技術問題委員会　34, 99-100

ケーニヒシュタイン決議　135

ゲオルクスマリエンヒュッテ　80

鉱業労働組合　108

合同製鋼　34, 57-59, 100

合同石炭管理グループ　→CCCG

合同鉄鋼グループ　→CSG

国際粗鋼共同体 → IRG
国際粗鋼輸出共同体 → IREG
コシベール　96-97

［さ行］

最高機関　6-8, 19, 25-28, 38-39, 54, 57, 64, 66, 74, 91-93, 104-106, 111-113, 115-119, 136, 140
シベラック　97
諮問委員会（ECSC）　28
シューマン・プラン　2, 6-8, 10-12, 19-21, 24-26, 45, 53, 57, 60-61, 63-65, 71-72, 74, 86-87, 91-92, 95, 161-163
スパーク委員会（首席代表委員会）　140-141, 153, 166
スパーク報告（外相に対する代表団首席代表報告）　143-144, 153-155, 167-168
製鋼連合　96
西部（西部共販）　116
石炭鉱業および産炭地域の適応および健全化のための法律　116

［た・な行］

地域グループ　98, 101, 110, 118
調整委員会　99, 107
鉄鋼協会　96
鉄鋼業経済連合 → WVESI
鉄鋼受託者団 → STV
鉄鋼小委員会　34-38, 46, 58, 62-63, 100, 118
ドイツ機械工業会　108
ドイツ産業連邦連盟 → BDI
ドイツ石炭鉱業管理部 → DKBL
ドイツ石炭販売 → DKV
特別総会（ECSC）　43, 132, 133
ドルトムンダー・ウニオン　80
内閣委員会　34, 36-37, 77, 99-101, 110-111
南部（南部共販）　116
ニーダーライン製鋼所　83
西ドイツ・マンネスマン鋼管　83

［は行］

ハスペ製錬所　80
パリ会議（ECSC 加盟国外相会議）　145-146
パリ条約（ヨーロッパ石炭鉄鋼同体設立条約）　2, 6-7, 19, 46, 54, 60-61, 65, 91, 112-113, 116-117, 119-120, 161-165
フッキンゲン製錬所　82, 83, 86
復興信用銀行　108
ブデルス製鉄　85
フランス製鋼コントワール　96
フランス鉄鋼協会　39
プレヴァン・プラン　42, 132
ベイエン・プラン　43, 133, 136-137, 151-152
ベネルクス覚書　136-137, 139, 152, 166
ヘルデ製錬所　80
ヘンリヒスヒュッテ・ハッティンゲン　84-85
ボーフマー・フェアアイン　82, 84-86
ボーフム製鋼　84-85
北部（北部共販）　116

［ま行］

マーシャル・プラン（ヨーロッパ復興援助計画）　2, 23, 63, 127
マクシミリアンスヒュッテ　82, 86
マンネスマン鋼管　58
メッシーナ会議（ECSC 加盟国外相会議）　137, 139, 152, 166
メッシーナ決議　139, 152, 155, 166, 168
モネ・プラン（近代化・設備計画）　6, 20, 22-23, 25, 45, 105

［や行］

ヨーロッパ委員会（EEC）　146-148
ヨーロッパ共同体 → EC
ヨーロッパ経済共同体 → EEC
ヨーロッパ経済協力機構 → OEEC

ヨーロッパ決済同盟 → EPU
ヨーロッパ原子力共同体 → EURATOM
ヨーロッパ審議会 → CE
ヨーロッパ政治共同体 → EPC
ヨーロッパ石炭鉄鋼共同体 → ECSC
ヨーロッパ中央銀行 → ECB
ヨーロッパ防衛共同体 → EDC
ヨーロッパ連合 → EU

[ら行]

ライスホルツ製鋼・鋼管　85
ライヒスヴェルケ　85
ライン鋼管　85

ルールオルト＝マイデリヒ製錬所　85
ルール規約　23, 56
ルール国際機関　23, 56, 64-65, 71, 162
ルール炭鉱株式会社　116
ルクセンブルク決議　43, 132
レヒリング＝ブデルス製鋼　85
連合国管理理事会　55
連合国高等弁務官府　56, 58, 71, 74, 95
連合国法令 27 号　7, 10, 12, 58, 72, 74, 86, 93, 101, 103-104, 118, 163
ローマ条約（ヨーロッパ経済共同体設立条約）　2, 8, 127-128, 147-149, 154-155, 167-168

著者紹介

田中 延幸 (たなか のぶゆき)

現在　帝京大学経済学部講師
1979 年　京都府福知山市生まれ
2004 年　早稲田大学商学部卒業
2006 年　東京大学大学院経済学研究科経済史専攻修士課程修了
2017 年　東京大学大学院経済学研究科経済史専攻博士課程修了、博士（経済学）

主要業績
「ヨーロッパ石炭鉄鋼共同体成立過程と西ドイツ鉄鋼業界——カルテル・企業集中
問題を中心に」『歴史と経済』第 229 号、2015 年 10 月、「シューマン・プランと西
ドイツ鉄鋼業界——生産・投資・価格へのヨーロッパ石炭鉄鋼共同体の介入をめ
ぐって」『歴史と経済』第 236 号、2017 年 7 月。

現代ヨーロッパ経済体系の形成
—— 1950 年代における統合過程と西ドイツ

Making of Economic Order in Contemporary Europe:
West Germany and the Process of the Integration in the 1950s

2025 年 4 月 20 日　第 1 刷発行

著 者　田 中　延 幸
発行者　柿 﨑　　均

発行所　株式会社　日本経済評論社

〒 101-0062　東京都千代田区神田駿河台 1-7-7
電話 03-5577-7286　FAX 03-5577-2803
URL：http://www.nikkeihyo.co.jp

印刷：精文堂印刷 株式会社／製本：誠製本 株式会社
装幀：渡辺美知子

乱丁本・落丁本はお取替えいたします　　　　　Printed in Japan
定価はカバーに表示しています
©TANAKA Nobuyuki 2025　　　　ISBN 978-4-8188-2681-6　C3033
・本書の複製権・翻訳権・上映権・譲渡権・公衆送信権（送信可能化権を含む）は、
㈱日本経済評論社が保有します。
・JCOPY 〈（一社）出版者著作権管理機構 委託出版物〉
本書の無断複製は著作権法上での例外を除き禁じられています。複製される場合は、
そのつど事前に、（一社）出版者著作権管理機構（電話 03-5244-5088、FAX 03-5244-
5089、e-mail：info@jcopy.or.jp）の許諾を得てください。

欧州統合の半世紀と東アジア共同体
廣田功編　本体 3800 円

現代ヨーロッパの社会経済政策
－その形成と展開－
廣田功編　本体 3800 円

東アジアにおける経済統合と共同体
廣田功・加賀美充洋編著　本体 1800 円

戦後再建期のヨーロッパ経済
―復興から統合へ―
廣田功・森建資編著　本体 6500 円

ヨーロッパ統合の社会史
―背景・論理・展望―
永岑三千輝・廣田功編著　本体 5800 円

欧州統合史のダイナミズム
―フランスとパートナー国―
ロベール・フランク著／廣田功訳　本体 1800 円

冷戦と福祉国家―ヨーロッパ 1945〜89 年―
ハルトムート・ケルブレ著／永岑三千輝監訳／
瀧川貴利・赤松廉史・清水雅大訳　本体 3500 円

欧州建設とベルギー
―統合の社会経済史的研究―
小島健著　本体 5900 円

欧州石炭鉄鋼共同体
―ＥＵ統合の原点―
島田悦子著　本体 6200 円

日本経済評論社